读点**石油财经**丛书

丛书主编◎王国樑

A DECLARATION OF ENERGY INDEPENDENCE

How Freedom from Foreign Oil Can Improve National Security, Our Economy, and the Environment

拯救石油

一场本不该打的石油战争

[美]杰伊·哈克斯◎著　阎志敏◎译

石油工业出版社

图书在版编目（CIP）数据

拯救石油：一场本不该打的石油战争/〔美〕杰伊·哈克斯著；阎志敏译.
北京：石油工业出版社，2010.10
（读点石油财经丛书）
ISBN 978－7－5021－7988－5

Ⅰ. 拯…
Ⅱ. ①哈…②阎…
Ⅲ. 石油政治-研究-世界
Ⅳ. F407.22

中国版本图书馆 CIP 数据核字（2010）第 166578 号

北京市版权局著作权合同登记号：图字01－2010－1746

拯救石油：一场本不该打的石油战争
〔美〕杰伊·哈克斯著；阎志敏译

出版发行：石油工业出版社
（北京安定门外安华里 2 区 1 号 100011）
网址：www. petropub. cn
编辑部：（010）64523602　营销部：（010）64523604
经　　销：全国新华书店
印　　刷：北京晨旭印刷厂

2010 年 10 月第 1 版　2010 年 10 月第 1 次印刷
740×1060 毫米　　开本：1/16　印张：18.25
字数：241 千字

定价：39.80 元
（如出现印装质量问题，我社发行部负责调换）

总序

在全球化的视野下，能源问题已经成为国际政治、经济、环境保护等诸多领域的中心议题，甚至成为国际政治的重心。国家间围绕世界能源的控制权所进行的激烈争夺，各国维护自身利益所制定的能源安全战略，以及各国政府积极主导的替代能源开发，使能源问题日益成为国际社会的焦点；而油价波动、低碳经济、气候变化以及环境保护诸多问题，不仅是政府首脑、智库学者的案头工作议题，而且成为切切实实的民生问题。中国在能源领域的国际合作也在不断扩大，从最初的石油天然气为主，扩展到了煤炭、电力、风能、生物质燃料、核能、能源科技等各个方面，而伴随着能源问题的国际化，中国也从国际社会的幕后走到台前，承担的责任越来越重。

中国石油作为国有大型骨干企业，承担着履行政治、经济、社会三大责任，承担着保障国家能源安全的重要使命，围绕着建设综合性国际能源公司这一战略目标，积极实施"资源"和"市场"两大战略，注重国内外资源和国内外市场的开拓，取得巨大成就。但是，能源问题不再是一个简单的经济问题，石油企业的海外发展往往伴随复杂的国际政治、经济、社会和环境因素。引人瞩目的中俄石油管线一波三折，中海油收购美国优尼科石油公司的无果而终，无不打着深刻的政治烙印。中国石油企业的海外创业经验，给扩大国际能源合作提出了一系列亟待解决的重要课题。

在此背景下，组织国内外能源领域的专家、学者，研究能源领域的前沿问题、热点问题，将学术研究与企业决策支持相结合，显得十分必要和迫切。为此，我们考虑建立一种长效机制，从国外引进一批优秀的国际石油政治、经济、金融、法律类图书，翻译出版，并与国内专家学者的研究成果结合起来，组成"读点石油财经丛书"系列。计划每年出版 10 种左右的图书，逐步形成一定的规模，起到一定的借鉴、参考和决策支持作用。

我希望通过"读点石油财经丛书"的陆续出版，为石油企业广大干部、员工提供国内外最新的石油财经方面的知识储备，并为大众读者拓宽能源问题的全球视野。

王国樑
中国石油天然气集团公司总会计师、党组成员

前 言

为何能源独立比伊拉克重要

　　美国国内面临的许多困境根源都可以追溯到能源身上。美国士兵之所以离开家人去波斯湾打仗，是因为波斯湾储藏着全世界最丰富的石油。美元地位也面临着挑战，因为石油输出国有可能会把投资转移到欧洲。联合国专家委员会发布的一项报告显示，地球正在变暖，其主要原因在于化石燃料的大量使用。

　　从小的方面说，司机经过加油站时都会被大大的油价标识牌吓倒。仅仅在几年前，人们也不会想到油价会涨得这么快。近年来能源价格的飙升已经从总体上削弱了美国经济，而未来还可能会对经济造成更大的破坏。

　　在能源威胁逼近美国的几十年中，政治候选人和在位官员一直呼吁民众要实现能源独立，以减少或杜绝国家对外国石油的依赖。为了凸显自己的立场，他们一直以来都主张要启动类似曼哈顿工程（有效遏制了德国原子弹的研制）或阿波罗登月工程（超越苏联首次将人类送上月球）那样的规模宏大的可替代能源发展计划。

　　当乔治. W. 布什总统抱怨美国对石油的依赖推升油价上涨进而威胁国家安全时，毫无疑问，这是美国能源政策可能要出现变化的迹象。

2008 年总统大选初选期间，从超级星期二节目"幸存下来"的四位主要候选人，无论属于什么党派，都不约而同地呼吁美国要实现能源独立。显然这种主张对公众有很大的吸引力。

我们能够从这些候选人的演讲中得到什么信息？他们的言论背后有什么实质性的东西吗？我们真的想要实施能源独立这样的宏伟目标吗？我们需要对围绕能源独立的各方面问题进行重新反思吗？

国家安全、经济和环境面临的风险

本书作者认为，美国当前的石油进口数量（占美国石油总消费的60%）已给美国经济和国家安全带来了严重挑战，这种挑战根本不亚于伊拉克战争。尽管推崇自由市场的经济学家力图尽可能否定这个明显的事实，然而从战略角度观察，美国大量从波斯湾和其他不稳定地区进口石油已给国家经济造成了严重冲击，而这种冲击甚至要比从亚洲进口电视或跑步鞋给美国带来的影响还要大。

首先，原油供应中断对美国造成的负面冲击要比其他不利事件大得多。石化产品在交通运输业中扮演着很多重要的角色。美国陆军和空军只有在确保正常燃油供应后才能执行军事任务（海军能使用核动力的次数很多，所以对燃料的依赖性不强）。沃尔玛超市运货车需要石油，在去商店的路上消费者也要依赖石油。从食物运输到救护车提供应急医疗护理，这些关乎生存的关键服务的能源动力都来自石油。美国东北部州的居民要使用燃油才能度过寒冷的严冬。简而言之，没有石油，任何一个现代化国家的经济都会停止运转，同时它的军事力量也会陷于瘫痪。

石油供应中断并非只是人们的猜想。1973—1974 年间阿拉伯国家就对美国启动了为期 5 个月的石油禁运计划，结果美国经济遭受重创，民众也不得不排起长队去加油。在美国一些州，竟有一半的加油站无油可加。5 年以后，伊朗爆发革命战争，再次引发了一起大规模的石油短缺危机，于是加油站再次排起了长队，物价也开始飞涨。到了 20 世纪 80 年代，两伊战争爆发，全球每天的石油供应突然减少 500 万桶（比正常供应减少 8%）。90 年代，伊拉克对科威特的侵略使世界石油供应再次遭受重大打击。

即使石油对宏观经济的影响不像 20 世纪 70 年代那么大，并且世界最大的石油供应国沙特阿拉伯彻底切断美国石油供应的可能性被排除，美国对石油供应仍旧不能掉以轻心，几个事件加在一起就可能导致一场史无前例的石油短缺危机。即使我们拥有足够的石油来源，政策制定者还必须考虑这种情况，即石油出口国可能仅仅通过阻断石油供应威胁就能向美国施压。

我们需要动用军事力量保护我们的石油供应畅通吗？历史表明，"武力保油"是美国几十年来的一贯政策。

在华盛顿，一直有这样一种政治倾向，即美国依赖波斯湾石油与美国发动伊拉克战争（以生命和巨额战争开支作为代价）是两个不相关的问题。作为前总统尼克松和福特的顶级经济顾问和里根、克林顿和小布什（两届）在任期间的美联储主席，阿兰·格林斯潘于 2007 年道出了一个公开的秘密。在《动荡的年代》这本回忆录中格林斯潘曾这样写道："政治家不便承认一些公开的事实，对此我感到伤心。伊拉克战争的主要诱因在于石油。"依赖波斯湾石油的确让我们付出了高昂的代价。

除了美国对波斯湾石油形成依赖并需要美国武装力量介入以确保中东石油供应畅通外，还有其他更加微妙的力量在暗中破坏美国的能源独立。由 12 个成员国组成的石油输出国组织（欧佩克）还执行这样一种石油生产政策，即要保持全球石油供应低于日益增长的全球石油需求，由此达到他们获取垄断利润的战略目的。近几年来欧佩克成功地实现并超越了他们的初定目标。我们清楚地看到，近年来石油市场一直都是卖方市场，油价的上涨大大超出了石油成本的上涨。石油输出国之所以能够在能源市场获得成功，部分原因在于美国石油需求持续增长，这段时间石油价格上涨了3倍多。在当前紧俏的石油市场大背景下，任何源于伊拉克战争或尼日利亚的国内不安定因素对于石油供应所造成的实际或潜在影响都会被迅速放大，由此带来的结果则是石油交易商不断地提高石油报价。

创纪录的石油进口数量和创纪录的高油价的同时出现导致美国能源贸易出现巨额赤字，其严重程度比被夸大的对华贸易赤字高得多。美国每天都有大量的石油美元流入石油输出国，其数量之大令人震惊，当前美国每天花在进口石油上的钱就高达10亿美元。

美国不能忽视大量的石油美元外流所带来的后果。伊朗、俄罗斯和委内瑞拉这些国家近年来政治地位的提升正是源于油价的快速上涨。如果这些国家和我们为敌，或者波斯湾产油国的石油收入流入到恐怖分子手中，作为世界上最大的石油进口国美国就要为此付出代价（代价至少也是间接的）。

9·11事件调查委员会发现，沙特阿拉伯政府曾力图切断直接流入本·拉登和基地组织的资金渠道。本·拉登仅靠自己的个人财富或毒品交易收入不足以支持其恐怖活动。本·拉登对美国发动袭击所需要的资金主要是通过位于沙特阿拉伯的慈善和宗教组织筹集的，还有较少的部分来自于沙特阿拉伯周边国家的类似组织。而这些为基地组织提供资金的国家，其经济基础则都是石油出口。离开石油，恐怖活动不可能展开。

看到美国从加拿大和墨西哥的石油进口数字后，一些人或许会感到欣慰。的确，加拿大已成为美国最大的石油进口来源地，墨西哥则次之。然而，我们从这两个国家的石油进口仍旧远少于从欧佩克的石油进口。更重要的是，全球能源市场的石油价格总是起伏不定，这就导致已运至某个港口的石油也可以快速转运至另一港口。美国的能源消费可以推升波斯湾国家的石油报价，而价格的升高则和石油进口国在哪个半球没有关系。

一些人还经常把美国实现能源独立和减少对外国石油依赖两件事等同

起来。考虑到我们巨额的石油进口需求和中东地区的不稳定局势，这种想法是可以理解的。然而事情远没有那样简单。

把石油进口减少为零并不是实现能源独立的关键因素。美国必须要进口一定数量（但不能像现在这么多）的石油，而且还要能够控制石油进口的风险。另外，即使美国的石油进口真的减少为零，还可能会出现以下这种情况，即为了防范重大的石油供应危机，外国消费者可能会购买产自美国的石油从而造成美国的石油短缺。

另外，我们还必须考虑近年来民众日益增强的这种意识，即化石燃料是导致全球气候变暖的罪魁祸首，同时它还造成全球海平面上升、冰山加速融化以及世界发生干旱和危险火灾的地区正在扩大。如果不能摆脱对化石燃料的依赖（至少不能像现在依赖这么强），我们就不能实现能源独立，因而也就不能应对生活环境质量恶化（对子孙后代而言这种恶化速度肯定会加速）问题。全世界可耕种土地区域的变化已经引发了武装冲突，美国不得不介入其中。气候变暖虽然可能会提高一些地区居民的生活质量，但是在更大程度上却会给美国军队和经济安全带来额外的挑战，它还会给环境造成潜在的灾难。

美国面临的这么多问题其根源都是能源，然而解决能源问题却并不容易。一些主张自由市场的经济学家曾经发出这样的质疑，即在一个经济增长受益于国际贸易的年代实现美国能源独立是否是一个有价值的目标。他们还辩称，减缓气候变化需要付出太大的成本，美国应谨慎行事。另外还有一些人认为，减少对外国能源的依赖或温室气体排放虽然是一个很好的想法，但是考虑到我们日益激增的巨大能源消费需求，这样的想法可能很不现实。即使在汽油涨到每加仑3美元、美国外交政策由石油主导的年代，一些人仍旧很难接受这个观点，即只要采取一致行动，我们就能扭转当今美国能源消费的加速上涨趋势。

民众对减少外国石油依赖普遍也持怀疑态度，部分原因在于他们这些年听到了太多有关能源独立的演讲，却没有（或者很少）在现实中看到积极的成果。1973年11月，也就是阿拉伯国家宣布对美国实行石油禁运的几周前，总统理查德·尼克松还在国家电视台的黄金时间发表讲话，他号召民众到1980年要使美国实现能源自给，努力实现他所谓的能源独立目标。当时他还特别提到了曼哈顿工程和阿波罗登月工程以唤起民众行动的决心。也就在尼克松发表演讲首次提到美国要实现能源独立时，美国石油进口量占其石油总消费量的比例已经升至当时令人咋舌的37%。时至今天，这个比例已经达到60%。也难怪民众一直不屑于关注减少对外石油依赖了。

当9·11袭击降临纽约和美国五角大楼时，我们是否到了一个扭转能源依赖的新时刻？对此，《纽约时报》专栏作家汤姆·弗里德曼曾这样写道："9·11事件让我们认识到美国能源形势的严峻性，在这个时刻，我们应该团结起来，实施新的能源政策，以减少国家对中东石油的依赖，这样恐怖分子的活动资金才有可能减少，我们的孩子也才能拥有一个更加美好的未来。"9·11事件发生后，政治领导人解决能源问题的决心虽然加大，然而却总是迟迟拿不出能源问题的实质性解决方案以减少美国遭遇恐怖袭击的风险。

我们还常常听到这种说法，即新能源技术将能帮助我们解决能源问题。然而，核能最重要的技术突破却是在哈里·杜鲁门担任总统和后来海曼·里科弗海军上将主持研制海军轻型核动力反应堆后才出现的。尼克松在他第一届总统任期内曾被邀请参观氢燃料电池展览，当时氢能源技术被视为最重要的能源技术突破。吉米·卡特担任总统期间，美国在太阳能电池技术上全球领先，政府为乙醇和其他可替代能源的研发投入了大量资金。而今天，新能源在所有能源中所占的份额竟不及卡特执政时大。1993年，克林顿政府曾联手美国汽车业，高调宣布要研制每加仑汽油可以行驶80英里的汽车，而这种汽车的性能、实用性和价格也正是今天的消费者所需要的。奇怪的是，此后美国汽车的能效却出现了下降。我们应该相信近几十年有关新能源技术的那些真真假假的宣传吗？

神学家莱茵霍尔德·尼布尔曾经这样祈祷："神啊，恩赐众生吧，让我们能够恬然接受那些不能改变的东西，让我们有勇气改变那些可以改变的东西，让我们有智能去辨识二者的区别。"一些人认为美国对外石油依赖和全球气候变暖的趋势不可逆转，考虑到近期美国的石油进口，这些人的想法是有道理的。

寻求解决之道

本书想要告诉人们的是，面对日益加深的对外石油依赖和来自气候变化的威胁，我们应该鼓起勇气改变现状。本书不仅展现了美国陷入这种能源困境的过程，还提供了走出困境的办法。现在正是我们以全新视角审视能源政策和寻找具有可行性的能源解决方案的最佳时间。

按照传统，我们每提出一个新的能源问题解决方案，都要对其成本和它给经济、环境及国家安全带来的好处进行一个权衡比较。我们确实应该首先进行成本收益比较。然而，这还不够，我们今天采纳某项能源政策时，还要考虑其对子孙后代造成的影响（不管这种影响是好还是坏）。如果能够准确列出大胆推行某项能源变革的好处，我们就会在行动上更加主动而不是被动等待。近期美国推出的能源政策效果虽然比较温和，但毕竟政府已拿出了实际行动，总比光说不做好。

我最喜欢的一个可以立即实施的成熟能源政策就是：稳步提高汽车和卡车能效标准。机动车能效的显著提高可以大幅降低美国的石油消费，紧接着这会使美国对外石油依赖的程度减轻。另外，这还会大幅减少美国的贸易赤字，流入诸如伊朗这种国家的石油美元也会相应减少。环境质量也会得到大幅改善，当然世界油价也可能会降低。某种情况下，推出一套旨在减少石油进口的政策还可能会降低美国在中东驻军和发动战争的必要性。如果所有的这些好处都能加到一起，那么制造高能效机动车所需要的成本就显得相当小了（补充一点，消费者愿意购买更加昂贵的高能效汽车以换取燃油支出减少的好处）。

虽然美国只是一个国家，然而它的交通运输里程在世界总运输里程中却占了很大的比例。美国消耗掉了全世界 1/4 的石油产量。由于美国在全球经济中的领导地位，它的一举一动（包括美国交通石油需求的变化）都能影响到全球市场。如果我们能够大幅提高汽车和卡车的燃油使用效率，美国就很可能给世界其他国家和地区也带来正面影响。

为了减少美国对外石油依赖，促进经济增长和减少温室气体排放，我共提出七条能源政策建议，其中有几条可以帮助我们同时应对国家所面临的安全、经济和环境三大挑战。于是我称之为"一箭三雕"式建议。

在能源问题上如果我们不采取行动，就很难相信我们曾经取得过能源战争胜利。令人吃惊的是，在 1977 年至 1982 年的这段时间内，美国的石油进口减少了一半，当时美国对外石油依赖日益加深的趋势得以急剧扭转。不久，美国石油进口的减少便结束了欧佩克主导世界石油市场的局面。这种情况一直延续到 1999 年。虽然美国的石油进口量从来没有减至为零，但却有一段时期不受制于人而实现自给。当时政府采取的一些能源政策到今天仍在使用，也有一些已被废除。不过我们从中得出的一个重要启示就是：只要有决心，我们就能采取行动实现那些美好的能源承诺。

我们还能够从美国 2007 年通过的能源独立和安全法案得到很大启发。该法案不仅规定美国要显著提高机动车能效，还做了其他很多具有实际意义的规定。严格苛刻的能源政策规定被写入最终法案标志着华盛顿能源政治自 1980 年以来开始出现重大变化。该方案的通过还表明：能源政策的推出与国家安全、经济和环境目标的实现并不矛盾，它们是可以统一在一起的，只要我们愿意采取更勇敢的行动，我们仍有机会实现能源独立。

读到这里，可能会有人问：我们为什么要接受书中对当今能源问题的分析诊断和提到的问题解决方案？从1993年起至2000年，我一直担任美国能源情报局局长，这个机构负责能源数据的收集、发布和分析，具有很强的机构独立性。虽然能源情报局没有采纳具体政策的最终决定权，但是国会和政府却经常频繁地把它们收到的各种各样的能源政策提案交给情报局进行研究分析。使用机构内部的经济模型，能源情报局可以预测出可能的某项能源立法对美国未来的影响。在主持和参与这些研究的过程中，我发现了这样一个事实，即只要我们在预测过程中目标责任明确，审慎分析，并且不掺杂自己的政治偏见，我们是可以从预测中提前知道很多东西的。我们能够避开很多动机不纯的片面偏见，直指世界石油供需、电网的可靠性和碳减排成本这些与能源相关的问题而做出分析判断。

既然我拥有能源政策的选择自由，那么我就要挑选出对国家最有利的政策，挑选出那些最好的研究报告进行审核分析，还要对能源领域很多现象的相关性做出检验，在这些事情做完后我再给出自己的政策建议。

能源情报局举行新闻发布会公布能源趋势预测报告的时候通常最受关注。这样的能源趋势预测虽然很有价值，但是考虑到预测的风险，就像投资时不能把所有鸡蛋都放在同一个篮子里一样，我们公布预测结果时也要给自己留下回旋的余地，这一点很重要。

因此在我离开能源情报局后，我决定对能源政策史进行更深入的观察研究，以史为鉴以便更好地展望未来。我曾把大量的时间花在了查阅存放在白宫中的那些有关理查德·尼克松、杰拉尔德·福特和吉米·卡特的档案上，我还到其他几个总统图书馆查阅信息，而这些信息多是机密，直到近年才向公众开放。我还从头到尾查阅了美国汽车协会在20世纪70年代石油危机时的记录档案，并在拉斐特大学查阅了美国前"石油沙皇"威廉·西蒙的档案。尽管这本书研究的是今天的问题，然而寻找这些问题的历史根源却会有助于我们判断哪些能源趋势预测可以经得起时间的考验，而哪些又不能。

从历史中寻找美国能源未来，需要我们重新审视能源情报局以前得出的那些预测结果，这样做可以使我们看到美国石油进口、核能和其他重大能源问题发展的新趋势。而很多这样的趋势都没有引起我们足够的重视。

从多个视角看待能源问题，极有助于得出本书所提到的结论，即减少对外石油依赖、把温室气体排放降至一个合理的水平会在我们减缓全球变暖的进程中创造一个良好的开局，从而为我们最终实现能源独立打下良好的基础。

对历史的良好把握有助于我们对美国能源独立和安全法案所产生的潜在社会影响做出评估。本书将对这个长达 800 多页的能源法案的作用提前做出预估。虽然很多人会把关注焦点集中在法案没有涉及的问题上，然而现有法案所涵盖的实质内容已经足以证明它的价值，它完全可以和 20 世纪 70 年代那个帮助我们暂时赢回能源独立的能源法案相媲美。

要理解能源独立的实现途径和最近能源政策的新动向，我们就要研究它们产生的背景。我们必须首先要了解美国是如何丧失在 20 世纪 60 年代还拥有的能源独立的。

目录
Contents

第 1 部分
美国的能源依赖问题

二战结束后，美国成为石油净进口国，此后随着国内石油消费的快速
增长，美的石油进口量越来越大。为了避免美国陷入对外石油依赖的陷
阱，美国政府开始限制石油进口。然而到了 20 世纪 70 年代，美国国内石
油产量达到峰值后开始下降，但能源需求却快速增长，不得已政府再次打
开从中东进口石油的闸门。然而阿拉伯石油禁运却给美国带来了重大打击，
直到禁运结束后美国能源市场才恢复正常。这一切都充分说明美国已经陷
入了对外国石油的依赖。

经过石油禁运的"洗礼"后，美国从福特政府开始就在积极寻找能源
应对之策，最终美国国会于 1975 年通过了《能源政策与节能法案》。卡特
担任总统后，更是提出了打赢能源道义之战、制定完善的美国能源政策的
目标。虽然他提出的一系列诸如征收汽油税、终止能源价格管制、发展新
能源、提高汽车能效标准等提案遭到了国会的层层阻挠，但是美国还是于
1978 年通过了新的能源一揽子计划。加上美国阿拉斯加州石油开采的成功
和美国石油消费需求增长的减速，这一切使得美国的石油进口出现了显著
下降。这不啻为美国能源历史上一笔宝贵的财富。

里根上台后，美国的能源政策出现重大转向，完全扭转了前任卡特政府所实施的能源政策。然而受益于前任政府的政策，美国的石油消费和石油进口并没有多大的增长。在伊拉克入侵科威特的老布什政府期间，沙特阿拉伯等一些中东产油国纷纷提高产能向美国提供帮助，美国的能源供应充足。到了克林顿时代，政府基本上没有考虑制定什么能源政策，油价在1998年甚至达到了新低。然而到了2001年小布什上台后，欧佩克为了改变低油价局面，同意协调一致降低产量，这使得国际油价连年激增，最终突破了3位数关口，这时美国政府不得不对能源问题进行重新审视，并于2007年通过了新的综合性能源法案。

为了石油，美国在中东的军事战略可谓煞费苦心。一方面，美国要防备它的最大冷战对手前苏联，另一方面又要防备伊拉克这种经常和美国作对的国家。于是美国选择扶植伊朗政府以对抗前苏联和伊拉克。美国一直都在中东寻找驻军位置，并直接或间接参与了多场中东战争。其中小布什政府还发动了伊拉克战争，直到现在还未能完全抽身。为此，美国付出了沉重的金钱和生命代价。

直到20世纪70年代，气候变化问题才开始引起科学家的共同关注，但是在气候变暖和碳排放关系上人们却存在分歧。然而可以肯定的是，气候变化是人类活动造成的。在碳减排行动上国际社会始终不能团结一致，美国迟迟未能在京都议定书上签字。未来新的国际减排协议的签署仍旧面临着诸多难以解决的问题。可以说，全球碳减排行动任重而道远。

对于能源市场来说，到底是市场手段还是政府管制能够对其发挥更好的作用？由于市场手段和政府管制各有其自身的优点和局限性，再加上能源市场的特殊性，所以这个问题没有确定的答案。但可以肯定的是，仅仅靠市场或政府都不能解决能源的全部问题。我们必须在二者之间找到一个合理的平衡点，才能最好地解决能源问题。

在能源领域，同样存在着左翼人士和右翼人士。前者认为我们就不应该使用石化能源，他们抨击能源价格上涨是石油公司的阴谋，指责汽车公司不生产低耗油小排量汽车。而右翼人士则反对政府对于能源市场的任何干预，对于他们不喜欢的人士他们则是闭目塞听。显然这两种人的观点都不能推动能源问题的解决，只有抛弃偏见和极端思维，我们才能迸发出解决能源问题的智慧。

第 2 部分
七条政治经济上可行的能源独立解决方案

面对美国对外国石油的依赖，国家进行战略石油储备所依据的原理可谓非常古老，但该办法却非常有效。然而在细节执行层面，美国却需要建立一个类似美联储的石油储备管理机构才能更好地发挥其作用。它需要有足够的政治独立性，不能受到政治领导人的干扰。只有如此它才能更好地调节能源市场，甚至扩大美国的能源话语权和国际影响力。

既然机动车是美国能源消费的大户，我们就应该提高其能源使用效率。事实证明，汽车能效提高确实能够抑制石油消费。然而人们对此仍旧存在质疑，担心能效提高会因为燃油平均里程成本降低而增加驾车出行。汽车能效标准需要有所提高，而汽车领域的新技术也正好支持汽车能效提高，而且汽车能效技术仍旧存在很大的提升空间，所以提高汽车能效标准势在必行。

既然我们只是为了获得动力，我们就不必非要把目光锁定在石油上。我们还可以发展氢气、合成燃料、生物燃料和乙醇等其他形式的能源。然而可惜的是，并非所有新能源都具有实际可行性。氢气虽然清洁，但具有不便运输等其他缺点，短期至少不具可行性。合成燃料虽然潜在产量巨大，但会造成大量碳排放。对于乙醇的生产，我们必须由粮食制取转向植物纤维生产。而对于生物柴油，我们能够获得的废弃餐饮垃圾数量又有限。总的来说，新能源发展前景光明，但也面临很多问题，可是它总归是我们应该考虑的一个办法。

由于美国的电力生产不再需要石油，所以为了减少对外石油依赖，我们有必要发展电动汽车。然而汽车在由混合电动汽车向纯电动汽车转化的过程中，电池技术的研发却面临很多挑战。但不管怎样，这总归是一条正确的道路。同时我们还要对电力生产重新作出规划。对于燃煤电厂我们需要重点考虑其碳排放处理问题。对于核电厂，我们则要考虑核废料的处理问题。而对于可再生资源发电行业来说，电力汽车在负荷低谷期间的充电可能为其发展提供了机会。另外，我们还要提高电动工具的能效以便达到更好的省电节能效果。

政府开征能源税，市场可以对此灵活作出反应。严厉的能源税征收政策已经在其他工业化国家取得了成功。然而美国一些人对政策的实际效果和其对低收入者造成的影响却念念不忘。针对前者，我们可以从一个较低的税收水平开始慢慢提高征收力度直到达到合理水平。针对后者，我们可以把能源税收入返还给民众以消除政策的负面影响。不管怎样，征税这种传统的政府调控政策仍旧能够发挥其影响力。

除了传统的经济手段，我们还可以号召美国人民和企业积极行动起来，提升他们的节能爱国意识，逐步引导他们的消费向节能环保转变。我们要鼓励美国人民购买更加节能环保、更多采用自然照明取暖的房产，我们要鼓励他们购买能效更高的汽车，我们还要鼓励企业更多地走上资源循环利用的节能型经济发展模式上来。节能环保的消费生产趋势一旦形成，会在很大程度上让美国减少对外石油依赖。

在减少对外石油依赖的道路上，我们面临很多技术选择，然而我们的资金却是有限的。因此我们要设定一些优先发展的能源技术项目，对这些技术的经济成本和效益前景作出评价。而利用微藻制取生物柴油项目我们却需要大力发展，其前景非常光明。唯有如此，我们才能在能源技术道路上做到有的放矢，资金使用效率达到最大化。

第 3 部分
保卫美国的未来

即使我们找到了很好的能源问题解决方案，如果没有政府的正确领导，我们最终也不可能解决能源问题。由于政策存在时滞效应，政治领导人极有可能选择在政治上最受欢迎而对美国利益却非最佳的能源政策，这就要求我们尽力改变美国的这种政治现状。首先，我们要鼓励更多的年轻人参与到政治中，毕竟他们是美国的未来。其次，我们要把更多的注意力投向国会，毕竟美国能源法案还要经过国会的审议。最后，我们要尽最大努力选举出那些把国家利益放在个人利益得失之上的卓越领导人。只有这样才能确保我们能源政策方向的正确。

A DECLARATION OF
ENERGY
INDEPENDENCE
拯救石油

第1部分

美国的能源依赖问题

编者按：

二战结束后，美国成为石油净进口国，此后随着国内石油消费的快速增长，美的石油进口量越来越大，而美国国内石油产量达到峰值后开始下降，但能源需求却快速增长。这一切都充分说明美国已经陷入了对外国石油的依赖。

美国从福特政府开始就在积极寻找能源应对之策，卡特担任总统后，更是提出了打赢能源道义之战、制定完善的美国能源政策的目标。为了石油，美国在中东的军事战略可谓煞费苦心，直接或间接参与了多场中东战争。为此，美国付出了沉重的金钱和生命代价。美国政府不得不对能源问题进行重新审视，并于 2007 年通过了新的综合性能源法案。

CHAPTER

第一章

美国陷入对外石油依赖陷阱

大约有一个世纪的时间，美国还在不断扩大的全球石油市场上一直处于主导地位，它能够对其他大大小小的国家发号施令。然而到了 20 世纪 70 年代早期，美国就很快陷入了对外石油依赖的困境。民众的正常生活常常会因加油站前排起的长长队伍而打乱，于是政治候选人们就尽力说服选民相信他们拥有化解美国能源危机的办法。提前了解世界石油市场上美国地位惊人的变换很有必要，它是我们探寻减少美国对外石油依赖办法的基础。

石油进口幽灵初现

20 世纪 40 年代后期是美国的一个重大能源关口。在结束了 90 年的石油贸易（主要出口汽油还有其他产品）顺差后，美国成为一个石油净进口国。截至 1950 年，美国每天的净石油进口大约达到了 50 万桶，占美国石油总消费量的 8%。而美国这种从石油出口国向石油进口国的变化则出乎了民众的意料。

第二次世界大战（以下简称二战）结束前，美国政府和产业界的有识之士便开始思考国内出现的一些能源新动向。当时美国好像不能继续维持石油产品的高速增长了，而且当时很明显的一个趋势便是，二战过后美国将会更多地从中东进口石油（虽然当时还比较少）。中东的石油探明储量在当时也达到了历史新高。另外，中东人口稀少，工业化程度比较低，这些国家本身对能源的需求就很少。这使得那里越来越多的石油被源源不断地运至欧洲，一部分再转运美国。几十年后，美国才有人站出来对国内的这种石油进口倾向发出预警。

作为美国证监会成员，萨姆纳·派克有着丰富的石油行业工作经验，1942 年他预测美国未来将需要越来越多的石油进口。他警告说："我常会想到这样一个十分恐怖的场景：在不远的将来，我们突然急匆匆地想要从国外进口石油，却在那时遭到了阻拦！"然而萨姆纳并不赞成限制从中东进口石油。他解释说："虽然美国从中东进口石油能够给这个地区带来好处，但是我们要做的却只能是尽早进入中东产油国的能源市场，让美国渐渐地从石油出口国向石油进口国过渡，同时要对美国本土的石油资源进行计划性开采。"

就在萨姆纳发出这种警告两年后，美国海湾石油研究发展中心主任尤金·艾尔斯便发出了国家安全利益高于低价石油的迫切呼吁。在给曾在富兰克林·罗斯福政府担任能源要职的哈罗德·伊克斯的信中，艾尔斯这样表示，便宜的进口石油将会阻碍美国可替代能源的研发。他提议对所有的液体燃油征税，而对已获批的新能源则免税，以鼓励私人企业更多地投资新能源从而捍卫国家的安全。尽管解决问题的策略不同，派克和艾尔斯在下面这件事上却达成了一致，即美国必须立即行动以避免将来对国外石油形成依赖。

尽管刚开始美国石油进口量还不算大，然而国内石油生产商不久便抱怨说美国的石油进口增加太快，同时对他们的企业造成不利影响。尽管如此，国内石油产量和石油进口量仍旧都在持续增长，这种双增长局面很大程度上归因于美国日益增加的汽油需求。

交通运输业的兴起需要政府修建新的公路。1956 年，艾森豪威尔总统启动了总里程达 4 万英里（最终增加至 4.7 万多英里）洲际公路的修建计划，而这项计划的最终目的则是为美国运输军事装备提供便利。为了筹集公路建设资金，联邦政府决定将每加仑的汽油税从 2 美分提高至 4 美分。对此，一家石油公司的高层曾抱怨说，这种做法正在把汽油驱逐出能源市场，因为司机无法负担这么高的税收上调。然而这种政策却产生了相反的结果。上调汽油税的确为政府筹集了公路建设资金，然而公路里程的增加却也鼓励了商务出行、家庭度假和日常上下班的乘车需求，最终则造成了柴油和汽油需求的增加。

限制石油进口

20 世纪 50 年代后期，有两位反对石油进口的强势政治人物，他们均为来自得克萨斯州的民主党人，在政界有很大影响力，其中一位是美国众议长萨姆·雷伯恩，另一位则是参议院多数派领袖林登·约翰逊，他们在维护美国本土石油公司利益上非常活跃。两位坚持要求美国本土石油生产商的利益应该予以保护，国会还应赋予总统其他权利，即在维护国家安全利益时可以对美国石油进口作出限制。

尽管担心国内保守派的政策建议可能会被采纳，但是艾森豪威尔总统还是在 1959 年 3 月宣布对美国石油进口实行限制配额措施，从而使进口石油在美国石油消费总量中所占的比例仅仅维持在 12.2% 的水平。这种限制对于在美国西海岸港口卸油和通过陆路运输进口（例如从加拿大）石油的贸易公司则显得比较宽松，而对于在美国东海岸港口卸油显得特别困难，这实际上等于美国关上了从中东增加石油进口的大门。即使对于那些非常关注美国能源政策的学生来说，也极少有人知道美国政府的这个石油进口限制政策。然而这个政策对美国却造成了深远的影响，它大大降低了后来美国应对外国石油压力的能力。

总的来说，这种石油进口配额政策在整个 20 世纪 60 年代实现了美国很多想要的结果。美国国内石油产量持续增长，国内油价稳定。由于石油进口遭到限制，此时美国的进口石油则主要来自西半球，而不是距离遥远且政局动荡的中东。由于国外石油竞争的减少和大幅减少的联邦税，美国本土石油公司收益大增，并维持着充沛的石油产能，这也使美国在国际舞台上提高了自己的说话底气而不会担心其石油供应被人突然切断。而且，在这段时间内，美国也比其他国家更加努力寻找新油田，使得它的石油勘探技术一直处于世界前沿。虽然这时美国仍要进口一些石油，然而它仍是世界上举足轻重的主要石油生产国。虽然美国进口石油，但是由于国内具有充沛的石油，所以并没有对外国石油形成依赖。

1967 年以色列和邻近的 6 个阿拉伯国家出现了战争（六日战争），战争期间美国富裕的石油产能体现了它的战略价值。罢工、蓄意破坏和暴乱使一些阿拉伯国家的石油生产完全中断，而这一切都源于埃及平民领袖贾迈尔·阿卜杜勒·纳赛尔的煽动。当时波斯湾国家的石油出口一下子锐减了 60%，这相当于世界石油市场每天减少大约 600 万桶的巨额供应。暴乱平息后，世界石油市场每天的供应仍旧比正常情况大约减少 150 万桶，数目仍然很大，但还在可接受范围之内。

这次石油供应危机大约在一个月之内就得到了化解，方法则是动用美国商业石油储备、政企合作重新调配石油供应、扩大美国本土的石油生产以及增加从委内瑞拉、伊朗两个国家的石油进口。总的来说，企图以石油危机作为武器来对付以色列的支持者的阴谋破产了。

虽然派克在 20 世纪 40 年代对美国石油进口发出了警告，然而限制石油进口的政策却被证明只是一种短期的权宜之计，因为这种政策后来造成了更大的问题。政策实施后，美国人不得不支付更高的石油价格，这种价格比世界石油的市场价高出很多，这使得美国石油业在同拥有低成本优势的外国同行竞争时处于不利地位。美国不得不加快开发国内一些比较容易开采的油田，而在允许石油自由贸易的情况下石油公司是不会这么早就开发这些油田的。

另外，潜在的石油出口国还把世界石油市场的变化更多地视为一种政治问题，而非经济问题。当美国这个世界最大的石油市场限制石油进口后，全球石油需求曾一度出现低迷，这又使得中东地区的石油出口价格急转直下。在这些环环相扣的事件发生后，沙特阿拉伯、伊朗、伊拉克、科威特和委内瑞拉的官员们在巴格达紧急会谈，商讨成立一个石油输出国组织（即欧佩克）。于是欧佩克便在1960年9成立了。成立之初，欧佩克便确立了反对限制石油进口和反对国际石油公司单方面降低油价两大任务。刚开始，欧佩克似乎对美国石油市场没有什么影响，然而到了20世纪60年代后期，欧佩克的吸引力和影响力出现了名副其实的增加。卡特尔、利比亚、印度尼西亚、阿拉伯联合酋长国以及阿尔及利亚纷纷加入了这一组织。

1968年，欧佩克决定敦促其成员国把石油资源的所有权收归国有，这个决定很少有人注意。然而这个决定最终还是导致了石油产业控制权的转移，石油资源则从以前的国际石油巨头落到了欧佩克成员国的政治领导人手中，这使得美国更加难以应对未来的石油危机。

能源问题新挑战

1970年标志着美国能源历史走向另一个新的转折点，回头再看这一年，其标志性意义愈加清晰。美国国内石油产量在经历了长达一个多世纪的稳定增长后，在这年的4月份达到顶点。从此，美国国内石油产量将会出现下降，而不再是继续上升。无论从它的象征性意义还是实质性意义来说，发生在理查德·尼克松第一届总统任期内的美国国内石油产量趋势性的扭转正预示着美国主导石油市场时代的终结。

更可怕的是，在国内石油产量出现下降的那段时间，美国石油需求却出现了前所未有的爆发式增长。整个 20 世纪 60 年代，美国能源消费出现了 51% 的巨额增长，而在 50 年代这个数字还仅是 36%。更大的装有空调等设施的新车需要消耗更多的石油。由于越来越多的人选择居住郊区，他们每天驾车上下班所要移动的距离越来越长。而且，到了 1970 年，载客汽车的能效已降至每加仑汽油仅能行驶 13.5 英里。

另外，美国的电力需求也越来越大，因此发电用油的需求也在增长。更大的住房和办公室也需要更多的能源供应。不仅如此，在美国的很多地区，空调设备已经从生活高档品转变为生活必需品。1960 年只有 12% 的美国家庭安装某种形式的空调，5 年后这个数字则达到了 50%。

整个 20 世纪 60 年代，人们对环境的担忧日益加重，这首先反映在地方政府的行政法规中，之后则体现在 1970 年美国国会通过的清洁空气法案中。这迫使在新的煤炭清洁新技术出现之前，美国能源消费不得不从煤炭向其他能源转移。1970 年美国的工业用煤比 1966 年减少了 11%，其中很重要的原因就是美国对空气质量越来越关注。因此，这一时期，石油一方面既要满足人们通常的燃油需求，另一方面又要填补由于煤炭使用减少所造成的能源缺口。

美国国内石油产量正在下滑，需求却在爆发式增长，石油进口受到政府限制，煤炭使用减少带来能源供应缺口，这些因素叠加起来足以很好地制造一起石油风暴。也难怪尼克松政府中的所有中层官员都在担心日益堪忧的能源形势可能会引发燃油短缺。

减轻未来能源压力的一个明显办法就是允许更多的石油从国外进口，这个办法也为美国政府的石油进口工作办公室所提倡，该部门由尼克松在 1960 年发起成立，当时的美国劳工部长乔治·舒尔茨担任主任。美国石油进口工作办公室在 1970 年早些时候发布的一份报告认为，即使美国石油进口政策出现稍微松动，增加从加拿大和委内瑞拉的进口石油配额，政府管制下的进口政策也会阻断美国购买国外便宜石油的机会，这迫使美国每年不得不为石油多支付 50 万亿美元的不必要支出。这份报告值得我们仔细研究，它涉及美国政府成员在石油进口问题上的态度，而同样的问题今天仍在继续困扰着我们。

美国石油进口工作办公室把由中东国家暴乱造成的石油供应危机对美国的影响降到了最低，他们表示"任何结果的出现都必须有一定的前提条件，美国受到严重石油威胁的前提便是中东所有或多数国家都不能再向美国出口石油"，而这种情况出现的可能性极低。另外报告还得出结论：即使进口石油供应链出现断裂，美国自身富裕的石油产能也可以把美国每天的石油产量快速增加至近 200 万桶（这个想法倒很乐观，然而美国国内石油产量出现大幅增长已经不可能了），另外美国还可以加大从加拿大的石油进口（尽管这个国家自身也需要进口石油），甚至可以动用石油商业库存来缓解石油短缺可能带来的冲击。

美国石油进口工作办公室认为，美苏战争才是美国正常石油供应面临的最大潜在威胁，因为两国一旦开战，除了从加拿大进口石油外美国其他所有的石油进口通道都将面临不安全威胁。石油进口工作办公室总结称，美国没有必要为持续时间超过 12 个月的石油供应危机制订应急预案，因为如果美苏两个超级大国开战，很难避免它们不会使用核武器，而在这种情况下美国那些需要依赖石油运转的基础设施将会遭到彻底毁灭。

白宫向美国石油进口工作办公室也提供了石油应急方案，该方案称，在紧急情况发生时美国可以推行石油供应配额计划以减少石油使用，这和战时能源政策相类似。推行该计划将会剔除美国那些非必要的能源消耗，估计会使美国的汽油需求下降 40%。美国国防部还曾向石油进口工作办公室透露了一些保密计划，这些计划设想，美国在冬季遭遇能源供应紧急危机时可以让室内温度保持在 55 华氏度（约 12.8 摄氏度）。

据美国石油进口工作办公室发布的报告估算，若取消石油进口配额政策,美国的石油进口将会出现大幅增长,到1980年这个增长比例会达到27%至51%中间的某个数值。取消配额将造成美国对中东石油更加依赖。然而石油进口工作办公室却认为,维持某个水平的石油进口数量带来的能源风险是美国是可以应付的。该报告还预测称,全世界的石油新发现和能源新技术将会在1985年改变美国的能源安全形势,这时美国正好可以开发利用本国的石油资源。

舒尔茨认为,由于政府其他部门对石油供应趋势的分析正在把新技术因素考虑进去,所以进口石油将不会给美国带来重大挑战。在尼克松政府的初期,美国原子能委员会曾作出以下估计,即截至1980年,美国将有1/4的电力来自于核能,到2000年这个数字将会增加到50%,而到21世纪所有的新建电厂都将会是核电厂。其他像煤炭制取合成燃料和油页岩中提取可燃气和液体燃料技术也正引起越来越多的关注。

美国石油进口工作办公室的能源报告牵涉了很多部门机构,没有得到他们的赞成,甚至都没有获得办公室全体成员的一致赞同。美国国家石油委员会证明了美国石油供应出现中断的可能性,并认为这种可能性要比石油进口工作办公室所预测的高。同时该委员会还认为,政府在和平时期启动战时石油配额供应计划以应对石油短缺对美国消费者而言是无法接受的。

美国石油进口工作办公室发布的报告牵涉了两个联邦政府部门(商务部和内政部),他们也都强烈反对报告得出的结论并想要维持石油进口配额政策不变。这两个部门声称,石油进口配额政策虽然让美国消费者每年为燃油额外多支付10亿美元,而考虑到中东的动乱局势和对本国石油生产商的支持,略高的石油价格也是合理的。

当然,即使尼克松有他自己的政策偏好,他也会力图避免陷入石油进口政策的纠缠中。美国东北部的州想要得到便宜的石油,而那些产油州则想要继续获得保护维持高油价,这对于想要在参议院赢得多数新共和党人和传统民主党人支持的尼克松来说,在这个政治敏感期不宜仓促作出决定。

乔治. H. W. 布什（老布什）在写给白宫的一封信中抱怨道，取消石油进口配额政策将会给得克萨斯州和得克萨斯州人民造成严重的灾难。老布什是来自康涅狄格州的美国前参议员的儿子，45岁的他当时正是来自得克萨斯州的冉冉升起的政治明星。

一周后，布什向政府转交了一封由他的前商业合作伙伴休·利特克所写的信。作为宾索石油公司的主席，休·利特克称尼克松在石油进口政策上的迟疑不决让老布什非常关切。他在信中说："乔治. H. W. 布什可能会竞选国会参议员，我对此特别感兴趣，然而如果政府认为有必要从实质上改变美国当前的石油进口配额体系，我认为老布什就不可能竞选成功，而不管他的支持者是谁。"

尼克松的高级助理罗伯特·霍尔德曼在他的私人日记里也证实了利特克的这番话。霍尔德曼写道："如果政府按照美国石油进口工作办公室的建议去做，共和党至少要丢失参议院的一些席位，而乔治. H. W. 布什就很有可能会竞选议员失败。"考虑到尼克松的政治处境，霍尔德曼认为总统最好的处理办法就是把石油进口政策选择交由国会决定。

尼克松最终没有放弃石油进门配额政策（但布什在1970年的参议员竞选中仍旧输给了民主党人劳埃德·本特森），然而他后来却临时作出很多决定，慢慢放松了原来的石油进口限制。因此，无论是对于石油消费者还是石油生产商来说，美国未来的能源政策走向仍不明朗。

1971年8月，尼克松向全国发表了一个黄金时间电视讲话。在讲话中，他宣布了持续10年的能源市场管控政策（和鼓励额外的石油进口）。他宣布，美国要在90天的时间内冻结全国所有的价格和工资。

无论是开始冻结价格还是后来严格限制价格上涨，尼克松的主要目的都是要维持一个较低的物价水平，以便为1972年的总统大选做准备。当年参与制定物价管控政策的保罗·沃尔克曾任尼克松政府的财政部副部长，后来他对此评价说："无论是1971年8月15号开始实施的价格管控政策，还是与其配套出台的货币政策，其目的都是想快速提高美国国内生产总值并大幅降低通货膨胀率，从而为尼克松再次当选总统构建一个强有力的经济基础。"

低价格鼓励了美国能源需求的快速增长。尽管如此，尼克松的价格管控政策还确实在短期内抑制了通货膨胀，对油价的影响则更为明显。1972年美国汽油零售价格连续第三年保持在每加仑36美分的水平，创造了美国汽油史最低的销售价格记录。考虑到当时国内石油产量正在下降，前期石油进口配额政策又减少了石油来源，再加上美国石油消费的快速上涨，油价能保持在这个水平实属不易。自然经济学中的供求定理这时在美国市场失灵了。

在1972年总统大选的前几周，尼克松就把他的所有主要经济顾问召集在一起，对于在他可能的第二届总统任期内需要优先考虑的问题向他们广泛征求意见。虽然尼克松拒绝在公共场合谈论能源问题，但是不可否认的是，日益严重的能源短缺已成为他最关注的问题。他曾向其经济顾问团队说："能源问题严重程度吓人。对于能源和其他相关问题我们到底该如何应对？我没有答案。"

尼克松第一届总统任期结束时，在松动的石油进口政策作用下美国的净石油进口量已达到每天450万桶（相当于美国石油总消费量的28%）。尽管尼克松在1972年总统大选中取得了压倒性的胜利，然而政府内部的能源专家却很清楚地看到严重的能源问题正日益迫近。美国正在失去其在世界石油市场的主导地位。国内石油生产赶不上石油消费的增长，而美国对此却没有清晰的应对方案。

摆脱能源困境

仅在尼克松第二届总统任期开始后的几周内，美国内政部的能源专家就警告白宫国内政策主管约翰·埃利希曼说："几乎可以肯定，如果政府现在不立即采取行动，今年夏季汽油短缺就蔓延到全国。"这些专家称，美国需要立即进口更多石油以防国内出现能源大混乱。

最终，尼克松于 1972 年 4 月宣布取消所有的石油进口配额政策。美国需要尽快，尽可能获得更多的国外石油。美国开放所有的港口从波斯湾大量进口石油是否会对国家安全构成威胁？然而此时美国的能源形势已不容许考虑这个问题了。

同时，尼克松也开始敦促国会尽快批准在阿拉斯加铺设石油管道的提案。1968 年，大西洋富田石油公司（即现在的阿科公司）和汉布尔石油公司（即现在的埃克森石油公司）宣称，它们在靠近北冰洋北坡地区的普拉德霍湾发现了一处大油田。该油田位于地下 8000 多英尺的深处，是它们在北美洲所发现的最大油田，比东得克萨斯油田还要大很多。这片油田长 45 英里，宽 18 英里，其油藏面积创北美油田历史之最。因此，尼克松请求国会对在阿拉斯加铺设石油管道的提案给予特别批准，从而为油田开发提前扫清法律障碍。

尼克松在向国会做能源报告时，还提到了能源研发的事宜，其中特别重点提到了他自己最热衷的核能开发。另外，尼克松还表示他也支持油页岩、地热能和太阳能的开发利用。同时尼克松还承诺，在 1971 年的基础上将美国能源研发预算再提高 50%，并到 1974 年为该预算再追加 20% 的资金投入。

这个时候的美国节能工作还主要停留在自愿行动的层面上。当时美国正在广泛宣传节能环保的生活观念，具体行动则包括随手关灯、更换节能汽车、减少空调和暖气使用、购买高能效产品等内容。这也是白宫在和平时期首次向全国发出节能呼吁。

尼克松于 1972 年 4 月份取消石油进口配额限制，并没有为美国赢得足够的时间来应对夏季驾车用油旺季的到来。之所以这样说，是因为石油贸易商需要时间对其进口计划作出调整，而石油运输也需要时间，这些时间加起来就达到了几周甚至数月。另外，那些曾最先受到石油进口管制政策冲击的小型独立炼油商和石油零售商也很难获得原油。

1972年5月，美国汽车协会针对全国1000家加油站启动了一项新的调查，以此评估全美汽油供应形势。该协会6月19号发布的《油量表》报告显示，美国汽油供应形势正在恶化。在接受调查的1000家加油站中，有47%的加油站已不能正常运转。司机越来越难以找到地方为汽车加油，特别是在夜间和周末，这个问题更为突出。而到了6月底，美国东北部州所有加油站在接受调查时都表示曾经出现断油情况。

加油站断油加重了国内对于能源问题的担忧。5月出版的美国《时代》杂志用了一个整版来报道能源短缺问题，杂志封面文章题目为"能源危机：我们该行动了"。而在5月下旬白宫进行的一份私人调查则显示，汽油短缺已经成为美国需要面对的第二大问题，仅次于排在首位的通货膨胀。

与此同时，美国另一个重要的经济数据也在经历着很大的变化。1972年年中进行的一项调查显示，美国小汽车的市场份额已从四年前的22%增加到40%。而达特桑和大众甲壳虫这两款进口汽车在5月和6月所做的广告中都尝试了某些创新。为了突出汽车的主要竞争优势，两款汽车都把广告重点放在了每加仑汽油能够行驶更多里程上，顺应了美国当时汽油短缺的形势。在标题为"达特桑更省油"的广告中，这家日本汽车生产商（即现在的尼桑公司）宣称：达特桑在环保署公布的汽车能效（达特桑每加仑汽油可以行驶30英里，是全国平均水平的2倍多）排名中名列榜首。

持续的能源短缺迫使尼克松6月29号发表了新的全国能源讲话，他的这次讲话更加强调节能，旨在度过能源需求旺盛的夏季。他号召全体国民共同努力，争取在接下来的12个月内使美国能源消费下降5%。为实现这个目标，他建议民众把夏季的空调温度保持常温4度以上的水平，还号召司机把驾驶速度降至每小时50英里。同时，尼克松还呼吁人们更多地拼车出行和乘坐公共交通。而且，尼克松还为联邦政府制定了节能7%的目标，以便为国民树立一个良好的榜样。

尼克松 6 月发表的能源讲话还包含以下内容，即政府准备投入 100 亿美元的巨额资金支持高级能源技术的研发。在能源研发问题上，尼克松实际上采纳了亨利·杰克逊的建议。杰克逊在能源问题上是最有影响力的参议员，他在 1972 年早些时候参加哥伦比亚广播公司一个节目时，曾告诉主持人鲍勃·西弗："美国当务之急是启动一个长达 10 年的能源技术研发计划，而这个计划的紧迫性绝不亚于美国 40 年代实施的曼哈顿计划和肯尼迪政府所实施的太空计划。"

截至 1972 年 8 月，美国每天的净石油进口量首次超过 600 万桶，占据了美国石油总消费的 36%。虽然这时美国仍旧保持着世界第一大石油生产国的位置，然而由于其自身石油需求的激增，它正在越来越多地依靠沙特阿拉伯大幅的石油增产以度过夏季燃油需求旺季。随着美国石油进口的增加，有关阿拉伯国家可能切断美国石油进口以便向美国施压迫使其改变中东政策的猜测也在增加。然而美国主管外交政策的领导人却对那样的猜测漫不经心，无论是在私下场合还是在公开场合都是这样。

在 9 月上旬举行的一个新闻发布会上，尼克松非常自信地作出这种表示，即美国在与阿拉伯石油生产国的直接较量上仍处于强有力的位置。他说："失去一个石油出口市场不会为中东产油国带来多大好处。"但他也同时发出警告：如果阿拉伯国家领导人胆敢作出不负责任的举动，他们"将会失去美国这个石油出口市场，而美国也会寻找其他的石油进口来源"。

在尼克松作出这番表示一周后，美国国家安全顾问亨利·基辛格便向国会确保了石油进口的安全。在向国会作证时，基辛格说："我们好像还没有其他能源应对方案来替代从中东进口石油。美国与沙特阿拉伯和伊朗（美国在中东的主要石油来源）保持着非常良好的关系，我们看不到他们会切断我们石油供应的任何迹象。"

美国政府对于从中东进口石油表现出来的这份自信是否合理？不久答案也就揭晓。

阿拉伯石油禁运

1973 年 10 月 6 日，也就是犹太人的赎罪日这一天，222 架超音速喷气式飞机从苏伊士运河上空呼啸而过，进入 1967 年战争后已处于以色列控制下的西奈半岛。同时叙利亚人穿过叙以停火线进入戈兰高地和叙以北部接壤的其他边界地区。战争一开始，美国政府还很少考虑这次中东战争会对美国石油供应造成什么潜在影响。然而，战争爆发后的第二天，尼克松便告诉基辛格："我们不想对以色列给予太多支持，以免那些没有卷入战争的阿拉伯产油国不再支持我们从中东进口石油。"

虽然美国极力避免惹怒阿拉伯国家，然而，随后的战事发展却宣告了美国这种想法的不切实际。战争初期，埃及的一系列胜利让基辛格和尼克松改变了最初的想法，他们认为美国必须向以色列提供军火和飞机以补偿它初期的战争损失。而同时，在沙特阿拉伯、科威特、伊拉克和利比亚发表的政府声明中，也有越来越多的迹象显示这些阿拉伯国家将会拿起石油武器以反击美国对以色列的支持。很快，伊朗便宣布对埃克森美孚公司在巴士拉的石油设施收归国有。10 月 11 日，美国石油公司又告知美国国务院：沙特阿拉伯国王费萨尔·本·阿卜杜勒·阿齐兹·阿苏德（其父亲是沙特阿拉伯的建国领袖，而沙特阿拉伯则有着世界上最丰富的石油资源）对基辛格的战争表态非常生气，并威胁要大幅削减沙特阿拉伯的石油产量。

然而这并没有吓倒美国，10 月 13 日美国又启动了对以色列的新一轮武器供应计划。在接下来的几周内，美国向以色列运送武器的规模比 1948—1949 年间的柏林武器空运还要大。尽管考虑到尼克松在某些问题上的立场可能会出现动摇，基辛格还是决定，不能创造美国向中东石油生产国屈服的先例。在美国军援飞机赶赴以色列的那天，英国驻美大使克罗默勋爵问基辛格："当阿拉伯人开始拿起石油武器向你还击时，你该怎么办？"当时基辛格回答得很干脆："反击。"

10月17日，阿拉伯人果真拿起了石油武器开始向美国还击。在科威特召开的会议上，阿拉伯产油国消除分歧，一致同意将石油产量减少5%。另外，阿拉伯国家还决定对美国（后来又扩大至荷兰）实施全面的石油禁运措施，以报复美国对以色列的支持。美国驻沙特阿拉伯大使馆称，就在沙特阿拉伯宣布将和其他阿拉伯国家联手以石油武器对付美国时，沙特阿拉伯国王在民众当中的人气也达到了前所未有的高度。

虽然以色列在战场上胜势很旺，但是战事发展仍旧难以预料。于是，尼克松在10月19日正式请求国会拨款22亿美元向以色列追加军事援助。也就在同一天，阿拉伯石油部长召开会议对美国的军事援助行动作出了回应，他们要求断绝与美国的外交关系，撤走他们在美国的投资并将石油产量缩减一半。然而，所有这些要求都被沙特阿拉伯成功阻止了。不过这些阿拉伯国家最终还是同意将石油减产幅度提高到10%，此决定一出，伊拉克的石油代表就愤然走出会场以示抗议。在会议结束后的连续几天，伊拉克的新闻媒体一直都在指责沙特阿拉伯这种阻挠对美国采取更强硬措施的"背叛"行为。

12天之后，阿拉伯产油国决定继续向美国施加更大压力，宣布将石油产量缩减25%，并威胁称，如果他们的要求不能得到满足，还会将每月的石油产量额外再削减5%。

面对阿拉伯国家的石油制裁，美国的应对政策可选范围非常有限。美国国务院发表声明称，石油禁运违反了美国与沙特阿拉伯1933年签订的互惠条约。外交官员表示，如果那样的互惠条约得不到沙方尊重，美国也将违反条约所规定的其他条款予以回击。食物制裁是美国施展其影响力的一个潜在办法，特别是在巴基斯坦遭遇洪灾和泰国谷物出口面临困难的时候，沙特阿拉伯超过一半的小麦、大米和面粉可能需要从美国进口。美国驻沙特阿拉伯大使詹姆斯·埃金斯称，食物制裁肯定会给沙特阿拉伯带来相当大的麻烦。尽管如此，他还是不忘提醒说，沙特阿拉伯可能会找到其他的食物进口来源，任何回击石油禁运的措施从长远来看都是无效的，反而会让那些对美国比较友好的国家视其为一种报复性措施。

尽管出现了这样的石油危机，美国和沙特阿拉伯双方仍在积极努力确保武器贸易不会因非常公开的石油争端而受到不利影响。

11 月 9 日，在沙特阿拉伯进行工作访问的基辛格要求国王费萨尔对他的外交努力给予支持，他对国王说，石油禁运是对双方关系的一次严重打击。沙特阿拉伯国王则对此回应道，取消石油禁运不能只由沙特阿拉伯一个国家来决定。他需要先看到双方在比石油更重要的问题上取得更多进展，之后才能向其他阿拉伯国家提出取消石油禁运的倡议。之前，基辛格并未料到沙特阿拉伯会这么快对自己的要求作出回应，他曾在回忆录中这样写道："利雅得不是美国外交的突围之地。"

到了 11 月中旬，中东地区的这场战争基本结束，尽管埃及和以色列还要就战后的分界线问题进行具体的讨论磋商。虽然基辛格对阿拉伯世界的突击式访问取得了一些积极成果，但是美国官员仍旧很难判断沙特阿拉伯到底需要什么条件才能解除对美国的石油制裁。

能源独立计划

1973 年 11 月 7 日尼克松对于阿拉伯石油禁运发表了他的第一个重要电视讲话。为了减少石油需求，他命令美国减少航空运输，并放松了硫排放限制措施从而允许使用更多的煤炭。尼克松提出的其他大胆提议还包括将高速公路的最高限速降至 50 英里每小时，家庭室温降至 20 摄氏度（办公场所的温度还要再低），减少夜间商业照明。总统还称赞了俄勒冈州提倡错峰上班、乘坐公共交通和拼车出行的做法。此外，尼克松还倡议减少石油发电，当时美国有17%的电力来自于石油。。

参议员杰克逊建议联邦政府启动石油配额计划。曾有很长一段时间尼克松对此都持抵制态度，而此时他的态度终于出现转变，他提议政府尽快实施这项计划。面对这样那样的负面消息，总统总是可以找到最好的理由："美国正面临能源危机，而我们的民众却没有危机意识。"

对于能源技术研发，总统总是极力宣扬。为尼克松较早起草的一份总统讲稿就包含了大力进行能源技术研发这样一个激进的提议，它的目标是使美国回归到能源需求主要依赖自己解决的状态。就在总统发表讲话的前一天，尼克松助理金·阿尔·黑格从总统首席经济顾问赫布·斯坦那里得到了一个建议。接着金·阿尔·黑格就告诉总统说："你可以把美国实现能源自给的努力命名为'能源独立计划'，这和200年前美国通过独立宣言差不多。"

尼克松在对能源未来的美好展望中接受了黑格的建议，他号召国民说："让我们为国家设定这样一个目标：截至70年代末，我们将不再需要依赖任何进口的石油资源而实现能源独立，为此我们将要挖掘自身各方面的能源增产潜力。实现能源独立需要我们拿出当年实施阿波罗登月计划和曼哈顿计划时的精神和决心。让我们承诺，到1980年美国仅依靠自己的力量就能满足美国的能源需求。"

尼克松在公开场合还曾表示，能源技术研发将会让美国在7年之内结束对外石油依赖，而他的几位顾问对这种说法却持怀疑态度。

应对能源危机

尼克松发表能源独立讲话10天后，费萨尔重申了沙特阿拉伯的立场，即只有以色列进行更大规模的撤军，中东对美国的石油禁运才能结束。紧接着第 2 天，阿拉伯的石油部长们便共同宣布：他们将把石油减产幅度维持在 20% 的水平上，主要是向那些对中东友好的欧洲国家作出积极的反应。

石油禁运对美国会造成多大的影响？美国内政部负责对这种影响作出评估。内政部的专家分析预计，到 1973 年第 4 季度，美国每天的石油缺口将会达到 140 万桶，届时将会有 8% 的石油供应缺口。而等到 1974 年第 1 季度，美国就会切实感受到石油禁运对其生产生活造成的影响。这时美国每天的石油缺口将会达到令人恐怖的 350 万桶，预计会有 20% 的石油需求得不到满足。

内政部作出上述分析的前提是，阿拉伯石油生产国对美国实行最严格的禁运政策，而这则相当于中东切断了美国所有的石油进口渠道。在考虑到阿拉伯国家可能会削减石油产量的情况下，分析才得出了美国石油缺口到 1974 年第 1 季度将会达到 350 万桶的结论。届时全球每天的石油消费大概为 6000 万桶，其中 2000 万桶来自阿拉伯国家。如果阿拉伯国家石油减产 1/5，那么国际市场每天就将会减少 400 万桶的石油供应（约占世界石油总供应的 7%）。

从需求角度考虑，与 1973 年同期相比，预计 1974 年第 1 季度美国石油需求将会出现 9% 的大幅增长。内政部专家还得出结论称，近年来美国出现的石油需求快速上涨趋势将不会受到 1973 年高油价的影响，也不会因已经实施的各种节能政策而改变。

虽然内政部的预测成为整个石油禁运期间美国制订能源政策的理论基础，但是这些预测却出现了惊人的漏洞。它完全忽略了以下这种情况出现的可能性，即那些未受到石油禁运影响的国家从非阿拉伯国家进口的石油可以转运到受影响的国家以填补这些国家的石油缺口。内政部预计到 1974 年第 1 季度全球每天的石油缺口将会达到 400 万桶，而这其中就包括美国每天 350 万桶的石油缺口。内政部估计，全球石油产量减少 7% 将会导致美国出现 20% 的石油供应缺口。即使假定美国能源需求增长趋势不会受到高油价和节能政策的影响，这种预测也是不合理的。内政部的分析充分考虑了很多不利情况，而这些不利情况的出现却有共同的起因。这就相当于把 3 种原因共同导致的死亡看做 3 起独立的死亡事件。

然而此时国会很多议员却认为，正在逼近的美国石油供应缺口将很可能达到 20% 甚至更多。与媒体和国会的高度敏感相比，政府在未来的石油供应问题上则显得相对乐观。

由于公众对能源问题日益担忧，1973 年 11 月 25 日尼克松在黄金时间再次发表了一个电视讲话，极力号召美国行动起来实现能源独立。在这次讲话中，尼克松称赞了国会近来的行动。之前，国会不仅通过了在阿拉斯加铺设石油管道的法案。还通过了紧急状态下的政府能源分配法案。据美国内政部长罗杰斯·莫顿估计，前一个法案最终将会给美国带来每天 200 万桶的额外石油供应，而后一个法案则赋予了联邦政府在紧急状态下调配全国石油资源的权力，同时还力图促进石油资源的公平分配和对独立石油公司的保护。另外，该方案还对石油价格管控作出了新的明确规定，如果没有国会批准，总统不能再随意颁布限价措施。

尼克松在讲话中还赞扬了美国民众。他在上次讲话中曾要求"民众要有一点牺牲精神"，之后国民对此则作出了积极响应。尽管如此，尼克松还是额外增加了几条旨在减少能源需求的节能措施。他呼吁全国所有的加油站在周末（时间为周六上午九时至周日午夜零时）暂停服务以减少美国人的周末驾车出行，同时他还要求州和地方政府积极配合联邦政府落实这些措施。在尼克松发表这个讲话时，全美已有 6 个州把机动车的最高限速降至 55 英里/小时。在美国受到石油禁运的 5 周内，美国就开始采取措施以应对预计到来的石油短缺。

阿拉伯的石油禁运和政府的节能呼吁有助于美国人进一步改变对能源的认识。盖洛普公司 11 下旬进行的一项民意测验显示，62% 的受调查者用电量有所减少，62% 的受访者为了节油正在减缓汽车行驶速度，41% 的民众正在减少驾车出行，还有 8% 的人正在选择拼车出行。总之，节能环保的生活观念在美国正日益深入人心。

为应对石油危机，尼克松于 1973 年 12 月 4 日宣布成立一个以财政部副部长威廉·西蒙为首的联邦政府能源办公室，而西蒙也顺其自然地成为美国的"能源沙皇"。

几乎同时，美国能源官员还收到了其他令人鼓舞的消息。美国的石油进口并没有像原先预期的那样下降那么快。更令人高兴的是，美国石油需求的下降程度还大大超出了预期。11 月美国较为温暖的天气有助于东北部州减少取暖用油。美国气象局对次年 2 月份的温度预测同样也有利于节能。另外，美国的航空用油和发电用油也出现了急剧下降。汽油需求比原先的预期下降了 15 个百分点，而这则显示美国民众对总统的节能呼吁作出了实质性的回应。同时欧洲和日本的燃油需求也出现了急剧的下降。

在这些积极的能源利好消息基础上，美国联邦预算管理办公室开始质疑内政部此前的能源形势分析，而这些分析则是联邦能源办公室制定政策的基础。考虑到自 1972 年开始的油价大幅上涨、经济减速带来的消费下降和联邦能源政策的影响，联邦预算管理办公室重新作出预测，到 1974 年第 1 季度，美国每天的石油供应缺口将会是 100 万桶，比内政部原先公布的 350 万桶的 1/3 还要低。

石油禁运对美国的最终考验体现在其对消费者的影响上。在石油禁运开始后的前几个月，加油站的燃油供应中断确实给消费者带来了一些麻烦，然而并没有前一年 6 月的类似事件给民众造成的影响大。美国能源汽车协会 12 月月中发布的一项新的调查报告显示，圣诞节前夕美国 80% 的加油站预计都会开放营业，这给人带来了稍许安慰。尽管存在许多积极的能源信号，西蒙还是认为美国 12 月份的能源紧张形势缓解只是暂时性现象，他仍旧拒绝对此前的能源形势预测作出调整。

积极的能源信号并未让美国人高兴太久。仅仅一个月内，美国股市就疯狂下泄 165 点（约为 17%），创美国股市历史最大跌幅纪录。对此，人们普遍认为这是石油禁运间接惹的祸。美国股市遭遇重挫后，此前对美国一直言听计从的小国这时好像也都敢对美国这个超级大国评头论足，说三道四。

敏感的媒体重新点燃了民众对能源问题的热情。1973 年 11 月中旬出版的《时代》杂志封面文章标题为"阿拉伯人的新石油制裁：前途黯淡，经济下滑，心理恐慌"。文章这样写道："即使阿拉伯人明天就取消石油禁运，世界也将永远不会回复到从前。石油的突然短缺震惊了政府官员，使他们认识到这一点，即价廉量足的能源时代正在成为历史，民众将不得不永久减少取暖能源需求、减少照明和减少交通出行，而且还要为上述每项服务支付更高的价格。"

美国人生活质量的下降似乎已经成为必然。

国民对能源问题的关注推动国会尽快通过了延长夏令时间和降低最高限速的决议。交通的管理权此前一直掌握在州政府手中，然而交通部现在却要切断对那些未执行 55 英里每小时最高限速标准的州的资金支持。虽然尼克松现在仍在抱怨国会行动迟缓，然而国会在年末的最后两月也对能源立法表现出极大的热情。

12 月下旬中东产油国召开了两个关键的会议，地点分别设在伊朗和科威特。在德黑兰，中东的石油部长们再次提高石油价格，使其从 5 美元/桶升至 12 美元/桶。而就在刚过去不久的 10 月中旬，石油价格还是 3 美元/桶，因此这次的提价幅度着实令人震惊。作为一种主要的大宗商品，石油在 10 周之内 4 倍的价格涨幅在以前还从来没有过。

阿拉伯产油国的这个大胆行动并没有引起工业化国家的多大抗议。美国驻沙特阿拉伯大使在发给华盛顿的电报中这样写道："欧佩克很可能对石油消费国无动于衷的反应感到吃惊。"沙特阿拉伯石油部长艾哈迈德·亚齐·亚曼尼向美国外交人员哭诉了他在会议上力图阻止油价上涨时的孤立无助，还询问美国为什么不向它的亲密盟友伊朗国王穆罕默德·利萨·巴利维施加更多的压力。沙特阿拉伯的这位石油部长认为他的做法最有可能得到伊拉克的支持，然而令人奇怪的是，伊拉克支持沙特阿拉伯并不是因为它不想获得更多的石油美元，也不是因为它和沙特阿拉伯关系"亲密"，而只是因为它更痛恨伊朗。

科威特会议的内容也很不符合美国之前的预期。欧佩克中的阿拉伯国家最终决定将石油减产幅度暂时降至10%。尼克松和基辛格为此感到沮丧，他们认为美国已经完全丧失了和阿拉伯国家协商结束石油禁运的可能性。虽然阿拉伯产油国的做法没有完全达到美国人的要求，然而它们也给美国人带来了一些喜悦，毕竟阿拉伯国家的石油严格限产政策正在出现松动。然而奇怪的是，美国官员和媒体却并没有对这个重大的积极变化给予太多关注。尼克松的能源"沙皇"西蒙仍旧坚持当时看来已经严重过时的美国能源形势预测。

12月底，尼克松调整了自己的度假计划，而这则具有重要的标志性意义。该调整显示出总统正在切实履行节能承诺。他打破了乘坐总统专机空军一号去圣克拉门托度假的惯例，而是和夫人一块乘坐美国联合航空公司的商用飞机历时5个半小时抵达他们的度假地。度假结束时他们乘坐的也只是美国空军捷星飞机。由于这种小飞机中途要做停留加油，总统夫妇抵达白宫时已经是凌晨3点。

到了1974年，重新恢复从阿拉伯国家的石油进口对于美国来说显得日益紧迫。赶在禁运前进口的石油已经到港卸货。波斯湾到美国港口之间的石油运输恰好推迟了1973年11月和12月上旬的阿拉伯石油减产影响美国的时间。而现在这种潜在的影响程度则出现了下降。1974年1月，阿拉伯国家将石油产量增加了10%，完全履行了1973年12月下旬作出的承诺。尽管如此，美国的石油进口在经历了1973年12月13%的下降后，下降幅度又额外增加了11%。

此时尼克松的政治地位有所削弱，这迫使他不断向国务卿施压，以便让他和阿拉伯国家尽快谈判以结束这种石油禁运。据基辛格猜测，当时尼克松完全陷入了这样一种思维而不可自拔：即他只有在解决石油禁运问题上取得显著突破，才能弥合水门事件给他带来的政治创伤。

1974年1月11日的凌晨钟声敲响不久，尼克松便离开美国，开始了他3个月内的第3次对中东的旋风式访问。访问期间，埃及和以色列军方最终同意达成和解，这燃起来了美国人尽快结束石油禁运的希望。埃及总统安瓦尔·萨达特承诺埃以军队和解后会加紧促成石油禁运问题的解决。尽管如此，埃及并不是主要的石油生产国，无法单方面对沙特阿拉伯和其他阿拉伯石油出口国施加影响促使它们恢复到石油满负荷生产状态。同时，美国还不能忽视利比亚这种激进国家的态度。另外，由于叙利亚和埃及军队的和解进程迟迟不能向前，沙特阿拉伯也不愿意在未征得叙利亚的同意下就结束石油禁运。

1月21日，叙利亚总统哈菲兹·阿萨德宣布继续实施石油禁运直至和以色列签订和解协议。美国国家安全事务顾问基辛格最终也不得不告知美国总统，阿拉伯产油国不打算让他在定于1月30日发表的国情咨文演说中宣布石油禁运结束。

在国内，西蒙领导的联邦能源办公室正在严格限制过多石油流入市场。随着石油进口的逐渐减少和政府能源分配计划的强制实施，1月份司机加油面临着前所未有的困难。美国汽车协会当月进行的一项调查发现，美国只有一半的加油站会在早上7点以后还继续营业。有17%的加油站正在实行限量加油措施。更为恐怖的是，还有2%的加油站已经因为断油而停业。

而由白宫进行的一份秘密民意调查则显示，截至1月中旬，有37%的调查者表示难以给汽车加油，而在1973年12月这个数字还只是16%。同时有60%的受访者表示能源短缺已经影响到他们的生活质量。

加油难和媒体对石油禁运的广泛报道震惊了公众。也就在此时，美国人首次把能源问题列为国家的首要问题。盖洛普公司在 1 月第 1 周进行的一项民意调查显示，有 46% 的受调查者认为能源危机是国家需要面对的首要问题。能源危机需要人们改变原来的生活方式，对此有大约 40% 的公众认为这会使生活变得更糟，但也有 43% 的公众把这种变化视为一种积极向好的趋势。

美国的当务之急

1974 年尼克松在电视上发表国情咨文演讲时宣布，能源问题是美国需要优先而且是必须优先考虑解决的首要问题。然而他作出的要实现能源独立和避免汽油定额供应的承诺却并没有赢得民众太多的掌声。与前一年相比，尼克松这一年的国情咨文并没有多大新意。

关于石油禁运结束的可能性，陷入政治困境的尼克松力图保持最乐观的态度。然而他的助理却很审慎，称在这个问题上美国不可能实现直接的外交突破，况且美国对此表现出来的任何不耐烦情绪都是一种示弱的信号。基辛格保持着与沙特阿拉伯的频繁沟通，及时把尼克松的想法透露给对方。

在谈到埃以军队和解对美国恢复从中东正常进口石油的意义时，尼克松用了很多夸张的词汇，然而其措辞却非常模糊，难以使其顾问信服。就在国情咨文发表后的第 4 天，费萨尔正式通知美国，阿拉伯国家在下面问题上已经达成一致，即如果叙以和解进程不能取得更大进展，石油禁运将不会结束。对此美国并不感到意外。

尽管尼克松在讲话中力图表现出一种积极乐观的情绪，然而国内的石油短缺形势却在持续升级。美国汽车协会 1 月末发布的一份报告显示，很多加油站已经用光了他们的月度石油配额。由于没有新的油源，全美断油的加油站比例已经升至 16%。在美国东北部和西北部地区，大多数还在营业的加油站都在实行限量加油措施，并在中午或下午过半时停止营业。新的一个月石油配额的到来有助于缓解 2 月早些日子加油紧张的局面，但就是这样，仍有大约 10% 的加油站表示无油可加。

2 月早些时候，能源危机间接导致了全美卡车司机的罢工。他们的主要抱怨包括最高限速的降低、柴油价格的上升和联邦政府对于价格的管控，这导致他们上升的运输成本不能马上传导给客户。出现断油和周日停业的加油站也在抱怨自己的损失。弗吉尼亚州、密苏里州、田纳西州、得克萨斯州和俄亥俄州都出现了反对罢工的卡车司机遭枪击的报道。当时还有报道称，宾夕法尼亚州的一个司机行至一个天桥时被上面落下来的巨石砸死。美国总检察长威廉·萨克斯比号召各州州长动用所掌握的一切资源防止美国陷入无序的混乱状态。

于是司机便开始看到这一幕：长长的卡车队伍被国家警卫队和警察严加保护。而加油排队的问题则激发了政府和业界的创新热情。为了减少排队的时间，俄勒冈州强制要求司机根据他们的驾驶执照号码的奇偶性隔天加油。美国其他 7 个州和华盛顿哥伦比亚特区也在效仿俄勒冈州的这种做法，只是没有强制执行。而马里兰州、弗吉尼亚州、新泽西州、纽约州、特拉华州和夏威夷州则是完全效仿了俄勒冈州的做法。在佛罗里达州高速公路上行驶的司机在重新加油之前，还得确保他们的汽车余油已不足油箱容积的一半。在美国东部沿海地区，很多加油站是中午停业，以便把供油时间转移到其他时间段。

面对日益严重的能源短缺和来自州与地方政府一连串的抱怨，美国联邦能源办公室于 2 月 19 日宣布额外调配石油给那些受影响严重的州。然而，美国能源形势仍在持续恶化，在 2 月下旬达到极点。当时美国每 5 个加油站中就有一个报告说已没有任何汽油存货。全国的能源平均数据掩盖了某些地区的能源短缺严重程度。以卡罗莱纳州为例，这个州有一半的加油站报告说他们已经把所有的燃油销售一空，成为全美受影响最大的州。佛罗里达州（40% 的加油站完全断油）和宾夕法尼亚州（37% 的加油站完全断油）的石油短缺严重程度位列第 2 位和第 3 位。

和石油禁运前的能源短缺不同，新的石油短缺还伴随着零售油价的大幅上涨。从 1973 年 10 月到 12 月，每加仑汽油价格涨了 3.5 美分。从 12 月到 1974 年 4 月，汽油价格又蹿升了 10 美分。在 1973 年 10 月份，司机加满一个 15 加仑容积的油箱需要支付 6 美元，而到次年 4 月，这个支出超过了 8 美元。而且司机在加油时享受到的额外服务也在减少。为了控制成本，加油站减少了类似邮票兑换、免费地图赠送、挡风玻璃清洗和油质检测这样的旨在吸引司机加油的服务。

联邦价格监管机构虽然允许油品零售商把自身成本转嫁给消费者，然而却只允许炼油商和销售商在月初提高价格，这扭曲了能源价格并加剧了能源短缺。联邦能源办公室在 1973 年 12 月中旬宣布，建立在较高原油成本的基础上，加油站可以将油价再额外提高 2 美分，以确保到 1974 年到 3 月份他们在每加仑汽油上获得的利润从 8 美分提高到 10 美分。这种价格政策刺激了石油商在 2 月末的囤油惜售，最终导致能源短缺高峰在 2 月末提前到来。

尽管如此，在汽油短缺的阴霾中也有一丝光亮。1974 年 2 月第 1 周，国家安全理事会发布报告称，美国 1973 年的交通事故死亡人数和 1972 年相比少了 1000 人，其中最大降幅出现在 1973 年 12 月，而当时美国正遭遇能源短缺打击，很多地方降低了公路最高限速。几周后，美国高速公路安全管理局又宣布，1974 年 1 月份的交通死亡人数为 853 人（死亡率为 23%），低于 1973 年同期的这个数字。石油禁运正困扰着司机，拖拽着美国经济下滑，但是却正在拯救生命。

到了 3 月份，随着更大石油配额供应在全国的开始，缺油的加油站数量突然骤降。西蒙动用石油库存的措施最终已经奏效。即使石油禁运还未取消，能源短缺也已得到缓解。加油站排队现象正在消失。

石油禁运的结束

在1974年2月16日举行的会议上，埃及和沙特阿拉伯的外交人员告诉基辛格和尼克松禁运将要结束。美国作出了继续致力于中东和平的承诺，这使阿拉伯官员觉得石油武器已给他们带来了回报。既然促成叙以和解本来就是美国的计划，尼克松和基辛格也就没有感觉到美国因石油禁运在向阿拉伯国家作出让步，这就避免了美国一旦示弱未来还要招致更严重石油制裁的可能。最终在3月18日，那些中东激进国家被说服后，基辛格通知尼克松阿拉伯石油禁运已取消。沙特阿拉伯宣布每天增产石油100万桶。

然而，美国庆祝禁运取消的想法却在欧佩克冻结石油价格的决定中破灭了。沙特阿拉伯石油部长亚曼尼承诺要降低油价，而很多产油国则要推高油价。因此，美国需要找到一个双方都可以接受的价格以终止中东的石油制裁，保持现有的油价水平不变则有助于做到这一点。尽管叙利亚和利比亚仍旧拒绝在价格协议上签字，然而这却给美国人敲响了警钟：石油禁运结束就期盼油价下降是一种不成熟的表现。

美国正常石油供应被中断了5个月，最严重的情况出现在1974年2月。当时每天的石油进口比1973年9月下降120万桶（下降19%）。由于美国消费的大部分石油仍旧来自国内，所以最严重月份的美国石油缺口大约只占其全部石油消费的8%。石油武器虽然给美国带来了极大打击，然而它本身给美国人带来的东西却远非遭受打击这么简单。

整个3月下旬，美国的汽油供应都在持续向好，没有发生出现在1月和2月底的那种加油恐慌。与此同时，美国汽车协会发布报告称："加油容易了，但价格却增加了。一边是汽油供应增加，一边是高油价。"到5月初，由于排队加油现象的消失，推行单双号加油政策的州有一半都取消了这种制度。到了6月和7月，汽油供应形势变得更好了。在7月4日美国国庆日的高能源需求来临之际，美国汽车协会发布报告称汽油供应"充足"。而在公众看来，此时美国的石油短缺已经结束了。

禁运结束后，随着加油排队现象的消失，公众对能源的关注下降了，美国石油依赖问题对他们不再有吸引力。总统关于能源问题的陈述变得越来越少，这和1月份形成很大反差。此时民调显示能源问题已不再是一个全国性问题。

然而西蒙仍旧感觉能源危机最困难的时候还没有过去，这是因为欧佩克掀起的石油涨价潮相对石油禁运对美国威胁更大。现在美国人在进口石油上的支出要比以前大得多，这样，美国经济中的一大部分资金会以石油美元的形式转移到中东。

在这以后，石油涨价的次数多得惊人。1972年，美国的进口石油支出大约为40亿美元。而到了下一年这个数字就涨到了大约70亿美元。1974年是欧佩克实施新油价措施的第一年，这年美国的进口石油支出攀升至大约250亿美元。仅仅两年的时间，美国的进口石油支出就增加了5倍多。尽管美国石油消费在1974年出现了历史性的首降，然而4%的降幅仍未能阻止进口石油支出的增加。

不断上涨的进口石油支出对美国贸易平衡造成了显著的影响。1974年，美国的能源贸易赤字达到220亿美元，而美国的非能源贸易却实现了180亿美元的贸易盈余。从美国流出的资金恰恰流向波斯湾地区的那些产油国。这些产油国突然获取了大量石油美元，而又不能立即花完。1972年至1974年间，沙特阿拉伯的国内生产总值增长了3倍多。其他石油出口国也在经历着不同寻常的经济扩张，即使在禁运期间石油出口下降的情况下都是这样。

由于对国外石油产生新的依赖，美国正在为此付出沉重的代价。这些年来，美国采取了诸如石油进口配额、油价管控和能源配额供应等措施以应对国内石油产量下降和石油需求快速增长的双重压力。而这些措施只是使情况变得更糟。石油禁运结束后，政府内外的很多人士一直在寻求可能扭转美国能源对外依赖趋势并实现尼克松所谓的能源独立的办法。

寻求解决之道

水门事件发生后，记者和历史学家均把焦点转向了尼克松对丑闻的道歉反应上，这掩盖了福特在能源问题上的努力。福特于1974年8月9日开始担任美国总统。这位来自密歇根州的前国会议员对美国石油进口持续上涨的趋势非常清醒，很快在面对国会的首次演讲中他便发誓要推进美国能源独立计划以避免石油危机的再次到来。福特一直都在参与能源政策的制定实施，这一点非尼克松可比，甚至在石油禁运期间都是这样。在总统内阁会议上他频繁地提到能源问题，而且在很多私人和公共场合他也谈到这个问题。

1974年最后几个月，基于对禁运期间能源问题的考虑，福特推出了能源新政。10月，国会决定组建一个新的能源研发管理机构，这个机构将集政府在核能、化石燃料及可再生资源研发管理方面的所有职能于一身。由于有新的资金流入能源研发，这样的部门整合远不是小事一桩。政府在能源研发上的预算从1973年的12.5亿美元升至1975年的25亿美元。剔除通货膨胀因素，今天政府在能源研发的投入都无法和当年的相比。

在白宫强有力的支持下，国会于1974年11月和12月还通过了其他的能源决议。国会决定从1975年至1980年拨款120亿美元以支持大规模能源独立计划的实施，福特称这个决定是"美国在对抗石油过度消费中具有标志性意义的事件"。另外，对于在阿拉伯石油制裁期间作出的最高 55 英里每小时的暂时性限速规定，国会决定永久保持不变。

1975 年早些时候，国会要求政府 11 月之前务必出台一份国家能源计划，也就是所谓的能源独立计划。福特上任后的几周内，便决定把美国实现能源独立的截止期限定为 1980 年，而当时距离这个截至期限只有 6 年。对于是否要制定一个短期能源目标（1975 年之前将美国每天的石油进口下降 100 万桶，即从当时每天 600 万桶下降到 500 万桶）的问题，政府也做了内部讨论。和多数总统顾问的建议相悖，福特冒着政府风险，公开宣布支持设定一个持续时间不长的短期目标，而目标最终能否成功实现，在美国下届总统大选之前就可见分晓。

由联邦能源办公室撰写的这篇能源独立报告对于福特的能源政策制定产生了一些影响。然而他的政府内阁却认为报告含有过多的能源保护和行政管制倾向。

在 1975 年 1 月的两次主要讲话中，福特揭开了他的能源战略面纱。在参加黄金时间现场直播的一个有关经济和能源的电视谈话节目时，福特作出郑重承诺，表示要在能源问题上采取强有力的行动。福特以他惯有的直白坦承："当我们对不确定的且由别人制定高价格的国外石油形成依赖时，就意味着美国人不能完全控制自己命运的时候到了。"

这位总统还宣称，在接下来的 3 个月他要启动紧急计划，对价格达到 3 美元/桶的国外石油逐步征收一种额外费用，并迫使国会采取行动阻止石油的进口。福特承认："是的，将来汽油和石油的价格甚至还要比现在高。"

福特的紧急计划包括对石油征收暴利税，他还威胁说，如果存在必要，他会重新执行过去的石油进口配额政策。为了达到每加仑汽油提高汽车行驶里程 40% 的目标，福特还敦促国会推迟 5 年出台新的汽车污染标准，他认为所有的燃油节省都将会来自于环保政策的调整。他还誓言，除了能源开支，将会否决其他任何新的政府开支项目。

　　福特能够接受较高的油价，选择了一条和尼克松不同的能源政策之路，后者常常不切实际地推出一些在政治上受欢迎的低油价政策。尽管如此，和他的前任总统一样，福特也曾这样唤醒民众：美国正面临着建国 200 年来的一场危机，像度过以前的危机一样，美国人民需要团结一致，挽起袖子，齐心协力完成我们必须要做的任何事情。

　　福特此番话一出，之后就有评论指出，福特的能源计划实施至少面临一个困难。注意到福特的经济和能源计划涵盖的内容很多，哥伦比亚广播公司的乔治·赫曼对此评价说，计划是好的，具有前瞻性，然而具体实施起来仍旧复杂。

　　在 1975 年 1 月 15 日发表的国情咨文中，福特继续直白地讲到："我说的都是坏消息，如果有的话，我不期望掌声很多。"和上次讲话主张采取的能源措施不同，这次他呼吁美国要取消对天然气的价格管制、修改清洁空气法案以允许人们更多使用煤炭，为非燃油和燃气电厂建设提供税收优惠，力争到 1985 年美国的合成燃料和油页岩石油生产每天达到 100 万桶，设定一个石油最低价以保护可替代能源不会受到低油价的冲击，为房屋额外安装绝热材料的家庭提供新的税收优惠。福特还提出了一个石油战略储备计划，即为美国国内需求和国防需要分别存储石油 10 亿桶和 3 亿桶。

　　对于总统的这些能源提议，民主党人成为主要的反对力量，他们普遍抵制对进口石油征税。马萨诸塞州州长迈克尔·杜卡基斯指责福特对新英格兰地区存在敌意。来自东北部州的官员联合 10 个地区性的公共服务机构对福特向进口石油征税的合法性提出了正式挑战。美国众议院发言人卡尔·阿尔伯特通过美国主要电视台正式传达了民主党人对福特的反对，他抱怨说福特对进口石油征税将会导致惊人的通胀出现。与此同时，工会、加油站和住宅建筑商对额外增加燃油成本也是抱怨不断。

　　美国对国外石油形成依赖，国会议员在处理国家面临的这个危险问题上步子走得很慢，对此福特很快便感受到了沮丧。在 1 月晚些时候他曾向记者抱怨道："我们在这个问题上被欺骗和耽搁的时间足够长了。"美国两党在进口石油征税问题上的针锋相对让人觉得：由共和党人担任的总统和民主党控制的国会在能源问题上的分歧很大。

尽管如此，还有让福特更不愿意承认的事实，那就是美国参众两院正以他们混乱的方式炮制新的能源政策。虽然主席阿尔·厄尔曼成功使一个每加仑23美分的汽油税征收方案在众议院筹款委员会获得通过，然而到了6月该方案就遭遇了毁灭式的打击，尽管该方案曾得到像众议院多数派领袖奥尼尔（马萨诸塞州）、吉姆·赖特（得克萨斯州）、理查德·波林（蒙大拿州）、莫瑞斯·尤德尔（亚利桑那州）、约翰·丁格尔（密歇根州）和丹·罗斯顿科斯基（伊利诺伊州）这些民主党大佬的支持。

接着奥尼尔就转移了努力方向。他决意将汽油税至少要保留在每加仑3美分的水平上，然后利用这些税收成立一个能源信托基金。他曾在众议院这样质问反对者："我们有勇气站起来为美国的未来作出投票吗？"然而，由于公路建筑商对汽油税收收入被用于其他目的而非公路建设表示不满，他们的游说使得力度如此缓和的提案都无法在国会获得通过。

美国媒体对众议院未能通过强有力的能源法案进行了猛烈批评。《纽约时报》称众议院的税收提案表决是"一个不负责任的行为，它会使美国在对抗石油联盟经济制裁时表现得更加脆弱"。《华盛顿邮报》这样写道："能源政策是当今美国除人权外分歧最大的问题，它给美国人带来了痛楚。"

众议院在汽油税提案上的表决结果使美国在能源历史进程中走向另一个岔路口。就在众议院还未进行汽油税投票的3天前，瑞士通过全民公投决定将本国汽油税上调50%至每加仑45美分，而这只是石油禁运结束后欧洲汽油税提高的一个缩影。截至1976年，只有两个工业化国家的每加仑汽油价格还在1美元之下：加拿大为71美分，而美国则为58美分。

美国的能源政策看起来好像完全放开了，然而表象往往是骗人的。

CHAPTER

第二章

被遗忘的胜利：
美国曾经如何做到石油进口减半

传统观点认为，在阿拉伯石油禁运揭露出美国依赖国外石油的危险后美国错失了一次实现能源独立的良机。虽然这种观点被广为接受，然而它却忽略了美国在应对石油禁运时所取得的实质性进步。我们要很好地了解一下这些进步。

1974年至1982年间的美国充分证明了政策和市场的严重失灵。能源价格的攀升、通货膨胀、银行利率给很多美国人带来了痛苦。总统和国会经常在能源问题上进行争吵，时不时表现出综合解决问题时的乏术无力。加油排队现象再次重来，美国人被以前美国在波斯湾地区的最亲密盟友劫持为人质，这些都标志着美国在处理全球问题上的无力。然而事情还不只是这些。

不管怎么说，石油禁运期间美国还在全国出台了一项成功的能源政策。美国大大减少了对国外石油的依赖。遗憾的是，很少人还记得我们曾经确实实现了石油进口减半，那显著扭转了当时石油进口不断上涨的趋势。人们不再记得美国那段时间实现能源独立的历史性胜利。但是我们可以这样考虑：如果我们以前能够赢得能源独立，或许我们现在也能做到这一点。

为了理解美国是如何走入又是如何走出能源混乱状态的,我们需要对美国从福特政府到罗纳德·里根政府期间的联邦能源政策做一下回顾,并对这些政策对后来的影响作出评估。

"千里之堤可能毁于蚁穴"

虽然征收汽油税的提案在 1975 年春在国会遭遇毁灭性的打击,然而国会还收到不计其数的旨在避免石油禁运再次重来的其他提案。对于其中很多提案,国会议员都能达成共识,也能得到白宫的明确支持或默许。然而却有一个提案和汽油税征收一样在国会和政府引起了很多争议。

福特总统呼吁终止石油价格管制,这一点是尼克松在 1971 年首先提出的,目的是防止石油的过度消费和产量不足。然而福特却陷入了与发誓要捍卫低油价的民主党人的严重对立中。参议员杰克逊曾这样表示:"为提高汽油或家庭取暖用油价格所做的一切努力将是背叛美国人民的行为。"福特在推动油价管控结束上有自己的一套办法,他既可以在白宫发表演讲,还可以威胁动用总统否决权,另外他还得到了来自产油州的民主党人的支持。俄克拉何马州州长大卫·博伦曾在华盛顿积极游说政府放开油价管控。博伦曾这样说:"如果糖块在美国的价格被定在 2 美分/块,而糖块的生产成本却在 89 美分,那么我们就将会出现糖块短缺。"

终于,国会作出了让步,但并没有屈从于白宫在油价问题上的施压。最终国会通过了一项法案:短期内维持低油价,然而却允许总统在 1979 年终止所有价格管控。考虑到在解决油价管控问题上的久拖不决,总的来看这个结果也更多地被视为福特的失败而不是胜利。

总统与国会在油价问题上激烈的争吵影响了人们对其他重要能源政策的关注,而这样的政策就包含在 1975 年 12 月通过的一项内容庞大的法案中。这个 1975 年通过的《能源政策与节能法案》在某种意义上批准了库存达 10 亿桶的战略石油储备计划。这样一个数字的石油库存将能实质性地缓解下一次石油禁运到来对美国造成的冲击并能提升国家安全。国会还扩大了政府的职权范围，允许他们下令所有大电厂由石油或天然气发电转向煤炭发电。1975 年电力行业的石油消耗比 10 年前增加了 4.5 倍，石油发电占全国总发电量的 15%。结束每天 140 万桶的电力用油在当时确实是一个很难实现的目标。

这项法案还制订了由联邦政府提供资金和技术支持的节能计划。为了实现 1980 年平均能源消费减少 5% 的目标，联邦政府下令 6 个月内每个州都要提交一份本州的节能计划报告。这就鼓励很多州开始允许司机在红灯亮时也可以向右拐弯，这样就能在节省交通等待时间的燃油（实际上，截至 1977 年所有的州都以立法的形式接受了这种行为）。

这项法案在节能方面制订的关键性条款在于强制（而非某些人推崇的自愿）提高新车能效标准。国会希望美国汽车能效可以在 1985 年前实现翻番，从而达到每加仑燃油行驶 27.5 英里的目标，这可以减少美国一些汽油和柴油消费。汽车能效的提高可以为美国节省大约一半的石油。实际上，国会采纳的机动车能效新标准是作为征收燃油税的替代方案而出台的。

《能源政策与节能法案》涵盖了美国在应对阿拉伯石油禁运期间采取的实际政策措施，这些政策的目标都是想让美国实现能源独立。然而在当时和以后的几年中，该法案并未得到应有的重视。法案的制定者们为了保证法案通过而作出了一些让步，他们因此感到沮丧。众议院多数派领袖奥尼尔抱怨说：“这可能是众议院通过的涉及各方利益最广也最难达成妥协的法案。”异常积极的参议员罗威尔·维克（唯一一位来自新英格兰地区康涅狄格州的对法案投反对票的人）宣称：“当我们需要出台全国性的能源政策的时候，我们在政治上就会以能源为借口。”他称，最终的法案“不能再糟”了。

来自得克萨斯州的共和党参议员约翰·托尔是主张对法案投反对票的

领袖。他私下告诉总统说："这个法案对美国完全是一个灾难。"他声称，放开油价管控将会导致美国更多地进口阿拉伯石油，在这种情况下原先在美国的石油勘探设施要么会被闲置，要么会转移到加拿大。参议员恰克·波西（来自伊利诺伊州）则称，虽然他对自由市场深信不疑，但是他更倾向于签署这项法案。他说，如果法案得不到通过，经过2年的激烈争吵后美国正在执行的节能政策也就只剩下最高55英里每小时的最高限速了。

弗兰克·扎布是福特在这项能源法案上的主要沟通代表，他敦促总统慎重考虑法案遭否决所带来的油价突然失控给美国带来的即刻负面影响。这些影响包括如下：每加仑汽油价格会上涨6美分，炼油商和加油站在价格管控下所享受到的特殊购油优先权会消失，石油行业会出现暴利，种植业、渔业、航空运输、石化行业和沥青行业的成本会上涨。扎布建议总统在作出选择时应该主要从自己未来几个月所需的政治立场考虑，扎布还提醒总特明年早些时候他还要面对民主党控制的国会和新罕布什尔州选民的考验。然而，1975年12月22日星期一这天福特还是表达了他的立场，尽管这时他的工作人员仍还在兴致勃勃的起草让法案支持和反对双方都能满意的演讲稿。虽然这样，福特在讲话前一天还是告诉了扎布他要使法案上升为法律。

12月26日出版的《华盛顿邮报》虽然赞扬了福特的决定，但是很难解释福特这样做的原因。该报发表社论称，虽然民众对法案中的那些"坏政策"颇有怨言，但是也承认"美国通过能源法案总比没有好"。财政部长西蒙在他1978年的回忆录中称，福特作出签署这个法案的决定是一个"悲剧"，这也是福特政府所犯下的最大错误。在美国首部内容涵盖范围很广的能源法案中很难找到明确有实质约束力的条款，法案也没有从实现能源独立的角度评估其中一条条款对美国造成的潜在影响，这些条款包括战略石油储备、提高汽车能效标准和强制某些行业使用煤炭。

由于白宫对法案的矛盾态度，法案签署后总统没有举行欢庆仪式，当然也未向该法案的起草人分发钢笔。福特只是以简洁的话语表达了对该法案的支持，讲话时间甚至没有超过 2 分钟。当有记者问总统，法案的起草方是属于政府还是国会时，一向善于言辞的他只是走出房间，没有作出任何回答。

1976 年，福特不得不将他的注意力聚焦在总统大选上，尽管这时他仍没有忽视能源问题。他不断将能源独立计划向前推进，据称他准备拨款 1000 亿美元支持可替代燃料特别是合成燃料的研发，这将能把美国丰富的煤炭资源转化为可用于交通运输的液体燃料。对此，国会却要求总统缩减对合成燃料的资金支持，最终该提案被那些保守派联盟否决。保守派害怕政府介入能源市场，而环保主义者也担心合成燃料的生产会给空气和水造成污染。总统竞选期间，福特并未提及 1975 年底通过的大规模能源一揽子计划法案。

这时福特面临的一个重要问题是，他之前宣布的减少石油进口的目标并未实现。从 1974 年至 1976 年，美国石油进口并未实现先前他宣称的每天减少 100 万桶的目标。相反，这个数字却从之前的 600 万桶上升至 700 万桶。1974 年美国的石油进口量占石油总消费的 35%。截至 1976 年这个比例变成了 41%。而美国的能源贸易赤字也从 240 亿美元上升至 300 亿美元。

在 1976 年 9 月举行的首场总统候选人电视辩论（已持续有 16 年之久）中，民主党总统候选人吉米·卡特抱怨说："我认为，除了美国，世界上任何一个其他发达国家几乎都有自己的能源政策。"福特在回应卡特时提到了他在任期内所取得的一些能源成就，然而他却不能否认这样一个事实：即欧佩克控制世界石油市场的能力更强，相比从前，美国实现能源独立更加困难。

能源道义"战争"

卡特上任没多久，他就表示要快速推进"一个全面、有长远意义的能源政策"出台。卡特上任总统后仅两周，在首次接受谈话节目采访时，他

（当时他穿着浅棕色开襟毛衣，这幅照片在位于亚特兰大的卡特总统图书馆可以看到）就表示要重点考虑能源问题。在对 1974 年曾遭到福特顾问嘲笑的能源独立计划作出一番分析后，卡特宣称："我们的能源独立计划将重点强调能源节约。我们浪费的能源要比进口的所有能源总和还要多，而这些能源是本可以节省下来的。"

佐治亚州前州长表示，节能将意味着民众要作出"某些牺牲"。他举例提醒人们：虽然极端寒冷冬季使美国出现了天然气短缺，但是白天把空调控制在 18.3 摄氏度而夜晚控制在 12.7 摄氏度却能节省一半的能源。当卡特命令白宫执行的这样的温度设置方案时，他的妻子罗莎琳却请求总统不要那样做。然而当总统拒绝作出让步后，罗莎琳也只好穿上购买的加长内衣来度过剩下的严冬。为了进一步显示出台能源政策的紧迫性，卡特还承诺将在 90 天之内提交一个全面性的能源计划。

这项能源计划的起草准备工作是由詹姆士·施莱辛格领导的，他曾在尼克松和福特政府分别担任美国原子能委员会主席和中央情报局局长，在 1975 年被赶出福特内阁之前还曾担任国防部长。计划首次在 4 月份总统的两次黄金时间电视讲话中公布，它包括了 113 个方面的内容，其复杂程度远远超过了福特曾经的能源提案。卡特告诉施莱辛格，首部能源计划草案"极其复杂（我无法弄懂），计划的关键要素是简单易懂，如果美国人不能搞懂，再完美的东西也不能兜售给美国民众。"

能源计划的复杂问题在海军上将海曼·里科夫的帮助下得到了部分解决，后者作为美国核潜艇发展史上的传奇人物，曾是卡特在海军服役期间的上司，就在该能源计划的面纱要被揭开的前几天里科夫寄给了总统一个简短的演讲主旨摘要。为了共同利益他呼吁人们要作出牺牲，他还说美国面临的能源挑战应该被视为（借用威廉·詹姆斯的话）"道义战争——我们只能团结力量去创造而不是毁灭"。在演讲发表前一天，卡特把威廉·詹姆斯的这句话写入了演讲稿。

　　卡特相信这种道义之战是必要的。世界的石油储藏正在被快速地消耗，如果不采取强有力的措施，大的能源灾难不可避免。他的能源看法部分建立在中情局提供给白宫的一份秘密研究报告的基础上。该报告对世界未来石油供应作出了极糟的评估。报告预计：几年内苏联石油产量就将会出现急剧下降，那将会使苏联从石油出口国向主要的石油进口国转变。来自阿拉斯加和英国、挪威附近北海的新油田将有助于能源灾难延迟几年到来，然而之后世界就再也没有新的油田可开发。美国唯一的选择就是沙特阿拉伯，因为这个国家还有石油蕴藏翻番的可能，而这将会填补80年代中期之前日益扩大的石油供需缺口。尽管如此，中情局对"沙特阿拉伯是否能够或者愿意增产石油"仍感到怀疑。对此，这份报告称："想要保护自己可贵的资源，又不急等着用钱，沙特阿拉伯没有增加石油产量的任何经济动机。"报告确定将"大力节能"作为美国唯一可行的应对能源和经济危机的办法。

　　卡特的道义战争的主要目标是让美国在1985年前把每天的石油进口减少到600万桶，这个数字比1977年的目标900万桶低了很多，甚至比大家一致认可的对美国80年代中期石油进口的预测还要低。实现这个目标的主要武器将是减少能源使用。"节能是我们能够以大约2美元购买一桶石油的唯一办法，"卡特这样告诉公众，"而浪费能源将会让我们付出13美元的代价。"

　　和他的前任不同，卡特高度评价征收汽油税在抑制石油浪费上的作用。2月中旬，福特不顾所面临的政治风险，在汽油税的提议旁边写了个"好"字。尽管他这样做遭到了总统主要顾问的反对，卡特还是决定将每加仑的汽油价格每年上升5美分，直至达到50美分的累积上升限额。如果减少石油进口的目标可以实现，征收汽油税的政策就可以推迟实施甚至取消。汽油税所带来的财政收入将会通过联邦税收系统逐步返还给美国人民，并通过转移支付的形式奖励给那些没有支付汽油税（即节能表现最突出）的人。

对于预计会带动汽油价格额外上涨 7 美分的原油，卡特还提交了一份专门针对它的税收提案。这样的税收带有返还性，卡特提议这种税按人头返还。

卡特其他的征税对象定在了每加仑汽油行驶里程未能达到规定标准的汽车上。这种税收收入将返还给那些美国购买高能效汽车的消费者。

为鼓励可替代能源使用，卡特提出了新能源税收优惠计划。对于安装太阳能的家庭，从在房顶上安装用来烧水的传统太阳能加热器到安装美国航天局用于太空任务中的新式太阳能光伏电池，卡特提议对这些家庭实行大幅度的税收减免。福特还把公众可以理解的一个具体目标（让美国 250 多万家庭都要用上太阳能）写进了后来一份总统讲话稿中。此外，他还提议对安装节能装置的企业和额外安装绝热保温材料的家庭（由福特提出国会却未采纳）也实行税收优惠。

卡特这次讲话的最大新意在于，对使用酒精混合燃料的汽车和其他交通工具实施税收减免。20 世纪 70 年代早期，内布拉斯加州在酒精混合燃料研究上处于领先地位。制造这种所谓的"汽油醇"一般先需要将谷物中的淀粉转化成糖，接着再将糖通过发酵转化为酒精（这个过程和蒸馏法酿造粮食酒的过程类似），最后再将这种酒精和汽油混合。卡特提议对每加仑的汽油醇实施 4 美分的税收优惠。而由于这种汽油醇是由 90% 的汽油和 10% 的酒精混合而成的，这也就意味着每加仑纯度为 100% 的乙醇在和汽油混合后将会享受到 40 美分的税收减免。汽油醇（现在称为乙醇）可以为传统交通工具提供动力，可以使美国谷物得到充分利用，还可以减少美国对外石油依赖。

卡特的能源计划还包括实施更苛刻的机动车能效标准，该计划要求小汽车在 1985 年后每消耗 1 加仑汽油可以行驶超过 27.5 英里的路程，计划还为质量在 1 万镑以下的轻型卡车设定能效新标准。其实这两项措施都是在 1975 年通过的《能源政策与节能法案》的内容基础上所做的进一步扩展。

虽然卡特发起的这场道义战争还包含 100 多项其他内容，但是有两方面的内容争议性特别突出。虽然卡特一贯赞成利用轻水反应堆制造核能（强烈反对使用最为昂贵也比较危险的增殖反应堆制造核能），然而他对国内的核能使用抗议也很敏感，有时也会讲出"核能是解决能源问题的最后一招"这样的话。虽然这样的话会激怒核工业界的人士，但是在其他场合卡特却不会这样讲（在施莱辛格的敦促下），因为这不会让环保组织大为恼火。

另一个争议很大的内容则是围绕政府结束对石油和天然气价格管控问题而展开的。虽然卡特在总统竞选临近结束时曾努力促使产油州相信他将支持政府放松油价管控，但是他的能源计划却使赞成解除油价管控的人士大为恼火。卡特和施莱辛格担心：放开油价管控将使国内石油价格的定价权落入欧佩克这样的石油联盟组织手中，这样一来石油和天然气公司就会获取大量暴利，这对消费者和物价稳定都会产生不利影响。卡特认为，美国能源问题的关键不在于政府的能源监管，而在于这种监管是如何维持油价这种太低水平的。低价虽然在政治上很受欢迎，但是却并不能反映来源于新增的石油和天然气开发成本。低油价也不能鼓励能源节约。卡特的能源计划建议对油价实行有管理的逐步上浮，而并不打算直接干预市场为石油或天然气定价。

卡特的能源计划所表现出来的视野之开阔虽然令人印象深刻，但是公众和国会有能力应对内容这么庞大的提案吗？他们有能力接受数量庞大的能源正在被浪费这样一种观点吗？还有就是他们能够接受汽油税征收这样的敏感话题吗？

国会的阻挠

三天之内两次发表夜晚黄金时间讲话，还在政府媒体进行集中突击式公关宣传，这让卡特的能源计划取得了普遍的积极反应。民意调查显示，把能源危机视为"严重"问题的民众比例已经上升了 5 个百分点，达到了 86%。能源计划的很多内容都受到了民众的欢迎，而对家庭安装保温材料实行税收减免和对高耗油汽车征税这两项措施更是深得民心。

美国政党对该计划的反应则符合一般的预期。身为民主党人的北卡罗来纳州州长吉姆·亨特对计划评论道："如果有人对能源危机存在怀疑，那么他一定是在闭目塞听。该计划对能源这个大问题作出了最翔实的分析，是我目前听到的最好的一个。"参议员杰克逊誓言："无需任何怀疑，我们将要通过这个内容全面的能源计划。"尽管当时他对汽油税是否真的可以削减能源消费还存在怀疑。而共和党对该计划的反应则是喜忧参半。共和党全国委员会主席比尔·布洛克组织了一个电视讲话，对卡特的能源计划作出了反应，他表示总统的一些提议符合共和党的原则，然而新征汽油税和对石油储量的悲观预测这两项内容却不能让共和党满意。

《纽约时报》专栏撰稿人詹姆斯·赖斯顿发表了很多评论，称卡特的能源计划显示了他巨大的政治勇气。他这样写道：卡特反对肆无忌惮的能源浪费，坚定不移地提倡节能，勇敢面对来自一些最强大工业利益集团的挑战，郑重呼吁民众团结起来为美国长远利益考虑，他的这些行为给国会留下了深刻印象，甚至赢得了对提议持反对意见的很多人的尊重。

汽车制造商虽然对向高耗油汽车征税这种想法提出了批评，但是他们对卡特能源计划所持有的开放性态度却超出了预期。通用汽车的主席托马斯·墨菲称，受该计划影响，通用要改造他们的汽车生产线，还要对家庭轿车作出新的设计以使它们的长度和质量分别比以前减少 1 英尺和 700 磅，为此他们需要额外投资 150 亿美元。墨菲说："我们所走的路肯定相当符合总统和白宫那些顾问的预期，我确信对美国有利的路肯定也会对通用有利。"

尽管赞扬声不断，然而也有迹象显示卡特的能源计划以后还要面临问题。民调显示，民众对征收汽油税明确表示反对，他们还担心自己为实施能源计划所做的"牺牲"不能建立在公平的基础上，因为在计划实施过程中一些人所承受的税赋要比其他人重得多。

和预期的一样，受能源计划影响的一些商业团体开始向计划的部分内容发起攻击。美国天然气供应委员会代表着石油天然气行业的主流看法，该委员会抱怨称，仅仅是因为油气储量有限就不允许公司在自由市场力量的驱动下去寻找新的油气田，这无异于"一个人因为意识到自己将来某天反正要死，索性现在就不再服用维生素"。国家煤炭协会主席卡尔·巴格认为，卡特能源计划为美国描绘了一幅"灾难蓝图"，这是因为该计划加在煤炭工业上的环保"紧箍咒"正在变紧，而此时美国的煤炭产量正预期会大幅增长。

《时代周刊》杂志的专栏作家威廉·萨菲尔则把卡特的计划夸张地形容为"马尔萨斯式的能源计划"，认为该计划简直就是"扯淡"，卡特还违背了竞选期间作出的解除天然气管控的承诺。在《沃星顿全球日报》刊登的一幅政治漫画中，卡特被刻画为手拿锤子正在建造方舟的摩西，而站在他旁边的人正在暗笑，全然不顾地平线上的巨大阴云"能源灾难"。

对于卡特的能源计划，国会最初的态度掩盖了卡特和国会常常不和的这样一个普遍认知。1976 年 8 月 2 日这天，国会参众两院均以较大优势通过了卡特要组建新的能源部门的提案。两天后，卡特签署了这个法案，并宣布提名施莱辛格（任何人都不会对此感到奇怪）为美国首位能源部长。同一天的晚些时候，参议院便热情地通过了总统的这项提名。

让人印象更深刻的是，众议院新发言人奥尼尔前所未有地临时组建了一个能源委员会用来协调众议院下设的 17 个常务委员会和小组委员会的工作，这个临时组织负责将厚厚的能源议案交付众议院表决通过（也可能否决），而这则加速了能源计划在众议院的批准进程。能源计划中的汽油税征收提案在众议院遭到重创，其实质条款先是被削减，接着便以几乎 7 人反对 1 人赞成的投票结果而遭到否决。

也就在国会夏季休会前的 8 月，卡特的能源一揽子计划以令人满意的 244 人赞成 177 人反对的表决结果在众议院获得通过，不过这个一揽子计划和卡特最初的能源计划有些不同。能源计划的快速通过为奥尼尔和卡特赢得了媒体赞扬。施莱辛格称奥尼尔这位来自马萨诸塞州的政治家为"美国现代众议院史上最伟大的发言人"。辛迪加专栏（在多家报纸开设专栏）作家约瑟夫·卡福特写道："施莱辛格对奥尼尔的赞扬接近于一种敬畏，而这种广泛感受到的敬畏则源于奥尼尔成功运作众议院使其顺利通过总统能源计划。卡特在 8 月 4 日签署了组建能源部的法案，众议院则于第二天批准了卡特的能源计划。于是下期的《时代》杂志封面便有了'吉米全胜'的这样震撼人心的文章标题。"

相对众议院顺利通过总统能源计划，参议院则是另一番态度。参议院多数派领袖罗伯特·拜德（来自西弗吉尼亚州）不得不接受强大的参议院常设委员会的质询和考验。更为重要的是，参议院在是否解除天然气价格管制问题上还存在着严重分歧。而这个分歧则阻碍了能源计划中的其他内容通过。迟迟不能通过让卡特感到沮丧，于是他在 11 月 4 日宣布取消跨越四大洲行程达 25000 英里的外交之旅，以便他能呆在国内继续向前推进他的能源计划。

4 天后，总统再次针对能源发表了一个全国电视讲话，这也是卡特当年的第四次能源讲话。在对国会充满恭维之情的讲话中，卡特称国会将要作出该机构有史以来一些最为复杂也最为艰难的决定。卡特警告称，过多地进口国外石油正在以惊人的加速度汲取美国的经济资源，而美国日益依赖国外不确定的能源供应也会对美国安全构成威胁。他称自己的能源计划是"一个好的未来保单，今天我们支付相对较小的保费而换来以后日子的安稳"。

卡特巨大的努力没能打破参议院围绕天然气展开的争论僵局。12 月 10 日，拜德宣布放弃让卡特能源计划于 1977 年在参议院通过的希望，两天后卡特也认同了这种说法。除了天然气，能源计划中的几乎所有内容都得到了认可，否则卡特的第一年总统工作将会在能源立法工作上取得酣畅淋漓的胜利。尽管如此，《华盛顿邮报》在能源计划通过受阻的情况下还是作出了这样的评论：国会的无作为对福特是一个深深的伤害和打击，这是因为能源问题是总统需要解决的首要问题，该能源计划在去年春季就开始启动，总统还认为能源是美国人一生都将要面对的最大挑战。这种评论也反应了普遍的观点。

能源计划未能在参议院通过对美国来说是一个特别严重的打击。到1977年，美国每天的石油进口又增加了150万桶，创出了有史以来的增长新高。石油进口现在占据了美国石油总消费的48%，而这也是该比例数字的连续第10年上涨，是尼克松刚上任总统时的2倍多。

1978年没过多久能源计划的审议再次被提上日程，这时原来围绕天然气问题争论不休的双方开始寻找双方都能接受的中间路线。然而由于缺乏可预见的截止期限，能源计划的审议工作失去了应有的紧迫感。当年秋天，参众两院对该计划的审计进程才向前挪动了一点点，一致同意逐渐放开对天然气价格的管控，并逐步实施全面的战略能源计划。

围绕天然气达成的妥协在众议院遭到了激烈批评。奥尼尔后来不得不采取行动努力制止破坏达成天然气妥协并可能造成整个能源计划无法通过的行为。然而奥尼尔遇到了挫折，因为众议院章程委员会在12月2日的小范围表决中有两票反对在天然气问题上达成妥协。在接到卡特和奥尼尔的电话后，伯尼·西斯克第二天便改变了原来的投票决定。这位来自加州的民主党人称，接到总统和奥尼尔的电话后他开始相信美国需要这样稍微作出妥协的能源法案来巩固美元的地位，他不能成为扼杀这部法案的一方。西斯克的政治转向为这个大部头的能源法案继续接受其他的投票表决扫清了障碍，12月3日下午晚些时候众议院还要对是否让该法案作为一个单独的整体在国会进行表决而进行投票，作为一个整体的目的是确保法案最终能够实际通过。

持有温和政见的共和党人约翰·安德森支持对天然气问题进行单独表决。从美国劳工及产业工会联合会到美国商会，在众议院议席上他一一列举了反对达成天然气妥协的组织。而民主党人理查德·波林则反击说，正面临风险的是"美国的国家利益，而不是那些加在一起的特殊利益集团"。在众议院全部议员习惯的 15 分钟投票结束后，投票计数器的结果为 200 人赞成 200 人反对。5 分钟后又产生了新的投票结果，其中有 1 人改变了原来的投票决定。当支持和反对能源法案作为一个整体进行表决的人数对比为 207：206 时，奥尼尔落下了手中的小锤并宣布投票结束。

在这之后第二天周六的参议院会议上，参议院开始了对能源计划的最后审议。杜绝了冗长的有意识的无休止的争吵，参议院轻松地以 60 人赞成 17 人反对完成了对能源计划的最后表决。这时很想休会的众议院紧接着就在周日早上 2 点 40 分完成了对能源计划的最后投票表决。在 4 个小时的辩论结束后，也就在黎明前夕该法案最终在众议院还以不小的优势获得通过。比预期晚了一年，卡特能源计划的极大多数内容都获得了国会的通过。

国会最终通过的能源一揽子计划不包括卡特最初提出的要对汽油和原油征税内容。1985 年后实施更苛刻的汽车能效标准的最初想法也不在其中。既然如此，在经过与国会的长期周旋而终获通过的能源计划能否产生重要的成果？

参议员罗伯特·摩根（来自北卡罗莱纳州）称赞了法案中对汽油醇的税收减免措施，他暗示那将会使美国在阿拉伯石油枯竭以后"仍能实现石油增产"。汽油醇不是唯一获得税收优惠的可替代能源。家庭安装太阳能、风能或地热能装备也能获得最高达 300 美元的税收优惠。企业使用可替代燃料也可获得税收优惠。与此类似，安装绝热材料和其他节能装置的家庭和企业也可获得丰厚的税收减免。

除了这些税收优惠的胡萝卜之外，最终通过的法案还包含一些"大棒"。对高耗油汽车额外收税（虽然这部分收入不再返还给使用高效汽车的车主）的规定最终被写入法案，直到今天这个条款依旧在发挥作用。少有人注意的是，最终的能源法案还对电力行业利用石油或天然气发电的限制更加苛刻，并准许能源部部长有权下令美国已建电厂在条件许可的情况下使用其他燃料发电（卡特政府曾经下达此命令）。

另外，法案还最终同意提高天然气价格，这意味着美国政府不再相信较低的能源价格是美国能源政策的唯一目标。在制订能源政策时还需要考虑能源节约。

《华盛顿邮报》在审视1978年通过的这部能源法案时，把它和1975年通过的那部能源法案进行了对比，认为前者要优于后者。该报称新的能源法案的通过大大掩盖了美国第95届国会在其他方面的工作成就。然而，美国能源工作之所以能够走向新起点，却的确是因为前后两部能源法案的配合推动，之后才是联邦政府出台政策通过节能和发展可替代能源让这个国家逐步减少对石油的使用。现在美国终于拥有具体的能源政策来实施尼克松首先提到的"能源独立工程"了。

美国不仅拥有了新的能源法案，还收到了从阿拉斯加州能源前线传来的好消息。1977年7月28日晚上晚些时候，从普拉德霍湾油田开采出来的第一批原油最终流入了设在瓦尔迪兹的油管终端。几天后这些原油就登上了大西洋富田石油公司的油轮，最终被运至位于华盛顿州切里波因特的炼油厂。尽管这样，直到1978年这个油管输送的原油才足够多到可以影响美国的能源市场。截至1978年4月，油管每天的输油量超过了100万桶，这使得阿拉斯加的原油产量突然占据了美国国内石油总产量的大约1/7。美国本土48个州石油产量的持续下滑远比不上阿拉斯加最近的石油产量猛增。1978年美国每天的石油产量增加了50万桶，是自1970年以来的首次增长。

伴随着国内石油需求2%的相当温和增长，增加的国内石油产量能够让美国削减石油进口。1978年进口石油占美国总石油消费的比例由前一年的46.5%下降到42.5%。而1978年每加仑的石油价格则上涨了1美分达到63

美分，尽管如此，把通胀因素考虑进去后石油的价格其实反倒下降了 8 美分。随着新的能源政策的配套出台和来自阿拉斯加州的石油流入，美国似乎开始要从遭受阿拉伯石油禁运的打击中恢复过来。然而当卡特能源一揽子计划最终获得国会通过的消息吸引了华盛顿能源专家的注意时，全球却都在认为美国燃料供应再次面临混乱的可能性正在提高，而且混乱程度丝毫不亚于上次石油禁运带来的影响。

美国第二次能源危机

当美国第二部浩大的能源法案在 1978 年 10 月 15 日终获通过时，卡特对此回应说："我们终于可以向自己和世界宣告：美国正力图控制自己的能源使用，由此达到把国家命运控制在自己手中的目的。"然而就在 11 月 9 日举行的法案签署欢庆仪式快要结束时，施莱辛格为欢庆仪式敲响了唯一的警钟。他说："现在只要中东有一个国家发生动乱，就可以给整个工业化世界带来麻烦，所以我们美国需要做得更好。"

从法案获得国会通过到总统签署法案这段时间，卡特和施莱辛格又有了新的麻烦：伊朗石油工人的罢工让该国每天的石油产量缩减了 60 万桶。石油减产威胁到伊朗国王的统治，而国王也把这一年的大部分时间都花在了镇压地方武装叛乱上，他也需要石油收入来维持他粗放的统治方式。虽然伊朗的石油减产在该国石油总产量中只占一个很小的比例，但是 60 万桶的石油仍旧占到了世界石油供应总量的 1%。花了近两年的时间，白宫和国会终于使新的能源法案获得通过和签署。然而此时伊朗国内又发生危机，看来美国人连好好享受一下能源立法获得胜利的时间都没有了。

虽然伊朗国王力图恢复国内正常石油产量，然而到了 1978 年 11 月份第 2 周伊朗每天的石油减产量就达到了 90 万桶，这个数量几乎可以充分满足伊朗自己的国内石油需求。罢工爆发前，伊朗每天 500 万桶的石油产量占据了世界石油总产量的 1/12。

随后伊朗政府就开始劝说罢工者重新回到工作岗位，并答应给他们增加工资 40%，这种做法在接下来的几个星期内取得了一些成效，石油产量有所增长。然而伊朗国王的主要对手也就是伊朗的宗教领袖阿亚图拉·霍梅尼却于 12 月第 1 周表示自己对罢工持支持态度，而这又引发了新一轮罢工潮的到来。

在欧佩克当年 12 月举行的年度会议上，产油国配合当时石油短缺的现状再次将石油价格提高 14%，而这次的提价幅度也超出了大家的预期。欧佩克会议结束后伊朗的国内形势显得更加混乱。12 月 23 日，美国石油公司的高管遭暗杀，这导致外国石油专家纷纷离开伊朗。接着石油产量快速下滑，以至于伊朗国内一些用来点灯和做饭的煤油需求都得不到满足，当然汽油也存在缺口。随着伊朗再也无力向外出口石油，世界市场上的石油供应减少量一下子超过了 1973 年石油禁运最严重时的缺口数字。

在对石油短缺程度作出评估后，美国的政策制定者采取了消极应对的策略。在伊朗国内爆发内乱时，世界其他地方也是风起云涌，重要大事不断。美国需要付出巨大的精力和注意力来继续推进在戴维营举行的埃以和平进程会谈。另外在伊朗爆发内乱期间，纳米比亚也爆发了内战，中美关系于 12 月 15 日实现了正常化，利比亚入侵乍得，尼加拉瓜和哥斯达黎加发生了边境冲突，黎巴嫩境内的基督教信众和穆斯林武装发生冲突，罗得西亚要求实现多数人执政，巴基斯坦想要获得用于制造大规模杀伤性武器的浓缩铀，希腊和土耳其在塞浦路斯问题上出现了关系紧张，所有这些事情都需要美国外交机构付出时间精力协调处理，由此也分散了美国对伊朗内乱的注意力。

另外，对于未来全球石油短缺的前景还有一个重要的理由让美国不必为此感到恐慌，这个理由就是沙特阿拉伯的石油产量在增加。为了避免沙特阿拉伯招来其他阿拉伯国家的批评，沙特阿拉伯人曾在公开场合表示，他们将会继续执行欧佩克组织官方制定的每天石油产量最高不得超过850万桶的限量政策。尽管如此，美国官员实际上已经了解到这个世界上最大的石油出口国在伊朗发生工人罢工后已经将每天的石油产量提高到1000多万桶。因此，沙特阿拉伯的增产暂时抵消了对面国家伊朗石油减产所带来的冲击。

1979年第1周，施莱辛格这样告诉卡特总统：伊朗的石油减产"短期不会给美国带来实质性的影响"。据美国能源部部长称，伊朗石油减产带来的能源缺口主要可以由沙特阿拉伯的石油产量激增来补充。这位部长当时坚定地表示，来自沙特阿拉伯和其他国家的石油增产为世界市场带来了超过300万桶的石油供应，这足以弥补伊朗减产带来的不到200万桶的能源短缺。当时施莱辛格不建议卡特以个人的名义向全国发出节能呼吁，这是因为节能呼吁会表明政府正在密切关注石油缺口问题。美国能源部长认为，总统发出节能呼吁很可能会让公众纷纷给汽车和取暖设备加油，这样做的风险要大于大力节能所带来的收益。

1979年1月16日伊朗国王宣布去埃及度假，离开了德黑兰。而他这一走再也没有能够回来。2月1日伊朗精神领袖霍梅尼回国，仅仅11天过后，由他指挥操纵的新政府就取代了原来的政权。

接着在1月的最后1周，美国为应对石油短缺而制定的主要战略就失去了效力。美国国务卿塞勒斯·万斯向总统卡特递交了一份秘密报告，报告内容是沙特阿拉伯正在把每天的石油产量削减到1000万桶以下，而这则消息不久就传到了石油行业人士那里并见诸各大媒体。

在这种新的情况下，卡特以更加强有力的语气论述了能源节约的必要。在2月2日召开的新闻发布会上，这位总统发出了下面的警告："伊朗的石油减产再次暴露了美国能源安全的脆弱性，而这种脆弱性在我提交美国综合性能源计划提案时就曾经讲过。"卡特直接呼吁国民要自觉遵守机动车限速规定，在冬季取暖期间把空调温度重新调到 18.3 摄氏度，并号召人们拼车出行和乘坐公共交通工具。他说，上面这些措施足以应付伊朗石油减产给美国带来的冲击。为做好应对大规模石油短缺的准备，美国能源部又重新拿出了禁运期间曾实施的政府石油计划分配方案。

4 月沙特阿拉伯再次降低了国内的石油产量。沙特阿拉伯决定将每天的石油产量降到 900 万桶以下，这个决定再次引爆了美国司机的加油难。4 月晚些时候，加利福尼亚全州的加油站突然排起了长长的队伍，而这也是阿拉伯石油禁运结束以来美国出现的第一次供油混乱。截至 5 月 3 日，《洛杉矶时报》报道说有的加油站排起的队伍长达 1 英里。突如其来的石油短缺让很多人大吃一惊，这是因为此时来自阿拉斯加的石油供应还在增加，他们所在的加州近期还是原油供大于求的局面。

几乎也就在同时，加州州长杰瑞·布朗宣布在全州启动紧急石油计划。为了减少加油站的排队现象发生，他提议司机加油后的汽车载油量不得超出其油箱容积的一半，否则要对司机进行罚款，同时他还批准了司机根据其驾照号码的奇偶性必须间隔一天才能加油的计划，这个计划美国曾在阿拉伯石油禁运期间实施过。

和当年石油禁运一样，联邦石油配额供应计划的实施也加重了石油短缺。用白宫政策主管斯图亚特·埃森斯塔特的话说就是："这种配额供应规则充满了官僚式的专业术语，除了那些汽油配额供应专家，没有人能够看得懂。"配额供应计划实施过程中所需要的基础数据已经过时，这让像加州这样的能源需求快速增长的州大为受伤。另外，由于为农业和军事预留的石油过多，加州的司机就受到了特别严重的影响。和尼克松不同，卡特下令对这种配额供应规则作出修改，以便使其能够较好地跟上形势的变化。然而新的能源危机已经到了中期，规则已经难以和现实保持同步。

当 5 月加州的石油短缺形势有所缓解时，美国东海岸的司机又开始为加油排队而生气恼火了。美国首都华盛顿的加油难现象最为严重，其中原因难以完全解释清楚。在 5 月 17 日美国汽车协会发布的一份报告中，华盛顿成为加油站周日不提供服务的全美唯一地区。到了 6 月的第 2 周，华盛顿特区的 1500 个加油站中的绝大多数每天的营业时间只有 2~4 小时。美国白宫的那些高级官员甚至都发现自己加油还要排队。马里兰州州长、弗吉尼亚州州长和华盛顿市长迅速行动，决定对他们所在的地区实行单双号加油计划，并对加油量也作出了上限要求，目的都是为了缩短加油排队长度。

面对快速蔓延的加油恐慌，5 月 21 日出版的《新闻周刊》封面上刊登了这样一幅漫画：一个心烦意乱的司机提着一个汽油桶，站在拥堵的汽车队伍中间，旁边是漫画的标题"石油短缺还要再持续多久?"。5 月进行的一项盖洛普民意测验显示，33% 的公众开始认为能源问题是这个国家面对的首要问题，而 2 月份只有 14% 的人这样认为。在公众看来，能源问题的重要性仅次于通货膨胀，而后者本身又和油价上涨密切相关。

6 月早些时候加油排队现象开始沿着美国东海岸蔓延。特拉华州收费高速公路沿线的加油站设置了 3~4 美元不等的油费上限。在纽约市区，加油排队现象早在周三就开始出现，周五的排队还导致加油站周末不得不关门停业。在极端情况下，司机为了加油不得不等上 5 个小时。度假旅馆和郊区影院均出现了业绩下滑的报告，而原因则在于石油供应的不确定性。随着石油短缺形势的加重，美国东北部州的司机根据驾照单双号实行间隔加油变成了一种正常现象。

在国内出现汽油供应危机的情况下，卡特于 6 月离开美国飞赴越南履行很早就已定下的承诺，他要在那里和苏联领导人勃列日涅夫商讨武器限制条约的签订。几天之后他还要离开越南飞赴东京参加在那里举行的经济峰会。在卡特飞赴亚洲的途中，美国国内的石油危机又加重了。6 月晚些时候，燃料短缺激起了商用卡车司机的抗议，他们反对政府为农业预留太多的柴油，在燃油成本上涨的情况下他们要求上调运输价格，然而政府却迟迟对该申请不予批准，他们对此表示强烈抗议。卡车个体司机的罢工拖延了食物、燃料和其他货物的运输，导致美国几个地区出现了解雇工人现象。在马萨诸塞州有 18 个卡车司机遭到逮捕，原因在于他们围绕该州一个农产品供应中心设置路障，而该中心则承担了新英格兰地区 80% 的新鲜水果和农产品供应任务。一位反对罢工的运油卡车司机在迈阿密南部驾车驶向加油站时，吸引了一个 25 辆汽车组成的车队注意。对此这位司机说道："当时我感觉自己就像仙笛神通（曾靠吹奏笛子吸引老鼠注意从而避免了一场瘟疫）。"而当他开始准备往加油站油箱中灌油时，车队则爆发出一阵欢呼声。

对于卡车司机罢工，联邦和州级政府官员迅速作出了反应。有 9 个州的州长号召州立警察和国家警卫队为运送食物和燃料的卡车护行。在佛罗里达州，州长鲍勃·格厄雷姆强制租用私营运输公司的卡车，并让配备 M－16 步枪的国家警卫队队员上车护送卡车出行。

而这时联邦政府也没有闲着，卡特政府同意在更加公平的基础上协调卡车司机和农民的柴油配额供应问题。另外，总统还邀请参议员爱德华·肯尼迪和白宫工作人员（包括前哈佛大学经济学家后来成为美国大法官的斯蒂芬·布雷耶）共同商讨解除货车运输价格的限制问题，目的在于让卡车司机有更大的灵活性把燃油成本传导给下游用户。虽然卡车司机罢工持续时间不长，然而它却给公众带来了强烈的负面冲击。在 6 月 29 日举行的内部通气会上，白宫 3 位演讲撰稿人认为个体卡车司机的罢工"恰恰进一步证明了美国的社会结构正在瓦解"。

6 月底，加油排队现象在遥远的圣路易、新奥尔良、明尼波利斯和夏洛特也出现了。甚至在石油资源丰富的休斯顿，司机都会被困在加油的队伍中。美国汽车协会 6 月 29 日发布的一份报告显示，特拉华州、宾夕法尼亚州和新泽西州的石油供应短缺最为严重，在这些地区有一半多的加油站都不能完全满足消费者的汽油需求。

在石油短缺最为严重的时刻盖洛普公司进行的一项调查显示，全美有

1/5 的司机至少要等待半个小时才能获得最终的加油服务。然而国家公布的官方数字却掩盖了事实的真相。在农村地区排队加油现象几乎不存在，然而在大城市却有一半的司机为了汽油要等上半个小时甚至更多的时间，有1/7 的司机至少要等待 2 个小时。

重新寻找能源危机的解决方案

美国第二次石油危机重新燃起了人们寻找能源危机新的破解之路的热情。美国需要作出关于能源的重大决定，而决定的时机选择在美国能源节约和能源政策法案中已经列出，该法案不仅会在 1981 年 9 月 30 日自动终止对国内石油的所有管控措施的法律效力，它还赋予了总统充分的权力使其在 1979 年 6 月 1 日就能决定是改变还是废除现有的石油价格体系。围绕石油价格管控展开的痛苦辩争像砍不死的希腊怪蛇一样又回来了，在世界石油供应面临巨大缺口、油价出现上升动力的情况下，卡特将要作出自己的决定。

在 1978 年 7 月波恩举行的经济峰会上，卡特承诺将解除对原油价格的管控，在 1980 年底把美国的石油价格提高到和世界油价相同的水平。就像美国国务院顾问提醒卡特的那样，无法履行承诺将会对美国的信誉造成损害。

财政部长迈克尔·布鲁门撒尔是政府当中最支持无条件完全解除国内石油价格管控的官员，他完全赞同政府在 6 月 1 日改变原来的国内油价体系。他建议总统，快速行动会让我们完全掌控一个陷入政治僵局长达 8 年的难题，而为了国家利益解决这个问题只需要一个大胆的举动。布鲁门撒尔辩称道，不管我们的行动短期对美国造成什么样的影响，通过减少石油消费和提高国内石油产量而削减石油进口最早在 1980 年就会见到成效，而以后这种成效会更多。卡特拒绝了布鲁门撒尔的提议，称他的提议"一次解决的问题太多"。之后布鲁门撒尔便加入了施莱辛格和国务卿万斯的行列，支持分阶段解除油价管控，以足够快的速度完成这个目标而实现总统在波恩峰会上作出的时间承诺。

美国副总统沃尔特·蒙代尔和内政部部长埃森斯塔特认为，在承诺期限之前解除石油价格管控将会给美国带来不利影响。蒙代尔认为，由于在高燃油成本的情况下人们仍会继续开车，所以解除价格管控对抑制燃油需求并不会产生多大的作用。埃森斯塔特则表示，当时由于削减预算民主党内的重要基础支持力量已经表示不满，在这样一个时刻他不想再冒着消费下降、失业增加和美国东北部利益受到损失的风险解除油价管控。

阿尔弗雷德·卡恩的工作集中反映了卡特所面临的油价管控困境。作为一位学者型政府官员，他曾因主张解除市场管制而被视为美国20世纪的自由市场先驱，凭此他被人广为熟知。他当时既担任总统通货膨胀问题事务顾问，还担任美国工资和价格稳定理事会主席，于是解决通货膨胀问题的责任就落到了他的肩上，而通货膨胀也是整个70年代美国历届政府为之头痛的一大难题。1979年美国物价上涨速度达到了自40年代以来的新高。看来卡恩要解决的问题的确很棘手。

卡恩认为，解除油价管控将会进一步推动物价上升，而且这种上升幅度要比白宫利用经济模型推算出来的数字大，这是因为要改变通货膨胀恶化的势头还要抑制工资的大幅上涨。不幸的是，很多旧的劳动合同1979年就要终止到期，而工会又要求在新的合同签订前大幅上涨工资。推动油价上涨将是工会领导人的一根"救命稻草"，而这又会损害需要限制工资上涨的白宫的信誉。因此，卡恩想要尽量延长维持油价管控现状不变的时间，他甚至都想通过修改法律删除油价管控解除的最晚截止期限。

在对这些相互矛盾的建议进行反复推敲后，总统最终在1979年5月5日发表了一个由亨德利克·赫茨伯格起草的全国电视讲话。在讲话中卡特宣布从 6 月 1 日开始政府将分阶段逐步解除对油价的管控，在接下里的 28 个月中联邦政府将会在全国同步一致推进这项工作。卡特在讲话中还提到了拿破仑对俄国的入侵，他说："我们的国家正走在危险的道路上，它越来越多地把自己的命运系于从中东出发、绕过波斯湾再穿越半个地球的一条石油运输线上，而波斯湾则是全世界政局最不稳定的地区之一。"为了减少风险，美国将不得不停止对油价的管控，使石油恢复到本来的水平。卡特没有努力掩饰他的立场，他说："我知道对美国来说这是痛苦的一步，但我仍旧要将这个决定直接告诉大家：从今以后我们每个美国人都将不得不使用更少的石油，而却要为石油支付更多的费用。"

在 5 月 5 日的讲话中，卡特还作出了对石油行业征收暴利税的决定，此举意在缓解公众对石油公司因油价上涨不劳而获所产生的抱怨情绪。卡特坚定地表示："由于政府解除价格管控，石油价格将会上升，现实也已经证明了这点。如果不对石油公司征收暴利税，他们将会有大量不劳而获的巨额利润入账。"尽管如此，卡特仍表示，在征收暴利税的情况下石油生产商仍会有相当多的新收入，他们仍会有充分的经济动机继续提高国内的石油产量。

卡特想利用从暴利税中获得的收入组建一个"能源安全基金"。这个基金将用来帮助那些受能源价格上涨影响的低收入家庭、用来建设效率更高的大规模交通运输系统、用来吸引美国天才投入到解决美国能源长期问题的工作中。卡特警告说，特殊利益集团将会在暴利税上大做文章争吵不断，他们会强迫观众听到自己的呼声，民众要对此保持警惕以免政府的计划实施被少数自私的利益集团所阻断。

卡特 1979 年的能源政策将重点更多地放在了增加能源供给上，这和两年前的能源计划有所不同，而总统的这种思路也受到了国会的欢迎。他提议，在每年能源研发预算已达到 35 亿美元的基础上利用部分暴利税收入继续加大对能源研究的资金支持力度。这次总统也不像以前那样犹豫，果断决定投入巨额资金实施福特政府所称的"异类"能源项目——太阳能、汽油醇、油页岩开发、固体煤的气液燃料转化。

在卡特5月5日发表的能源演讲中，一个大胆而创新的太阳能行动并没有被提及。太阳能在白宫的安装和新的太阳能政策的公布最终被定在了6月20日。这天，覆盖面积达611平方英尺的32个太阳能集热装置被安装在了白宫西翼的屋顶上，它们面朝正南和屋顶成33度角以便最大限度地收集太阳的热量。在这个太阳能系统中，甘醇（冬天不会上冻）会以每分钟10加仑的速度在该系统内部流动，以便把收集到的太阳能热量传递到白宫室内容积达600加仑的水箱中。白宫的集体厨房将是这种太阳能热水的主要用户，白宫还可以把蒸汽热存储起来以备在天气状况不好太阳能装置集热功能下降时使用。这些太阳能电池板从宾夕法尼亚大街上就可以看见，用白宫工作人员的话说就是："这些太阳能电池板高度展示了太阳能的使用，并突出了卡特政府在致力于可替代能源推广使用工作上的决心。"

实际上，卡特在太阳能使用上提出了更大胆的目标，他力图使美国到20世纪末可替代能源（现在相当程度上可以和太阳能画等号）在国家能源当中的比例占到20%。他还提议政府对太阳能使用实施各种各样的税收优惠，并倡议设立一个太阳能银行，并在第1年为该银行注入1亿美元资金，这些钱足够满足人们当年在购买新的和改造旧的太阳能设备上的融资需求，而估计第一年的新太阳能装置需求数量会达到10万台。卡特意欲大力推进太阳能使用的想法在以前遭到了抑制，这是因为太阳能使用在福特政府期间就曾出现了大规模增加，而卡特很不情愿在一个已经有所成果的计划上投入更多的资金。而现在卡特可以利用石油行业暴利税收入来为他所倡议的太阳能银行提供资金支持了，这个想法也得到了国会的同意。

对于新的太阳能计划，卡特做了激动人心的演讲。他说："没有人可以消灭太阳，也没有人可以阻止我们利用阳光。"他预计到20世纪末那些太阳能集热装置仍旧会呆在白宫的房顶上，为白宫提供便宜高效的清洁能源。

他提醒说："从现在起经历一代人的时间，这种太阳能加热装置或许会成为人们眼中的新鲜事物，或许还会成为某个博物馆中的展品，或许也会成为我们应该而未选择的正确能源之路的例证，当然也可能只是美国人民曾经经历的最伟大和最刺激的为实现能源独立而奋斗的一部分，这个部分就是驾驭太阳能为我所用，丰富我们的生活并摆脱我们不能能源自给的状况和对外国石油的依赖。"这些太阳能装置在 1986 年被从白宫房顶上取了下来，其中一个现在存放在了卡特图书馆的博物展览室。

加油出现的排队迫使总统再次向全国发表一个能源讲话。而原定在 7 月 4 日的演讲被取消了。总统的民调专家帕特·卡戴尔强烈呼吁总统，美国面临的问题已超越了能源。在卡戴尔的影响下，卡特决定不能按照事先起草好的内容发表演讲，部分原因在于这些内容和以前发表的主要演讲内容有太多相似之处。于是他召集美国多个阶层的人士在戴维营召开了一个会议，而总统也一直待在那里直到 7 月 14 日，而 15 日晚上总统就要发表新的演讲。

在热切的期待中，总统的演讲开始了。前 20 分钟总统把讲话聚焦在了美国出现的"信心危机"上。人们越来越不相信他们的孩子会比他们自己生活更好，对此卡特表示悲哀。卡特的讲话唤起了人们对美国往昔的回忆：美国曾经战胜了大萧条，美国曾经赢得了两次世界大战的胜利，美国曾经首次把人类送上月球。他敦促美国人不要为了狭隘的团体利益而不停地争吵，尽快结束这种混乱和无所作为的状态，团结一致共创民众共同的美好未来，并重新找回失去的美国价值观。

当卡特把讲话转向能源问题时，他的眼睛仍是继续对准镜头，以一种几乎呼喊的语调大声宣布："从这个时刻开始，让我们的国家再也不要像 1977 年那样使用那么多的外国石油，永远不要。"他还补充说："有一代人的时间美国对外国石油的依赖程度都是在日益加深，而这种加深的势头现在就要停止了，并且在 80 年代期间这种势头还要发生转向。"

接着卡特就把演讲剩下的内容集中在了美国如何实现它为石油定下的目标上。卡特承诺将会动用总统权力重新设置石油进口配额。他还提议要动用资金和其他资源实施美国和平时期历史上规模最大的可替代燃料发展计划，而这些新型燃料则来自于煤炭、油页岩、非传统燃气和太阳。卡特发展可替代燃料的计划包括组建一家能源安全公司，这个公司将引领全国可替代能源的发展大潮，力图使美国到 1990 年每天的石油进口减少 250 万桶。这家公司将发行 50 亿美元的公司债为其实施的工程项目筹措资金。

卡特演讲结束后，美国几家电视台的评论员认为总统的演讲说辞犹如传教士的布道。美国广播公司的萨姆·唐纳森称卡特的演讲表现堪称"非同寻常"。同属于美国广播公司的罗格·皮特森对观众称，卡特的能源计划"极其宏大，目标宏伟"，该计划要在合成燃料研发上投入 3 倍于阿波罗登月计划的预算资金。哥伦比亚广播公司白宫特派记者莱丝利·斯塔尔称，她从卡特的演讲中听到了"新的声音"，相对以前他的声音更加"洪亮"，更加"坚定"。她说，总统发出的再也不要从外国增加进口一滴石油的呼吁"至今仍在我的耳畔回响"。

随着 7 月加油排队问题的减轻，卡特的这个演讲也让他在民意测验中的支持率有了适度的上涨。尽管这样，卡特的批评者不久就给这个演讲扣上了"令人莫名不安"（卡戴尔用过这个词，但卡特从来没有）的帽子。批评者认为卡特错误地把自己造成的问题归罪到了美国人民的头上。

还有更多工作要做

卡特在 1980 年 1 月 23 日发表了国情咨文演说，这也是自阿拉伯石油禁运以来美国总统第 7 次发表此类演说。演讲中，卡特强调了美国需要制订强有力能源政策的必要性。全世界因为依赖来自波斯湾的石油而面临危险，总统内阁中无人对这种观点持有异议。11月，伊朗学生在德黑兰劫持了美国驻伊工作人员，这使美国对伊朗实施了严厉制裁直至人质被释放。12月，苏联入侵阿富汗，这似乎验证了美国长期以来就存在的担心：苏联对波斯湾早有染指的企图打算。

虽然阿富汗本国并不出口石油，然而它的邻居却是世界上那些最大的石油出口国，而且紧挨着还没有释放美国人质的国家，这对美国来说非常危险。卡特宣称："阿富汗是二战以来对世界和平构成最严重威胁的国家。"苏联入侵阿富汗后，全世界对这个超级大国"意欲扩张其殖民范围"的行动进行了一致谴责，卡特对苏联挑起穆斯林世界怒火的侵略行为也是感到愤慨。卡特称苏联的侵略行为对中东石油的自由运输构成了严重的威胁。

卡特表示，美国正在对苏联实施经济制裁，切断了它从美国进口高科技产品和农业设备的途径。同时他还表示美国要对1980年在莫斯科举办的奥运会进行强烈抵制。在外交层面上，卡特宣称，为了避免中东发生冲突，美国现在要全力以赴推进中东和平进程谈判，以便让居住在约旦河西岸和加沙地带的民众拥有充分自治权，从各个方面推进解决巴勒斯坦面临的问题并维护以色列的和平和安全。

总统还作出了不排除使用军事力量的承诺。卡特热情洋溢地作出了如下声明："任何外部势力为了想要控制波斯湾地区而作出的任何努力都将被视为对美国重大利益的侵犯，而美国将采取包括军事打击在内的一切必要手段对这种侵犯进行回击。"他还宣称："我们正在提升美国军事力量的快速部署能力，以便他们能够尽快地赶到遥远的地区战斗。"

卡特坚持认为，美国已到了需要出台一个"清晰全面的能源政策"的最紧迫时刻。他说："发生在伊朗和阿富汗的危机戏剧性地带给了我们一个非常重要的教训：我们对外国石油的过多依赖现在正在给我们国家的安全带来危险，这一点已经清晰。对外国石油的依赖还会损害我们国家的经济。"卡特表示："造成去年美国国内通货膨胀上升的最大的一个单一因素就是进口自欧佩克国家的石油价格的飙升。"这位总统还说，国会和他曾经在能源政策上共同努力了3年，现在则到了"最后采取行动画上完美句号"的时刻。

发生在波斯湾的骚乱为卡特第二波能源政策提案多数内容的通过提供了最后的推动力。1980年3月27日，国会最终通过了卡特提出的向石油行业征收暴利税的提案。虽然该提案在参众两院均以很大优势获得通过，然而最终的结果却来之不易。在4月2日的法案签署仪式上，面带微笑的卡特以自豪的语调说道："我们受到了很多政治上的攻击，我们感受到了很多来自特殊利益集团的压力，然而我们最终取得了胜利。"在签署仪式上，参议院领袖拜德和众议院筹款委员会主席阿尔曼两人都对参议院财经委员会主席拉塞尔·朗在法案通过的长期过程中表现出来的"政治家卓识"给予了高度评价，拉塞尔和贝内特·约翰斯顿一道对法案投了支持票，而后者则来自路易斯安那州，刚刚当选参议员。

高达2270亿美元的暴利税征收，是美国有史以来单独对一个行业进行的规模最大的税务收缴行动。而这么大数字的税收对美国的影响则远远超过了税收本身。就像卡特在法案签署仪式上所说的那样，对利润快速增长的石油行业征收暴利税，有助于在美国创造一个良好的能源立法环境，以便利于分阶段逐步解除原油价格管控工作的顺利推进。征收暴利税和解除油价管控二者是相互促进的关系。

暴利税征收还提供了这样一种可能，即政府可以为转向新能源使用的家庭和企业提供丰厚的经济补助。石油暴利税可以使安装太阳能、风能和地热能装置的家庭所获得的财政补助提高到40%。由于这种补助属于直接获益而非事后返还，这也就意味着太阳能电池板的买主只需要支付电池板价格的60%。暴利税征收法案还规定：如果石油价格跌到了每桶29.50美元以下的水平，每桶合成燃料就将获得3美元的税收补贴，以便在合成燃料价格低迷的时候更好地保护投资者。该法案还打算从1984年至1992年对汽油醇实施财政补助。

暴利税征收法案还把补助范围延伸到了受高能源价格影响的贫困家庭。前期政府每年将安排31亿美元的预算资金通过州政府发到贫困家庭。政府解除油价管控后带来的高油价必然对美国造成冲击，而政府对低收入家庭的补助也是为了缓冲这种冲击所实施的一个措施。

6月，国会以压倒性的多数通过了卡特提出的另一个优先发展的能源提案，该提案准备启动一个耗资达200亿美元的合成燃料发展计划。在这些资金的支持下，政府将会组建一家合成燃料公司，该公司将为那些合成燃料研发公司积极大力地提供价格和贷款担保，以鼓励它们从煤炭、油页岩、沥青砂和水中提取天然气和石油的替代能源。该计划设定了1987年要实现可替代燃料产量达到50万桶的目标。虽然政府投入在该计划上的资金没有达到卡特最初提议的支出水平，然而它却标志着国会对于可替代能源的态度已经发生了转向，因为福特总统也曾提过类似的提案，却都遭到了国会的拒绝。以发展合成燃料的法案通过为标志，美国20世纪具有实质性意义的能源立法也就结束了。

两伊战争

经过几年的努力，萨达姆·侯赛因终于在1980年正式登上了伊拉克总统的宝座，成为这个国家的实际领导人。1980年9月7日他向伊拉克议会发表了一个演讲，巴格达电台也对这个演讲进行了直播。萨达姆在演讲中宣布废除1975年伊拉克和伊朗签订的边界条约。签订条约时，伊朗曾声称两国的共同边界位于伊拉克这边的巴士拉入海口（底格里斯河和幼发拉底河交汇后的延伸位置），而非伊拉克长期声称的中间位置，当时伊拉克作出了让步。而伊拉克被迫作出这种丧权辱国的妥协是有原因的，当时伊拉克国内正爆发起义，为了终止伊朗国王对反叛武装的支持，（还有美国和以色列的间接支持），伊拉克不得不以边境妥协为筹码签订了上述条约。边境位置的确定对两国都有至关重要的意义，这是因为水路运输是把两国石油运至波斯湾的最重要方式。伊朗王国垮台后伊朗的军事力量有所削弱，萨达姆看到了复仇的机会。

两伊爆发军事冲突，两国长达数千年的战争记忆也起了推波助澜的作用。为了唤起士兵的斗志，萨达姆重新提起了发生在古代美索不达米亚和埃兰王国之间的战争。萨达姆和霍梅尼的个人恩怨也进一步点燃了冲突的导火索，霍梅尼曾在 1978 年被强行从伊拉克逐出。当时萨达姆指责霍梅尼利用伊斯兰教推进"波斯扩张主义计划"实施。而伊朗国家的电台则称伊拉克的领导人为"一帮假冒的无神论者"，并称萨达姆为"犹太复国主义计划实施过程中的美国配角"。

9 月 22 日，9 个伊拉克师穿过巴士拉进入伊朗西部的库兹斯坦省。这个地区之所以成为伊拉克的首先进攻目标，原因在于该省丰富的石油蕴藏、大量的阿拉伯人聚居和优越的地理位置。该省一边靠近伊拉克，另一边则是扎格洛斯山脉，这使得伊朗军队不易迅速穿过大山对该省进行驰援。伊拉克军队迅速向波斯湾推进，放火烧掉了位于阿巴丹的大型炼油厂，并炸毁了位于哈尔克岛港的石油存储罐。

伊拉克的入侵让伊朗措手不及。当时伊朗军方大规模的人事调整刚刚完成，而且前伊朗国王购置的相当多的武器装备仍旧还在美国人的手中。不过，伊朗对于伊拉克的入侵仍旧作出了比较快速和强有力的反应，这也让萨达姆和大多数外部观察家没有预料到。伊朗空军能够向伊拉克纵深地区投掷炸弹，而且政府也能动员那些激愤填膺的志愿者投入到驱逐侵略者的斗争中去。和伊拉克人一样，伊朗人也把打击目标对准了石油设施。伊朗喷气式飞机快速穿越伊拉克上空，给伊拉克造成了巨大破坏：位于两伊边境附近的巴士拉的油井被炸毁，位于基尔库克北部的炼油厂也遭浩劫。不仅如此，其他国家也开始采取行动支持伊朗，伊拉克境内两条最大的通往西方的输油管道有一条被叙利亚切断，另一条穿越土耳其境内的输油管道则被该国的库尔德人切断。

几周之内，两伊战争就几乎切断了全世界从伊朗和伊拉克进口石油的所有途径。在伊拉克还未入侵伊朗之前的几个月中，国内爆发革命起义的伊朗，其石油产量虽然下降到只有前伊朗王国石油产量峰值的1/4水平，但是伊拉克每天的石油产量却增加了300万桶。然而两伊战争爆发后，两国的石油产量均出现了下滑，到10月两国每天的石油减产总量就达到了400万桶。很奇怪，这与阿拉伯石油禁运和伊朗革命战争期间出现的石油减产情况类似，而这则似乎意味着美国要迎接它仅在7年之内的第3次能源危机了。

为了减轻公众对两伊战争的担忧，1980年9月23日总统在华盛顿州塔克马市举行了一次记者招待会。卡特誓言美国在两伊战争中"保持完全中立"，并呼吁苏联也不要有任何插手此事的打算。在美国人最关注的人质事件上，总统声称："据我现在的了解，美国人质的生命安全没有受到什么直接影响。"

对于世界石油供应减少对美国可能造成的影响，卡特为美国描绘了一个乐观的蓝图，这很大程度上是因为美国每天的石油进口量相对前年减少了200万桶。总统自豪地说："我们实施的意在节能和提高美国能源产量的政策正在取得积极成果。"由于在新能源政策实施、新能源投资和实际产量出现增长三者之间存在一个时间差，所以美国能源产量不可能这么快就出现很大的增长，而尼克松第一届总统任职期间在阿拉斯加州的能源政策也帮了美国的大忙。

卡特说对了。相对从前美国当时应对国际石油减产冲击的能力确实提高了。美国石油进口的下降（日本和欧洲的石油进口也出现下降）让这个国家在应对石油危机时不再像以前那么脆弱。美国与沙特阿拉伯、科威特、阿联酋和尼日利亚的良好外交关系也使得这些国家的石油产量出现了增长，这也帮了美国的忙。已经有初步迹象表明美国的能源独立新时代就要到来了，尽管在当时这些迹象还并不清晰。

然而在公众的心中，这些好消息却被那些坏消息掩盖了。美国人质直到1981年1月20日才得以释放。受油价疯涨的影响，美国1980年的通货膨胀率竟然比1979年还要高。这两年的通货膨胀记录创造了美国有史以来的通货膨胀之最。对于美国人民来说，这两个问题在他们的眼中是再清楚不过了。

很多评论家认为，在1980年美国总统大选中卡特将把处理人质事件作为他的主要竞选承诺。我却不这样认为。对于选民来说，通货膨胀（还有它所造成的问题，例如创纪录的高利率）才是他们最为关注的问题。多数谨慎的观察家都会得出结论：在1970—1980年间的高通货膨胀率背景下任何总统想要再次赢得大选都是不可能的。当然卡特也没有。

油价管控的结束

在继卡特之后接任美国总统不久，罗纳德·里根便完成了后禁运时代能源政策的所有制定。入主白宫的前10天，这位新总统便宣布立即解除政府对原油和汽油价格的管控。他说："9年多的时间，限制性的油价管控措施使美国的石油产量一直低于它的潜在产量水平，这人为助推了能源消费的上涨，恶化了我们的国际收支，抑制了我们的技术突破。"里根预计，解除油价管控将会促使民众更加注重节能，还会大幅提高国内的石油产量。

里根快速解除油价管控的行动几乎并不值得奇怪，因为他在竞选活动中曾一一历数过政府对油价的过分管控给美国带来的消极影响。然而很多70年代的美国官员却是一方面想要结束政府对油价的管控，另一方面又因为担心解除管控后油价会突然上涨而畏手畏脚不敢作出最终决定。由于世界石油供应仍在受到两伊战争的限制，油价管控的解除仍旧在政治上存在很大争议。来自新泽西州的能源议员对里根的举动迅速作出反应，他指责总统的决定将会"使通货膨胀大火烧得更旺"。

石油行业的人士对里根的决定普遍持支持态度。得克萨斯独立产油商协会主席曾这样表示，联邦政府对油价将近 10 年的管控让他想起了这样一个场景：在战斗中，一个家伙的一只手被完全绑在了身后，而另一只手则部分出现伤残。相对产油商，一些小的炼油商和独立的加油站老板则一直在寻求政府的保护，因为他们害怕大型的石油公司对他们造成挤压。他们预计，石油管控突然解除后石油行业将会出现一段混乱的日子，而且大的石油公司在油品供应上将会向自己的加油站倾斜，毕竟现在石油零售业的利润已出现了增长。

在解除油价管控后的第 1 周，埃克森公司便两次上调了汽油和燃料油的价格，前后两次每加仑油分别被上调 3 美分和 5 美分。其他石油公司也采取了类似的行动，他们声称这样做的原因在于把 1980 年快速上升的原油成本充分传导给消费者。的确，能源成本在快速上升，并且这种上升已经使美国 2 月份的消费者物价指数上升了 1 个百分点，而媒体则把能源价格的上升归因于里根对油价管控的突然解除。

随着美国 1981 年 4 月份报出汽油价格出现下降，国内的能源形势也出现了调转。每加仑汽油的零售价格峰值出现在 3 月，达到 1.39 美元（这和 2007 年 3.30 美元的汽油零售价格相当，直到 2007 年末这个价格仍被美国能源情报局视为历史汽油最高价）。接着汽油价格便在整个 1981 年逐步下降。到了 12 月，每加仑的汽油价格变成了 1.35 美元。虽然这个价格远不能引起石油市场发生根本性变化，然而在经历数年油价上涨的痛苦后，任何程度的价格下降都会受到欢迎。

盘点能源政策的效果

就在福特入主白宫后几周，他就在一次会议上这样告诉他的能源顾问："关于能源问题，我想说的是很多人都有想法但缺乏行动。我更想看到行动和结果。"在一个政治口号掩盖实际行动的时代，福特的观点新颖且令人振奋。

福特和卡特都选择把减少石油进口作为他们能源政策的中心目标，即使在审慎的政治家指出他们政策粗略有余而具体不足的情况下都是这样。尽管有70年代能源危机的警钟，然而民众普遍认为美国正继续欢快地走在对外国石油进一步形成依赖的路上。现在是重新检验政策效果的时候了。不管70年代制定的能源政策目标有没有成功实现，它都会对我们如何解决今天的能源问题有一定影响。

70年代的能源政策实施后，能源的一些关键指标变化还是令人吃惊的。1977年美国每天的石油净进口为860万桶。1982年这个数字缩减到430万桶，正好下降了一半。再从另一个角度看，1977年石油净进口占到美国石油总消费的47%，而到了1982年这个比例就已经下降到了28%。

政府内政部的一些统计数据更是让人印象深刻。从欧佩克国家进口的石油在美国石油消费中的比例已经从原来的34%下降到17%。而从欧佩克组织中的阿拉伯国家进口的石油在美国石油消费中的比例则从原来的17%下降到6%。

这些结果可能会违反很多人的直觉。1977年进口石油在美国石油消费中的比例连续10年都是呈上升趋势，这种趋势好像不可阻挡。另外，石油进口的减少幅度也超出了美国总统和国会领导人提前设定的目标。在这个方面政治家们取得的成绩超出了他们的承诺。

虽然美国人为实现这些结果付出了巨大的代价，但是石油进口减少给他们带来的好处也是巨大的。由于来自美国、欧洲和日本的石油需求减少，世界石油贸易由卖方市场转向了买方市场。加油站中的油品价格开始下降。较低的能源价格又缓解了经济当中的通货膨胀压力。

石油进口减少也给美国国家安全带来了好处。在应对两伊战争之类的波斯湾战争冲突时，美国的态度相对以前更加强硬。而流入那些不稳定地区的石油美元也减少了。如果利比亚这样的国家胆敢支持恐怖主义，工业化国家就可以在对它们自身伤害较小的情况下对这些国家实施制裁。

如果瑞普·凡·温克尔（美国小说一主人公，喝了美酒而深睡不醒）1982 年从长达 5 年的沉睡中醒来，他可能会问这样一个问题："能源问题哪里去了？"

我们如何解释美国石油进口的显著下降？阿拉斯加州的产油量激增发挥了很大的作用。由于阿拉斯加的石油增产大大抵消了美国本土 48 州持续下滑的石油产量，所以 1982 年美国每天的石油产量比 5 年前大约高出了 50 万桶。来自欧洲北海和墨西哥的新增石油产能虽然没有降低美国的石油进口，然而却削弱了欧佩克在世界石油市场上的影响力。然而这些新增产能却不是因为美国解除国内油价管控才产生的。就如麻省理工学院著名经济学家阿德尔曼在文章中精心指出的那样："这些新油井从投资到见效是一个漫长而缓慢的过程，它们不可能这么快受到里根甚至卡特能源政策的影响。"在阿拉斯加铺设油管的提案 1973 年获得了国会通过，由此油管问题也取得了重大突破。

大约 1/4 的石油进口下降可归因于发电行业用油的减少。虽然美国 1982 年的电力消费略有上升，但是在建筑物使用保温材料（受联邦税收优惠的影响）和高油价背景下电力需求的增长势头实际却是出现了下降。最重要的是，人们开始使用其他能源（联邦政府在很多领域强制执行这一点）来代替石油，最值得注意的是煤炭和核能的使用出现了增加。虽然很少被人注意，但是石油从发电行业的退出确实在减少石油进口方面发挥了最大的作用。

相对于发电用油而言，取暖用油（特别是家庭取暖用油）也出现了减少，二者在促使石油进口下降方面所发挥的作用几乎一样大。伴随着高油价和联邦政府对安装保温建筑材料和其他节能装置的经济补助，取暖用油呈现疯狂下降趋势，每天的用油量大约下降了 90 万桶（下降比例为 42%）。

除了发电和取暖用油的减少，石油进口下降的其他原因主要应该归结于机动车用油的减少。从 1977 年到 1982 年，美国每天的汽油消费下降了 60 万桶（下降 9%），尽管之前曾预计汽油消费会上升。出现这种情况的原因仍要再次归结于油价的上升。高油价减少了人们开车驾驶的里程，并带动了高能效汽车的销售，尽管到了 1982 年美国司机的开车里程又出现了上扬。司机驾驶里程的减少，正是因为联邦政府制定的机动车高能效标准在 80 年代早期发挥了它们最大的作用。阿拉斯加州石油产量的增加、石油在发电行业的退出、取暖用油的减少、机动车高能效标准的执行，这一切都对美国实现能源独立作出了重大的贡献。

虽然结束油价管控的措施有助于减少美国对外国石油的依赖，然而开明的政府行动也是功不可没。政府的行政管制在美国实现能源独立过程中可以发挥有益的作用，主张自由市场的经济学家对此将会感到很不愉快。他们会辩称疲软的经济才是解释石油进口下降的较好理由。缓慢的经济增长（剔除通货膨胀因素后每年的经济增长率约为 1%）的确抑制了能源的需求。然而很难把 50% 的石油进口下降比例归因于缓慢的经济增长。

从这段已被我们遗忘的美国重新实现能源独立的历史中，我们可以吸取几个有价值的经验（教训）。首先摆脱能源依赖没有快速的办法，但办法总是存在。国会通过的那些能源法案一般至少需要 4 到 6 年才能看见明显的政策效果。对于能源投资和研发，见到成效的时间会更长。任何承诺要让民众能直接看到政策效果的政治家很可能会使事情变得更加糟糕。

其次，赢得能源独立没有绝招，但仍有大量的实用招数。一些叫得很响亮的能源危机解决方案（例如把煤炭转化为液体运输燃料）没有发挥任何作用。即使最行之有效的解决方案也不可能仅凭一己之力就能扭转能源的整个大趋势。想要发动"道义之战"的人必须在前线多点开销才能赢得能源战争的胜利。

然而赢得能源战争后也会带来一个问题。人们不久就想要重返原来习惯的生活，骄傲自满情绪就会来临。美国在 70 年代失去能源独立后，用了 12 年的时间把它找了回来。在这之后又用了 17 年的时间将它再次丢失。

CHAPTER

第三章

美国能源独立失守：
看里根、老布什、克林顿和小布什如何作法？

美国 1982 年重新赢得能源独立，这个成果实在来之不易。一旦大功告成，胜利的势头就会持续多年。由于能源对美国来说不再是一个问题，总统也就不再在黄金时间发表电视讲话呼吁民众在能源问题上采取行动。而且国会也不再围绕美国的能源未来进行激烈的大辩论。然而，当美国进入 21 世纪的时候，能源问题却再次成为美国需要面对的重点问题。来之不易的能源独立成果第二次从美国人手中溜走。这是怎么发生的？是情势有所变化吗？

"废除，统统废除"

罗纳德·里根在 1980 年总统竞选活动中曾明确表示，他要在能源问题上走一条和前任不同的路线。当年 3 月在佛罗里达州的竞选演讲中，他就抱怨说："有些人老是念叨'调整空调温度、少开车或者根本就不要开车'。"里根表示，美国真正需要的是重新回到 1971 年前不存在油价管控时的生活，并且"要给石油行业松绑"。对美国的石油产量，里根表现出了极大的乐观。他说："美国地质调查所发布的报告显示，仅阿拉斯加一个州的石油潜在储量就要比沙特阿拉伯整个国家的石油已探明储量还要大。"在里根对能源问题的评论中，既包括多数经济学家（推崇市场主导价格的经济学家联盟）所支持的分析，又有违反常理的扯淡（阿拉斯加州的石油储藏规模）。

1980年，共和党开始向传统能源政策发起挑战，而这种挑战也得到了民主党、共和党两党的广泛支持。来自密歇根州的国会议员大卫·斯塔克曼承担了共和党能源纲领的起草任务，对于正受到挑战的在石油行业中征收暴利税、组建合成燃料公司、向可替代能源实施慷慨的税收优惠、强制提高汽车和冰箱的能效标准和实施燃料政府分配的提案，他承认，很多资深的共和党议员曾经对上面那些提案投了支持票。想起这些提案的通过，他说："虽然很多共和党议员曾经支持这些荒唐的提案，然而他们现在则要准备接受新的能源政策指示：废除这些提案，而且是统统废除。"

里根就任总统后，斯塔克曼便成为他的预算顾问，并为里根的能源战略大转向提供主要的原则理论支持。虽然里根的能源转向未能完全符合斯塔克曼的意愿，然而在处理能源问题上，美国政府则是越来越多地依靠自由市场的力量，政府对能源的干预是越来越少。

在国会的时候，斯塔克曼就曾经攻击过尼克松、福特和卡特为实现国家能源自给所设定的目标。他在1979年《华盛顿邮报》的一个专栏中写道："正在华盛顿泛滥的一种最有害的思想潮流便是美国需要实现能源独立，这种潮流正被广为接受。"尽管能源独立具有"欺骗性的诱惑力"，然而相对依靠减少对外石油依赖降低美国的风险，斯塔克曼更看重自由贸易和资本财富的自由增长以及随之自然而来的个人福利增加。这种观点在70年代听起来是那么不合时宜，然而却在接下来的20年主导了华盛顿的能源思维。

虽然未能撤销能源部，然而里根仍旧通过控制其预算的方式对这个部门进行了显著的重组。虽然能源部在 1985 年获得的预算拨款要比卡特 1982 年提议的数字稍高，然而两年的预算结构却呈现出截然的不同。里根把包括节能、可替代燃料和能源信息在内的能源项目预算砍掉了一半，而把核能方面的支出增加了 1 倍。因此，能源部的财政预算、人员结构和组织文化很快便呈现出原子能委员会最初的影子，而和杰克逊、尼克松、福特和卡特所倡导的专注民用能源全面发展的政府机构的目标渐行渐远。

卡特政府期间推出的少有的几个能源创新也未能逃脱里根政府的封杀。里根在就任总统后的第一个月就下达命令，宣布取消对联邦政府办公场所内空调温度设置的限制规定，此前这种空调在冬季的温度设置上限为 18.3 摄氏度，在夏季的温度设置下限为 25.5 摄氏度。

太阳能银行是卡特担任总统期间具有标志性的一个能源创新，也是他在国会取得的一个重大能源立法胜利。然而就在里根继任总统不久，他便解散了太阳能银行的员工，并提议取消它的政府预算。里根还进一步提出要大幅度削减太阳能研发方面的资金预算。他辩称，市场主导下的石油定价机制和对太阳能的税收优惠应该可以为太阳能行业的增长提供充足的经济刺激。国会最终决定对太阳能银行再给予 3 年的预算拨款，而一个联邦地方法院则要求里根能够马上开始"斩杀"行动。

尽管特殊利益集团成功捍卫了像太阳能那样的能源计划未被取消，斯塔克曼也承认这点，然而里根政府却赢得了向新能源开战的重大胜利，因为里根削减了在太阳能和其他形式新能源方面的预算资金。截至里根第二届总统任期开始，政府对具体的新能源项目的资金支持实际上已经停止了。对家庭安装太阳能的税收优惠在 1985 年末被终止后再也没有下文。到了 1986 年夏季，安装在白宫房顶上很为卡特津津乐道的太阳能电池板也在修葺房顶时被取了下来，以后再也没有被重新装上，白宫总结说，这些太阳能电池板并没有降低能源成本的作用。

白宫在能源研发上的预算数字也是继续下滑，和禁运后这个数字的高歌猛进形成天壤之别。1976 年至 1980 年间，国会批准的能源研发预算超过了所批准的研发总预算的 10%。在里根第二届总统任期期间，由于国会的注意力转向了国防、太空和健康，能源研发预算在总研发预算中的比例下降到了 4%以下。而太阳能研发预算竟不足卡特政府在这方面预算峰值的 1/4。

共和党还呼吁取消司机每小时最高 55 英里的速度限制，而时速限制则是应对阿拉伯石油禁运时美国政府所采取的第一个重大能源政策。然而前任政府作出的这个限制由于还被认为具有增加交通安全的附加价值，所以在里根第一届总统任期内它仍旧获得了足够多的政治支持而得以保留了下来。尽管如此，里根仍旧获得了成功，他削减了联邦政府对强制执行时速限制的州的联邦补助，而为了避免受到这种处罚，各州也只好看里根脸色行事。由于时速限制放松，司机驾驶时对节油的考虑变少了，速度限制措施对司机行为的影响力也就在逐步减小。在里根第二届总统任期内，国会通过了他提出的两项政策提案，内容便是放开农村洲际公路和按照洲际公路标准修筑的其他农村公路的速度限制，里根把这两种公路的最高限速提高到每小时 65 英里。

在里根看来，扭转石油进口上涨趋势的关键在于提高美国自身的石油产量而非实行全民节能。没有什么比放开美国近海石油开采更让里根政府热衷的了。放开美国近海石油开采的工作是由内政部部长詹姆斯·瓦特推动的。除了传统的近海石油开采区墨西哥湾外，尼克松、福特和卡特都曾试图扩大近海石油开采范围，而且多数石油地质学家也对近海地区潜在的石油蕴藏量作出了很高的评估。70 年代期间美国总统注重近海石油开采和环境保护的平衡，而瓦特却想要打破这种平衡。

1981 年 4 月，瓦特宣布了加速推进近海石油开采的宏伟目标。到了秋天，塞拉俱乐部（一环保组织）就收集了 100 万人的请愿签名要求瓦特下台。瓦特最终敲定的近海石油开采计划方案是于 1982 年 7 月发布的，该计划打算将美国近 10 万英亩海域的石油开采权出售给石油行业，开采权的期限超过 5 年，而这个面积则是美国自 1954 年近海石油开采以来所批准的近海开采面积的 20 倍。这位内政部部长为他激进的计划这样辩解道："如果美国执行了我们的批评者所推崇的能源政策，美国士兵就可能需要站在中东的土地上打仗，这很难向他们的父母作出解释，相比来说向美国人民解释我们为什么要在近海开采石油就比较容易了。"美国很多沿海州和地方政府威胁要对瓦特的能源计划提起法律诉讼。反对瓦特的国会议员也开始在拨款法案最后不忘添加这样的附注：禁止在加州、佛罗里达州和马萨诸塞州的近海开采石油和天然气。由于近海石油开采计划陷入重重包围而进展缓慢，瓦特于 1983 年从政府辞职。

波斯湾再度爆发战争

虽然在里根的第一届总统任期内石油供应看起来比较充足，然而其原因却不在于波斯湾的冲突已经烟消云散。在两伊战争的背景下里根成为了美国总统，而在他第二届总统任期的大部分时间内这场战争仍旧伴随着他。这两个冤家对头仍在继续攻击对方的石油设施。在战争最为激烈残酷的时候，这两个欧佩克成员国每天的石油总产量仅为 450 万桶，低于伊朗革命战争前的水平。

在这种情况下，石油短缺成为必然，然而世界却没有受此多大影响。两伊战争期间，主要工业化国家的石油消费下降了大约 15%，下降的石油数量超出了伊拉克和伊朗两国的石油减产量。高油价和前几年的政府管制最终也发挥了作用。在阿拉伯石油制裁和伊朗革命战争期间，美国和其他石油进口国（至少暂时是那样）在面对石油供应中断打击时显得不再那么脆弱。由于政府对石油工业管制的放松，石油可以比较自由地到达最需要它的地方。

然而，波斯湾的局势仍旧在总统的议事安排中占有重要位置。在里根担任美国总统的几年内，没有什么问题比黎巴嫩的局势更让总统揪心。黎巴嫩并不是波斯湾的产油国，然而其境内得到伊朗石油美元资助和伊朗革命卫队支持的什叶派武装却是中东火药桶一个重要的不稳定因素。伊朗资助的恐怖分子劫持了美国人质，恐怖分子再把一些人质交给伊朗以换取美国卖给伊朗的导弹。1983 年 10 月，这些恐怖分子炸死了驻扎在贝鲁特机场附近的 241 名海军陆战队士兵。在国会的支持下，里根于 1984 年 2 月撤出了驻守黎巴嫩的军队。

接下来，伊朗在波斯湾的行动促使美国展开了在这个地区规模空前的军队派驻行动。1987 年 1 月，伊朗对伊拉克发动了一场新的重大军事行动，还在波斯湾持续埋设水雷以搅乱正常的水上运输。7 艘美军水上舰艇被派往波斯湾，用里根的话说就是："保护美国的利益并维护这个地区运油船只的进出自由。"然而美国军队却发现他们的行动面临的风险比预想的要大。5 月，一架伊拉克 F-1 战斗机向美军"斯塔克"号小型护卫舰发射了两枚导弹，造成船上 37 名海军士兵死亡。里根接受了萨达姆·侯赛因的即时道歉，最终伊拉克人向美国作出了 2700 万美元的经济补偿。

伊拉克对伊朗的袭击被《纽约时报》称为"致命走廊"。袭击发生 2 天后，里根政府宣布，科威特将要把自己的 11 艘油轮挂靠在一个美国皮包公司的名下。科威特油轮的"换旗易主"将使这些油轮能够获得美国海军的保护。而国际政治联盟和美国国会对科威特这样的举动迅速作出了回击。5 月 21 日，美国参议院在两党带领下以 91 比 5 的压倒性优势阻止了科威特的企图，国会的态度直到五角大楼交出一份有关"换旗易主"的报告后才有所改变，这篇报告对科威特油轮易帜所涉及的风险进行了分析，对两国油轮海军"联姻"的规则作出了说明，还就波斯湾产油国以及欧洲盟友对美国的支持力度作出了预测。

5 月 29 日，里根对这些批评作出了回应。作为总统，里根作出了自己在能源问题上最为清楚的阐述："仅仅忘记波斯湾地区对我们的国家安全有多么重要对于一些人来说可能很容易。然而我认为每个人都还保存着几年前中东石油危机给我们留下的惨痛记忆：没有尽头、令人沮丧的加油队伍，能源短缺，配额供应，能源价格上涨，双位数的通货膨胀数字，动摇我们经济基础的严重的混乱局面。"接着他语气一转作出了如下承诺：然而这一切都将不会再发生了，只要我还在为国家服务这就不会再发生了。我坚信，我们国家的经济再也不会遭到别人的绑架，我们再也不会回到加油排队、能源短缺、通货膨胀、经济混乱和丧失国际尊严的日子。请大家好好记住这一点：波斯湾重要的海上水道使用管理权将不会落到伊朗人手中。当然也不准许它落入苏联人的控制范围。波斯湾将永远向全世界的国家船只开放。"由于波斯湾海上水道在 70 年代石油危机期间从来没有被作为一个话题提起过，所以里根在保持中东石油运输畅通上作出的承诺暗含了下面这层意思：美国在波斯湾地区的军事力量存在将不会仅限于海军的范围。

国务卿乔治·舒尔茨清晰地记得，对里根动用军事力量的批评重点强调了一点，即美国不能再像以前那样从波斯湾直接获得石油了。舒尔茨表示，这些批评忽略了一点，即"石油在国际贸易中是一种不可替代商品。波斯湾地区发生的任何事情都会对美国这个世界最大的石油消费国和石油进口国造成影响"。尼克松政府国防部长艾略特·理查德森和卡特政府国务卿赛若斯·万斯均表示，美国军队对科威特油轮的护航应该先征得联合国的同意。

6 月 27 日，伊朗自杀式巡逻船在波斯湾袭击了两艘油轮，一艘来自挪威，另一艘来自利比里亚。7 月，3 艘美海军舰艇在波斯湾对 2 艘科威特油轮实施了护航行动，然而就在此时更多的麻烦出现了。6 月 24 日凌晨 2 点里根从睡梦中被叫醒，原因是 1200 英尺长的布里奇顿号油轮在离伊朗法斯岛仅有 18 英里远的海域碰到了鱼雷。值得庆幸的是，事故并未造成人员伤亡，油轮的损失也降到了最低。接着美国就在波斯湾集结了自朝鲜战争以来最大规模的"联合国"舰队。尽管如此，美国和伊朗的小冲突仍然不断。

9 月，美国海军登上了伊朗一水陆两用登陆艇，在上面缴获了很多鱼雷。10 月美国国务院对伊朗袭击科威特主要港口的行为进行了谴责。在一次袭击中，伊朗一枚导弹击中了科威特一艘"改旗易主"的油轮。虽然伊朗导弹的攻击精度不是很高，然而美国官员对此却非常担心。他们害怕伊朗未来会对液化天然气设施发动袭击，而液化天然气的爆炸威力要比油轮大得多。几天后，美国国防部长卡斯珀·温伯格宣布了美军在"谨慎而准确的行动"中取得胜利，在这次行动中，美海军大炮摧毁了伊朗的一个雷达监视系统。为了避免冲突升级，美军提前 20 分钟向雷达监视系统工作人员发出通知，准许他们提前撤离。

1988 年，联合国仍在积极促成伊朗和伊拉克双方军事停火。然而在 7 月 3 日，美国文森号巡洋舰击落了伊朗一架民用喷气式客机，该客机偏离了其在霍尔木兹海峡上空预定的航道。过了一周，总统里根宣布将对在该事故中遇难的 290 名乘客的家属实施经济赔偿。最终在联合国斡旋下，伊朗和伊拉克于 1988 年 8 月 8 日接受了其所提出的结束军事对峙方案，两国军队也重新返回它们原来的边界线。

为了保持波斯湾正常的石油运输，里根坚决捍卫自己提出的富有争议性的解决方案，对此舒尔茨在其回忆录中进行了高度赞扬。伊朗客机失事事件过去以后，里根大声宣布："罗纳德·里根如今又回来了。"里根认为自己的行动是长达 38 年的美国对于中东政策的延续，该政策的主旨就是美国要在海湾地区和阿拉伯海部署舰船和战机以捍卫美国的国家利益。

波斯湾石油产量的变动给美国能源历史带来了另一个重要的转折点，不过这种转折意义在当时并没有被充分意识到。1985 年，沙特阿拉伯总结称，欧佩克通过减产抬高油价的战略正在破产。尽管欧佩克的石油减产措施表现得非常激进，而且中东又爆发了两伊战争，然而世界石油价格的确是持续下滑的。由于石油收入直线下滑的，加上对美国石油出口每天还要下滑 26000 桶，沙特阿拉伯人正面临国际影响力下降的风险。

1986 年夏天，沙特阿拉伯急剧改变原来的路线，开始尽可能以市场价格销售更多的石油。相对阿拉伯石油禁运后沙特阿拉伯在石油上的行动，这种靠市场份额而非高价格获得更多收入的做法是一个惊人的改变。现在沙特阿拉伯人则这样指出，较低的油价将迫使从高油价中获益的高成本石油生产商停产出局，这让沙特阿拉伯能够逐渐重新找回自己在世界上的影响力。当年的晚些时候，欧佩克的其他成员国尤其是科威特和尼日利亚也都纷纷效仿沙特阿拉伯的行动，开始提高它们国家的石油产量。

转变石油路线后不久，沙特阿拉伯就在前一年较低的石油产量水平基础上将每天的石油生产增加了 400 万桶（增长幅度为 165%）。欧佩克的其他成员国每天的石油增产也达到了 200 万桶。虽然欧佩克的石油产量仍旧低于 1981 年的水平，然而这些新增的石油产量确实让世界石油市场震动不小。相对于 1985 年夏天还保持在 25 美元/桶的石油价格，仅仅 1 年之后欧佩克的石油价格就跌到了 10 美元/桶。

1985 年，美国司机还要为每加仑的无铅常规汽油支付 1.40 美元的价格，而到了 1986 年秋天，这个价格就下降了 80 美分。来自加油站的利好消息更多地表明：石油供应中断和一路狂飙的油价已经成为过去。然而面对世界石油价格的下跌，仍旧有很多失意之人。

在美国，油价的下跌给已经命悬一线的可替代燃料带来了另一个打击。油价下跌还给美国国内石油工业带来了冲击。油价出现松动时，1981 年开始的石油开采热潮就已经退去，一些耗资巨大的能源工程的资金链也出现了断裂。然而整个 1985 年，美国的石油产量却是在持续缓慢上涨。尽管如此，由于沙特阿拉伯赢得了更多的美国石油市场份额，1988 年美国的石油产量也跌到了自 1977 年以来的最低水平。得克萨斯州和路易斯安那州的石油产量出现了暴跌。以前在石油供大于求期间，政府为了保护国内石油工业，常常以维持国家安全的名义对市场进行干预。然而现在美国石油生产商却被丢在一边独自接受市场上上下下的无情考验。里根曾经承诺，解除油价管控将会促使国内石油产量增长，然而当放开的油价下跌时，国内石油产量也是跟着下跌。

1986 年，另一个有助于实现能源独立的重大能源趋势转变了方向。1985 年当进口配额限制解除后，美国石油进口达到了自 1971 以年来的最低水平。然而到了 1986 年，每天石油进口的增长量却超过了 100 万桶。在仅仅 1 年的时间内，石油进口在美国石油总消费中所占的比例就从 27% 上升至 33%。大量进口外国石油的趋势重新出现了抬头，然而由于油价较低，这好像并不值得担心。

伊拉克入侵科威特

1973 年的石油禁运、伊朗革命战争和两伊战争都让美国政策制定者措手不及。同样让美国想不到的是，1990 年 8 月 2 日，伊拉克向科威特发起了残酷的侵略战争。而在这之前美国一直认为，这两个石油存储量在世界上分别排名第二和第三位的国家正力图化解他们的分歧。

战争发生 6 天后，代替里根继任总统的老布什对美国民众宣称，为了反抗伊拉克对科威特的军事占领，美国空军的关键力量将要被派驻至伊拉克的邻国沙特阿拉伯（由于伊拉克军队正集结在沙特阿拉伯边境，沙特阿拉伯的防守能力脆弱）担负起防守重任。老布什宣称，他已下令将中止和伊拉克的一切贸易往来，而且他还赢得了包括其他阿拉伯国家、前苏联和中国在内的国际支持以抵制伊拉克的侵略。

老布什警告称，由于美国对进口石油的依赖程度非常大（7 月美国石油进口在其石油总消费中的比例占到近 50%），伊拉克的入侵可能对美国经济独立构成严重的威胁。他呼吁主要的石油生产国增加产量以保卫世界经济安全。老布什还号召石油公司保持克制而不要利用当前的石油生产不稳定乘机哄抬油价。

然而，石油公司却把总统的话当成了耳旁风。伊拉克入侵科威特后，伊拉克每天供应世界市场的原油迅速下降了300万桶，而科威特则下降了近200万桶。世界石油市场的供应下降了8%，这次石油减产量和前3次波斯湾石油减产总量相当。仅仅3个月内，原油价格就变成了原来的2倍多，从每桶16美元上升到33美元。虽然加油站受到的影响不算大，然而无铅常规汽油的价格还是从每加仑1.08美元涨到了1.38美元，在当时可谓不小的上涨幅度。每加仑家庭采暖用油的价格也上涨了25美分。

萨达姆在波斯湾产油国中没有朋友，老布什向产油国发出的提高石油产量填补供应缺口的呼吁也得到了积极的回应。截至12月，沙特阿拉伯每天的石油增产接近300万桶，完全填补了60%的世界石油供应缺口。欧佩克中的其他阿拉伯产油国的石油产量也出现了增长。截至1990年末，美国从阿拉伯产油国的净石油进口每天仅下降100万桶，尽管伊拉克和科威特的石油产量出现了巨额下滑。

除了提高石油产量，美国的阿拉伯盟友还给予了更多支持。沙特阿拉伯和科威特分别向美国提供150亿美元以补偿它在波斯湾地区的军事行动开支。另外沙特阿拉伯还拿出150亿美元作为反抗伊拉克的战争支持。不仅如此，沙特阿拉伯还向那些加入这场反伊战争的其他国家提供了丰富的财政补助。

美国对战争的决策和命令也是快速制订和传达。1991年1月16日，老布什下令美军对伊拉克目标发动军事打击。总统命令刚刚下达，美国能源部就宣布动用国家战略石油储备，当时美国的这种石油储备达到了1700万桶。2月27日，老布什宣布科威特得到解放，同时中东战争实现停火。美军高层决定停止向巴格达逼近，部分原因在于美国（还有美国的阿拉伯盟友）担心伊拉克分裂会间接加强伊朗的影响力。3月，汽油价格回归到战前水平。总的来说，美国在这场战争中赢得了军事、外交和能源供应的三大胜利。

波斯湾战争显示了美国要依赖国外能源还是美国已实现能源独立？这个问题很难回答，但我更倾向于选择美国已实现能源独立。很难回答是因为还有很多方面显示美国还要依赖外国能源。虽然美国石油进口达到了那么高的水平，但是这个国家已经扭转了对国外石油依赖加深的趋势。1990年末的油价高峰助推了通货膨胀，造成了经济的适度低迷，这些恰恰构成了老布什1992年再次竞选美国总统时的不利因素。通过大力增加石油产量和对其石油收入的战略性分配，沙特阿拉伯作为能源超级大国的地位在这次战争中得到了充分展现。

另一方面，政府油价管控和限量分配措施的解除促成了一个更加灵活的能源市场的形成，还消除了加油排队和其他能源短缺现象。由于美国总的石油消费还受到汽车能效标准提高和石油已实际退出发电行业的影响，高油价对美国总体经济的冲击得到减弱。老布什政府高超的外交手段促成了国际社会与美国的合作，这进一步钝化了石油对其造成的不利影响。然而除了这些，可能更重要的是，石油卖方市场的日子已经一去不复返了。工业化国家能够在战后无需担心世界石油会出现短缺的情况下对萨达姆·侯赛因政权施加严重的制裁。不管美国是否实现了能源独立，这些看似矛盾的证据应该不会让美国人为自己的能源未来而产生自满情绪。

和以前遇到能源危机时一样，波斯湾战争同样促使国会在新的能源立法上表现得更加积极主动。环保主义者通过参议员理查德·布莱恩（来自内华达州）提交了一项议案，其内容是到2001年将美国的汽车能效标准提高40%。支持增加国内石油生产的团体想要在位于阿拉斯加北极圈内的国家野生生物保护区内的沿海冰原上开采石油和天然气。这些提案影响力太大，都没有写进1992年最终通过的能源政策法案中。这项新的能源政策法案要对电力行业进行改革，还包括对某些行业适度的税收优惠，然而法案并未包含任何对美国实现能源独立有很大影响的政策措施。

克林顿时代

在上任美国总统的第一年，比尔·克林顿便迅速投入了能源的战斗。面对不尽如人意的联邦预算，新总统陷入了选择困难，最终他很不情愿地接受了副总统戈尔的建议，同意拓宽能源税税基以增加联邦政府收入。戈尔这样告诉克林顿：新的能源税收方案会促进节能和美国实现能源独立。虽然比尔·克林顿担心新方案会对低收入家庭造成严重影响，然而他最终确信这种不利影响可以通过实施收入所得税减免措施而化解。

新的能源税起了一个蹩脚的名字：BTU（热量单位，用来衡量能源的含热量）税，属于所有燃料在批发环节中的税种。据估计，新税收将使每加仑的汽油价格上升 8 至 12 美分，其他燃料也会受到类似影响。由于不愿让政府和新能源税联系起来，克林顿政府并没有积极推销这项能源税"创新"。能源价格上涨会造成企业成本上升，商业团体由于担心无力把这种上升的成本传递给消费者，他们对新能源税表示强烈反对。而且也很难确定这样的能源税在减少能源使用上到底能发挥多大的作用。

在预算协调期间，参议院否决了克林顿政府炮制的 BTU 税，于是政府提出了一个替代方案，即让每加仑的汽油税窄幅上涨 4.3 美分。如果把美国曾经的所有能源税提案考虑进去，克林顿政府的能源税提案则是一种大胆的尝试，这种尝试有点儿向欧洲和日本正在实施的能源税法案靠拢的意思。尽管如此，国会采纳的比较温和的汽油税上调方案对美国石油进口的影响却没有显现。

1994 年，国会重新改选后，保守的共和党控制了众议院的多数席位，加上民主党在能源税改革上的失利，克林顿政府便从能源战场上退了下来。

联邦政府不再讨论石油进口问题。即使讨论，强调的重点也都放在了寻找除波斯湾以外的更多像里海地区这样的石油出口源上。

1995 年，国会通过一项法案（克林顿总统签署），决定结束联邦政府对美国高速公路的所有时速限制。当 1973 年开始的阿拉伯石油禁运在国人心中已经成为遥远的记忆，民众对安全的关注也最终被自由驾驶的追求所压倒，联邦政府最终把时速限制的决定权转移给了州政府，后者则迅速行动，提高了最高限制时速。

美国 20 世纪 90 年代的能源政策选择更强调能源科技的投入，以解决像石油安全和气候变化这样的问题，而不喜欢动辄就制定能源规则。克林顿政府的第一任能源部长哈塞尔·罗林斯·奥利瑞在离开能源部后表示，当时的美国能源部应该重新命名为"科技部"才更合适。能源研发开支在经历了温和上涨的一段时间后，1997 年在美国研发总预算中所占的比例出现了下降，甚至低于里根政府在能源研发上的最低预算水平。在 1978 年和 1979 年两年，美国的能源研发支出超越了健康或太空计划支出。在克林顿的第二届总统任期内，美国的太空支出是能源支出的 3 倍，而健康支出则是能源支出的 5 倍。

美国真的存在严重的能源问题吗？总统和国会在能源问题上的不作为则反映了他们在这个问题上的模糊认知。1997 年之前，美国的石油进口一直低于 1977 年的石油进口水平（无论从数量还是从所占石油总消费比例上都是这样）。如果以 1997 年作为分析的基年，我们会感到些许安慰，因为美国能源问题真的不像以前那么严重。或许能源新技术和民众的自愿行动将能维持美国的能源独立。

更值得关注的是，美国石油进口在 20 世纪 80 年代中期开始止跌回升，然后就是稳步上升。1985 年美国的石油进口在其石油总消费中所占的比例为 27%。1998 年这个比例升至 52%。另外来自美国能源情报局的预测还显示，这个数字几年内将要上升到 60%。20 世纪 70 年代美国面对吓人的能源前景，国会通过立法决定提高汽车能效标准并采取其他强制措施以减少石油消费。20 世纪 90 年代，国会竟然禁止交通部不要考虑任何可能提高汽车能效标准的规则出台，克林顿政府只能依赖美国汽车生产商和政府的资源合作来推动汽车能效标准提高。克林顿政府期间，美国新造机动车平均能效标准持续下滑，更多的司机把目光瞄向了更重、能效也更低的卡车、客货两用车和越野车。

克林顿政府在能源问题上采取的最强有力的行动便是：动用政府规则制定权，采取强制措施提高冰箱和空调的能效标准，并签署了旨在要求主要工业化国家减少温室气体排放的京都议定书。尽管如此，克林顿从来没有向众议院提交过什么能源提案（在众议院也没有通过的可能性），当然也没有在一旦提案通过的情况下提供如何达成提案预定目标的具体计划。

20 世纪 90 年代的低油价使石油进口的增长对美国没有造成什么影响。1998 年，充足的石油供应使每加仑汽油的平均价格下降到 1.06 美元，而且全年都维持在这个水平（最后几个月甚至又出现下降）。这个价格是自 1989 年以来美国汽油的最低标价，如果剔除了通货膨胀因素，这个价格则是美国自有汽车以来最低的汽油价格。对于消费者来说，油价的下跌使能源成为一个很好的新闻话题。对于能源政策来说，美国的 90 年代则是"逝去的 10 年"。

能源市场的转折

1999 年 12 月，美国能源情报局的主要工作就是弄清世界石油市场到底正在发生着什么。美国商业石油库存出现了自 1979 年伊朗革命战争以来最大幅度的月度下降，美国能源情报局将要对这些能源指标仔细探究以确定这种下降的原因。如果下降的趋势持续下去，美国很难度过这个冬天。

美国能源情报局认为，私人消费（并未列入美国能源情报局每周调查报告的研究范围）可能消化了下降的石油商业库存，他们可能要暂时存储能源为将要到来的 2000 年做好准备。政府和媒体都在因为可怕的千年虫问题而闹得沸沸扬扬，民众担心千年虫问题会造成电脑瘫痪而不能处理新的数据。如果在庆祝新年高唱传统歌曲《美好的往日》期间家里突然出现了断油，那么人们仅仅为了安全提前储存一些石油也是完全可以理解的。

当然，进入 2000 年 1 月后我们就了解到，石油短缺背后还有另一个重要原因，因为石油商业库存在新年过后仍在持续下降。于是美国能源情报局得出结论，欧佩克正在削减石油产量，其影响要比我们事先预期的严重，而在前一年 3 月欧佩克就曾宣布要降低石油产量，以应对世界石油供过于求和油价创出历史新低的局面。

对于欧佩克的石油减产声明，我们没有给予多大重视，我们已经习惯这样了，原因在于欧佩克对所签订的减产协议执行力度一直很差。然而这次情况却不同，石油出口国正在把他们的石油产量调整到新的配额水平。就连长期的老对头伊朗和沙特阿拉伯都一致认为，全球石油价格下跌将意味着他们在石油问题上需要展开更多的合作。委内瑞拉的最高权力交给查韦斯后，这个欧佩克的创始国之一对石油生产配额的态度便发生了 180 度的大转弯，从顽固违反减产协议到坚决积极支持协议履行，看来真正的欧佩克又回来了。它在石油方面的激进减产措施正使石油市场变得更加紧俏，并造成油价的急剧上升。

不久，美国能源部长比尔·理查德森和我就赶赴美国东北部州，去调查取暖用油和柴油仅在 8 个月的时间内价格就出现翻番的原因。接着，我们飞赴科威特和沙特阿拉伯，告知他们欧佩克的石油减产幅度已经超出了其预定的目标。在我们离开后，两个国家的确都增加了石油产量，油价在下一年也出现了稍微的下降。然而油价却再也回不到 1999 夏天的价格水平了。石油进口的快速上涨再加上急剧上升的价格，越来越多的资金通过美国的能源账单流入国外。当小布什在 2001 年 1 月 20 日举行总统宣誓时，已经没有人再怀疑美国已再次丧失能源独立这个事实了。

政府对能源问题的漠视

2001 年底，有迹象显示欧佩克可能将会再次失去对世界石油市场的控制。即使在欧佩克进一步削减石油产量的情况下，原油还是再次回到了 17 美元每桶的价格水平之下。对此，欧佩克再次削减石油产量，并宣布将要把原油的目标价格区间设定在每桶 22 美元至 28 美元。欧佩克的石油产量在 2001 年和 2002 年均出现了下降，其中沙特阿拉伯和委内瑞拉的石油减产幅度最大。几年内，油价就稳步升至欧佩克设定的价格区间之上，并在 2005 年越过了 50 美元每桶的价格关口。

在这种情况下，世界石油市场正变得更加紧俏，而欧佩克的石油减产还仅仅只是故事的部分内容。当时很少有人注意到，沙特阿拉伯闲置的石油产能正在下降，而这种闲置产能曾是应对世界重大石油供应危机时快速增加石油产量的一个重要工具。更值得关注的是，查韦斯正在委内瑞拉展开对外国石油公司的驱逐行动，这些外资石油公司在 20 世纪 90 年代期间曾以资本和技术优势帮助委内瑞拉提高了石油产量。

最重要的是，美军在伊拉克的军事行动结束后，伊拉克的石油产量出现了下降。2003 年伊拉克石油产量曾连续 4 个月维护在历史最低水平，当时伊拉克每天的石油产量比战前下降了 200 万桶（下降 85%）。虽然伊拉克的石油产量最终得到了回升（但再也没有回复到战前的水平），但是纵观世界，好像有更多的迹象表明，石油市场在变得更好之前还会变得更糟。尽管伊朗和尼日利亚逐渐提高了石油产量，然而两国的石油供应好像都不是非常可靠。

市场观察家在研究世界石油供应时，还不得不把新兴经济体的能源需求因素考虑进去。一个极端的例子就是，中国的石油消费从 2000 年至 2005 年上升了 40%，这使世界石油需求每天增加了 200 万桶。即使在 2003 年欧佩克提高石油产量的时候，石油价格仍处于一个急剧上升的轨道。在 2008 年早些时候，原油现货价格达到了 100 美元每桶的水平，这个价格仅仅在几年前还是一个不可想象的天文数字。很多司机要为汽油支付超过 3 美元每加仑的价格，这比 20 世纪 90 年代后期油价下跌时的价格的 3 倍还要高出很多。

大量的石油进口和居高不下的油价给美国带来了危险，这可以从美国的贸易账户数据上反映出来。2001 年，也就是小布什担任总统的第一年，单单是美国的能源贸易赤字就大约达到了 1100 亿美元。2006 年，美国能源贸易赤字直逼 3000 亿美元。随着这些大量石油美元财富的转移，包括美国黄金地段房地产的定价、美国大型公司的财务前景甚至美元的未来地位这样的重大问题越来越多地由波斯湾敲定。

以前发生的石油危机背后都有一个清晰地动机，无论是阿拉伯石油禁运还是发生在波斯湾地区的战争，其背后都有明显的政治推动力。而发生在 21 世纪的新能源危机背后的原因却更加多样化。除了石油供需确实没有实现平衡这样的硬因素外，人们的心理因素也对新石油危机起到了推动作用。人们持续担心国际形势可能会进一步恶化。包括我自己和其他人在内，当不能用传统分析工具解释疯狂飙升的油价时，就会把油价的急剧变化归因于弥漫在石油交易商中间的恐慌心理。虽然紧张的石油交易商常常对很多可能发生的石油供应中断传言反应过度，然而他们的担心也的确有合理的原因，因为如果波斯湾或其他地区的混乱局势有所扩大，就有可能引起一场比我们到现在为止所看到的任何一场石油危机都更加严重的能源供应危机。

小布什总统批评了美国对外国石油的"上瘾"，并迅速提高了机动车能效标准，该标准要求轻型卡车的每加仑汽油行驶里程要稍微提高，他还于2005年签署了一个相当乏善可陈的能源政策法案。虽然如此，整个2006年白宫和国会却都对艰难的能源政策选择一直保持沉默，否则美国可能真的又会重新赢回自己的能源独立。

能源自满时代的结束

2007年华盛顿的政治舆论环境突然发生了改变。一些重要的能源措施开始在国会两院被采纳。在长达26年的无所作为过后，国会在很多领域一连串的举动对人们几乎是一个冲击。仅在一年前还没有机会通过的几项措施似乎突然之间获得了美国两党的支持。由民主党控制的新国会似乎决定要将美国能源的对外依赖和温室气体的排放问题提上议事日程。

白宫的态度也在发生着积极的变化。小布什总统在当年1月发表的国情咨文演讲中，同意加大力度实现酒精燃料的更广泛使用，并强制适度提高汽车能效标准。

2007年，参众两院在法案制定上你来我往互不相让，某些白宫不喜欢的条款面临着被总统否决的危险，几个关键的法案条款最终也没有被通过，这一切都遮掩了当年真正的重要大事。12月，国会通过了能源独立和安全法案，而这部能源法案具有实实在在的威力，而且这部法案还是以巨大的优势获得通过。参议院的最终表决结果是86人赞成，8人反对，两党议员很少有人表示反对。只是在众议院通过法案时，共和党稍微扯了后腿，只有一名共和党众议员对法案投了支持票。即使这样，法案的通过优势仍然非常明显，最终表决结果是314人赞成，100人反对。这样的投票结果反映了国会在能源问题上的态度转变，而这种转变也是历史上最为迅速的。

在法案签署仪式上，小布什表扬了这部法案，他称赞"法案让美国又迈出了重大的一步，在该法案的影响下，美国可以减少对外国石油的依赖，可以直面全球气候变化的挑战，可以扩大可替代燃料的产量，可以让子孙后代拥有一个更加强大、更加洁净、更加安全的美国。"在几周后举行的一次国会听证会上，参议院能源和自然资源委员会主席杰夫·宾格曼（来自新墨西哥州）预言："这项具有开天辟地意义的立法将使美国节省下来的能源数量比以前通过的所有能源法案促成的能源节省数量还要多。"

新的能源法案到底有什么新意？新能源法案强制提高了汽车平均能效标准，而这是美国自 1975 年以来第一次作出这样的规定。新法案还要求，从 2010 年至 2020 年所有新生产的机动车（包括汽车、客货两用车、越野车和轻型卡车）每加仑汽油的行驶里程必须从 25 英里提高到 35 英里（所谓的 10 年 10 英里条款）。同时在这段时间内，法案还将逐步强制推出酒精燃料在所有交通运输燃料中应占的一个最小比例。总之，法案的这些规定在减少美国对外石油依赖方面迈出了实质性的步伐。

新法案还对建筑、设备和照明设施作出了范围很广的高能效要求。法案甚至要求美国淘汰低能效的白炽灯，而这会大大降低美国的电力需求，并会大大减少自托马斯·爱迪生时代就有的室内白炽灯的使用。

新法案对能源市场造成的影响需要经过几年才能看到。当前，我们每天的石油进口超过了 1200 万桶，其中大约有一半来自欧佩克国家。我们仍旧需要时间才能看到更多酒精燃料和更多的高能效机动车进入市场对美国石油进口产生很大影响。

就像小布什总统所讲的那样，新法案使美国在实现能源独立的道路上迈出了重大的一步。如果新法案中的条款能够早早写入 1992 年通过的能源政策法案中，或许我们现在就已经在实现能源独立的道路上加速回归了。然而在能源问题上时间很长的耽搁却让我们自己把自己推进了一个深渊。因此，在实现能源独立过程中我们还将需要更多重大的进展。

当我们今后有了充足的历史证据回头再看能源问题时，2007 年能源独立和安全法案的通过将很可能被视作一个重要的能源历史转折点，它标志着长达26年的能源自满时代的结束。它必将为新的有重大影响的能源立法的到来搭建一个舞台。

当前美国向伊拉克派出了地面部队，这很可能会影响到美国在能源问题上进一步采取苛刻行动的前景。具体来说我们解决对外石油依赖问题的紧迫性，宽泛来说我们解决化石燃料依赖问题的紧迫性，部分程度上都将取决于美国对波斯湾地区的石油依赖和我们需要往那里派驻军队的关系。

CHAPTER

第四章

金钱和生命：
美国依赖外国石油所付出的沉重代价

在两场波斯湾战争期间，美国政府的官方声明一直在弱化石油和美国决定向波斯湾派军的关系。在小布什向全国发表的电视讲话中，总统重点强调了美国军事行动推翻萨达姆·侯赛因政权的必要性，并没有提到石油在美国作出战争决定时所发挥的作用。然而这就意味着石油没有在主导美国中东军事计划和行动背后的思维吗？

蓄谋 50 年的计划

由于波斯湾靠近苏联且苏美之间存在冷战，早在杜鲁门政府时期美国就担心国家来自中东的石油供应会受到威胁，为了应付紧急情况发生，美国早就有了军事干预中东事务的计划。如果苏联入侵沙特阿拉伯而造成美国不能继续从中东进口石油，那么美国的军事战略焦点就是也不能让苏联从中东获得任何石油。

为了阻止苏联得到中东石油，美军计划在苏联入侵沙特阿拉伯的几天内往沙特阿拉伯所有的油井中塞入混凝土块，在后来讨论这种战略时，美军参谋长联席会议主席奥马尔·布拉德利将军警告美国文职官员称，美军在沙特阿拉伯的力量可能不足以实际完成这样的任务。这不会是美国应对波斯湾重要战略石油供应受到威胁时的最后一个军事计划，也不是美国将军最后一次质疑美国的石油供应命运是否可以依赖美国这样的一个军事选择。

在伊朗新政府宣布对其境内的英国石油资产实行国有化后，艾森豪威尔总统于1953年授权美国中情局和英国秘密活动组织展开合作以推翻伊朗现政府，让前国王穆罕默德·里萨·巴列维重新掌权。对此，心存感激的巴列维国王再次掌权后，和英美签订新协议，重新把伊朗的石油工业交到了英美石油公司的手中。美国支持的伊朗政变虽然成功地的捍卫了西方在波斯湾地区的石油利益，然而却浪费了在波斯湾地区塑造民主政府的一个最好机会。

在艾森豪威尔后期的总统生涯中，他力图避免美国未来对中东石油形成依赖，目的在于避免向中东派驻军队。他决定对美国石油进口实行配额限制措施。他曾在私下场合表示，作出这个决定正是基于以下两种考虑：第一，美国为了石油资源尽量不能诉诸于武力；第二，美国尽量不要受到中东石油供应中断的影响。艾森豪威尔曾这样告诉他的一个石油关键顾问，万一中东危机出现并切断了西方世界和中东石油的联系通道，我们将不得不动用武力。为了保卫来自中东的石油供应不受影响，美国考虑的都是临时性的军事应急计划，然而这种应急计划在1958年和1960年得到升级。

总统约翰·肯尼迪把保卫美国在沙特阿拉伯的石油利益放在更加优先考虑的位置，其重要性超过了维护美国和埃及的伙伴关系。当时埃及正处于贾迈尔·阿卜杜勒·纳赛尔的统治下。由于埃及和沙特阿拉伯1962年在也门问题上存在政治分歧，变化莫测的埃及领导人对沙特阿拉伯发动了攻击。在这种情况下，为了保卫沙特阿拉伯，美国向中东地区派出了8架喷气式战机和500人的部队（这次的军事任务代号为艰难表面行动）。

美国旨在保卫其中东石油资产的军事计划虽然很少在公众场合讨论，但是公开的档案记录显示，很多总统都对这样的军事计划保持着持续的热情。即使像艾森豪威尔这样的不喜欢往外派驻军队的总统，也很清楚如果美国变得过度依赖外国石油，他也不得不向海湾地区派驻军队。

在尼克松第一届总统任期内，美国不得不对波斯湾的军事计划作出调整，原因在于英国 1971 年停止向该地区长期派遣部队以保护西方石油利益。由于越南战争的爆发，美国无力向波斯湾派驻更多舰船或部队来填补英军撤出而留下的空缺。因此，尼克松决定改变美国在中东的战略，选择扶植伊朗国王，增强其军事实力，并依靠他行使美国在波斯湾的"世界警察"角色。美国和伊朗的结盟使得美国在中东的利益得到保护，而美国又无需在这个地区有完全属于自己的军事存在。接着伊朗以自己的石油收入为基础进一步增强了其军事力量。

曾有很长一段时间，尼克松对伊朗国王留下了深刻的印象。在 20 世纪 50 年代首次会见伊朗国王后，尼克松曾说："从伊朗国王身上，我可以看到一种内在的力量。"在 1967 年尼克松以个人身份发表的美国外交政策演讲中，他把伊朗视作值得美国支持的一个重要的国家榜样，尽管伊朗当时还是一个君主专制国家。在赞扬了伊朗"显著的经济成就"后，尼克松声称："现在我们应该认识到这一点：尽管我们非常喜欢我们自己的政治制度，然而美国形式的民主政府对于有着完全不同背景的亚洲、非洲和拉丁美洲国家来说却不一定是最好的政府模式。"

伊朗的战略重要性体现在该国与苏联、伊拉克的边境接壤上。美国的政策制定者担心：伊拉克不仅会威胁到以色列的安全，还会威胁到科威特和沙特阿拉伯的油田。其邻国伊朗军事力量的增强将有助于遏制伊拉克的军事冒险倾向。而且，一个强大的伊朗军队还能遏制苏联想要染指波斯湾的任何企图。于是，尼克松秘密指示国防部在伊朗的武器获取问题上不要施加任何限制。由于拥有丰富的石油财富，再加上尼克松的支持，伊朗国王组建了海军和空军队伍，其军队人员规模大约是伊拉克、沙特阿拉伯和科威特三国军事人员总和的2.5倍。伊朗在先进武器方面的领先更是让人印象深刻。

归根结底，尼克松为确保波斯湾地区安全而要依靠伊朗的原因还在于美国缺乏其他具有可行性的选择。1971年4月，尼克松召集美国驻德黑兰大使道格拉斯·麦克阿瑟二世和亚历山大·黑格将军在白宫椭圆形办公室就是否需要加强美国在海湾地区的盟友关系进行了磋商。受限于美国在对抗苏联时有限的对策可选范围，尼克松以悲戚的语调向两位美国高官问道："还有谁会支持我们？"尼克松曾表示，美国的盟友以色列让阿拉伯世界的每个国家都很不愉快。来自非阿拉伯世界的伊朗将不会加入到反对以色列的阵营中，它正在成为一个有着强大军事力量的国家，而且还有着巨额的石油蕴藏。

美国军事干预波斯湾地区事务的应急性军事计划曾被列为最高机密，并没打算向公众公开。因此国务卿基辛格的讲话曾让很多人吃了一惊，阿拉伯石油禁运期间来自沙特阿拉伯的声明让美国国务卿很是沮丧，之后在一次新闻发布会上基辛格曾作出如下表示："如果来自中东的压力仍旧这样缺乏理性和无休止地持续下去，美国将不得不考虑采取各种可能的应对策略，这一点非常清楚。"考虑到这次美国动用军事力量的可能性并不是很低，基辛格命令政府所有相关部门都要对各种可能的应对措施作出研究，而这也导致了包括潜在军事行动在内的美国几个临时军事方案在4月底被全面废止。

沙特阿拉伯石油部长亚曼尼对基辛格的讲话作出了强烈反应，他表示，如果美国、欧洲和日本胆敢针对阿拉伯石油制裁采取军事报复措施，沙特阿拉伯将把石油产量削减80%。他还警告称，美国任何动用武力的行为都将是一次自杀性行为，因为阿拉伯人将会在自己的国家被占领前炸毁这些油田。

石油禁运期间，美国和沙特阿拉伯的关系仍旧保持着不寻常的和谐。基辛格威胁引起的轩然大波很快退去。沙特阿拉伯还告知美国驻利雅得大使詹姆斯·艾金斯，费萨尔国王对石油部长亚曼尼的讲话感到生气和不安。为了防止沙特阿拉伯虚浮的态度缓和让美国华盛顿官员感到过于轻松，之后艾金斯在发给基辛格的一份电报中又确认了亚曼尼的部分警告性讲话,报文曾这样讲:"如果美国入侵沙特阿拉伯,沙特阿拉伯人将力图摧毁其境内石油设施并点燃油田。沙特阿拉伯阿美石油总公司可以告诉美国国务院这种威胁是多么的真实。"很明显,美国在沙特阿拉伯的军事力量存在面临的约束要比华盛顿的很多战略家所认识到的多。

美国和伊朗的紧密军事同盟关系持续了仅仅 9 年的时间。这段期间,伊朗储备了丰富的美式武器,在伊朗国王 1979 年 1 月流亡国外后,伊朗的武器库便落入了伊朗精神领袖阿亚图拉·鲁霍拉·穆萨维·霍梅尼的控制中,后者在民众心目中地位提升的基础正是源于对美国和西方文化在语言上所作出的尖刻攻击。随着温和派在霍梅尼顾问阵营中地位的衰落,伊朗借助武器和美国作对而非支持美国实现其中东目标的可能性变得越来越大。

1979 年 12 月苏联对阿富汗的入侵进一步凸显了海湾地区新的军事现实。次年 1 月美国抛出了"卡特主义",卡特作为美国总统对于中东局势作出了最清晰的声明:美国将会动用军事力量反抗苏联对海湾地区的入侵并竭力维护重要的海湾石油正常供应。卡特承认说,为了履行承诺,美军还需要提高自身能力,因此美国还有工作要做。

1980 年春天民众排长队加油让政府支持率有所下降,而 1979 年 11 月美国人质在德黑兰遭到劫持,12 月苏联又入侵阿富汗,这些现象的出现让卡特政府得出结论,美军需要作出更好的准备以应对波斯湾地区的冲突。美国国家安全理事会成员(卡特本人也是成员之一)注意到,美国在中东开展军事行动缺乏足够多的军事基地。另外,负责波斯湾地区事务的联合军事指挥部被一分为二,变成欧洲军务指挥部和太平洋军务指挥部。当时美国还很担心苏联会入侵波斯湾,这样苏联就能利用对中东大量石油资源的控制来增强它在欧洲和日本的影响力。相对美国,欧洲和日本甚至更加依赖来自中东的石油进口。卡特政府对此总结称,苏联可能会进一步入侵波斯湾,对此美国还没有做好充分的准备。

虽然卡特授权相关部门在波斯湾地区为美国悄悄寻找发动军事攻击的地点，然而找到的地方都太小而不足以展开军事行动。尽管总统的授权遭到了军方一些个别机构的抵制，然而卡特还是力图提高美军在波斯湾地区的协调作战能力以应对那里出现的各种威胁。卡特的这些努力促成了美国快速部署联合特遣部队的成立，而这个部队也成为里根总统于1983年正式组建的美国中央军的前身。

无论是美国快速部署联合特遣部队还是美国中央军，都开始对装备作出调整并对军事训练作出重新定位，以便能更加适应沙漠条件下的作战。如何在短时间内把装备运至波斯湾地区，如何应对中东独特的沙漠气候，如何保证美军的健康，如何解决美军的饮水问题，所有这些问题在美军议事日程中的位置都被提前。

美国中央军在1987年完成了自成立以来的代号为"坚决意志"的首次重大军事演练，这个里根政府发起的波斯湾军事演习是在假设科威特船只遭到伊朗袭击的背景下完成的。截至1990年，美国中央军已在对波斯湾地区军事行动有关键影响的很多问题上取得了进步。

事后发现，美国组建中央军可谓有先见之明。越南战争后美国两场规模最大的军事行动都是在中央军的战区内开展的。最终我们发现，美国需要刀枪相对的既不是苏联（美国最早的威胁），也不是伊朗（美国20世纪80年代日益重视的提防对象），而是两次和美国兵戎相见的伊拉克。

为什么是伊拉克？

美军一直在和萨达姆·侯赛因政权作对，美国政府总是力图弱化石油在伊拉克的美国军事行动中的作用，这就有必要对石油在美军行动中扮演的角色进行一番仔细的探究，以便让真相大白。石油的确不是美国两次发动伊拉克战争的唯一原因。然而石油本身却足够成为美军发动伊拉克战争的原因。从更广的意义上讲，导致伊拉克战争爆发的其他因素里面处处可以看到石油的影子。如果我们想要精确计算美国依赖波斯湾石油所付出的代价，那么我们就必须把发动伊拉克战争的成本包括在内。

美军1991年解放科威特的战争已被很好地载入编年史。虽然美国当时的很多官方声明都没有提起石油因素，然而毫无疑问，石油因素占据了战争的首位。授权发动这场战争的最高机密指示（1991年1月15日发布，1997年被解密）说得很直白。第一句这样讲："获得波斯湾石油和维护这个地区的美国关键伙伴的安全对美国安全来说至关重要。"第二句继续接着说："美国仍旧要致力于保护其在这个地区的关键利益不受侵犯，如果有必要，美国将动用军事力量向任何有损我们自己利益的力量作出回击。"

无论是萨达姆对科威特赤裸裸的侵略还是美国的石油需要都可以作为美国出兵中东保卫科威特和沙特阿拉伯这个决定的正当理由。实际上国际舆论为出兵原因闹得沸沸扬扬。然而伊拉克对科威特的袭击不可能消除两国在欧佩克石油产量政策上严重的分歧。在伊拉克轻率进攻科威特和美国出兵中东解放科威特两件大事的背后，石油因素都占据了事情的主导地位。

在时代已发生很大变化的后9·11时代，美国2003年再次将战争矛头对准了萨达姆，这次伊拉克战争的原因更加难以解释，而且可能永远都是这样，即使相关战争档案被解密以后都不会发生改变。

小布什总统在2003年3月17日决定出兵伊拉克，对于这个决定他给出了几个理由。他坚定地表示："从伊拉克和其他国家得到的情报已经明确显示，伊拉克政权一直拥有大规模杀伤性武器，并藏匿了一些这样的武器。"他还表示，伊拉克曾经帮助、训练和藏匿包括基地组织头目在内的恐怖分子。小布什警称，伊拉克将会把它的生化武器（甚至某一天会是核武器）交给恐怖分子，而恐怖分子接着就会使用这些武器实现他们的野心，以便夺取美国或任何其他国家数千或数十万人的无辜生命。

小布什在讲话中给出的这些战争原因没有一个是真实的。而且，美国政府难以拿出很多证据表明自己为了验证布什讲话的真实性曾付出了应该的严肃而勤奋的努力。很明显，小布什发动伊拉克战争的真实原因并没有向民众公开。就像格林斯潘后来证实的那样，石油才是没有讲的战争原因。格林斯潘曾担任尼克松和福特的能源问题顾问，并频频向总统给出能源建议，他还曾长期担任美国联邦储备委员会主席。

美国和伊拉克在石油问题上曾长期不和。在阿拉伯石油禁运期间，美国和很多对其实施石油制裁的国家仍旧维持着积极的关系，唯独同伊拉克关系不是这样。就在石油禁运开始的前夕，伊拉克宣布把埃克森美孚石油公司在巴士拉的石油设施收归国有，以此反对美国对以色列的支持，而且伊拉克还带头指出石油禁运还不是足够严厉。

由于伊拉克有着巨大的石油资源潜在储量，所以美国公司在伊拉克被逐出使美国显得特别沮丧。据一份公开资料显示，伊拉克的常规石油储量在世界排名第二。作为世界上主要的石油储藏大国之一，伊拉克的石油资源开发力度却是最小的。因此，石油专家普遍认为，已经公布的世界石油排名很可能大大低估了伊拉克境内的石油真实蕴藏量。

当伊拉克石油工业需要外国技术支持的时候，萨达姆·侯赛因决定向法国和俄罗斯寻求帮助。伊拉克的这个决定让美国公司很是受伤，因为如果这样做，世界石油资源就会越来越多地集中在国有石油公司的手中，这样就会相应挤压私人公司的石油开采空间。伊拉克与法国和俄罗斯的石油结盟也不利于美国外交目标的实现。当美国想要在20世纪90年代期间继续维持对伊拉克的制裁措施不变时，法国和俄罗斯有时就会站在伊拉克一边。因此，从很多层面上说，美国可以重新参与伊拉克石油开发的想法都是非常地具有诱惑性。

由于联合国的石油贸易制裁，在20世纪90年代的大部分时间伊拉克都是一直受制于人。美国想要对伊拉克的石油出口继续实施严厉的限制措施。然而，由于俄罗斯和法国不愿接受美国的这个想法，所以国际社会对伊拉克的制裁看起来将会出现松动，而萨达姆最终也将会从石油贸易中再次获得巨额收入。

1998年1月，一个名为美国新世纪小组（包含很多前共和党政府的高级官员）的组织向克林顿总统联名上书，敦促美国应该采取单边行动推翻萨达姆政权。信中写道，如果伊拉克从石油出口中重新获得了收入并具备了传播大规模杀伤性武器的能力，"美军在波斯湾地区的安全就会受到威胁，不仅如此，美国这个地区的像以色列这样的伙伴和盟友以及态度温和的阿拉伯国家的安全也会受到威胁，而且，很大程度上世界石油供应也将被置于危险的境地"。

9月，这封信的联名作者之一，同时也是美国主管政策的前国防部副部长保罗·沃尔福威茨在众议院委员会作证时表示，美国从政治、经济和军事三个方面都应该"支持大规模倒萨秘密活动"。这个倒萨战略的关键内容就是在伊拉克南部建立一个脱离萨达姆的"解放区"，而这个"解放区"则控制着伊拉克最大的油田。

在向克林顿联名上书的这18个人中，有13人（包括沃尔福威茨、唐纳德·拉姆斯菲尔德和约翰·博尔顿）都在下一届小布什政府中担任了负责外交政策和国防的要职。小布什担任总统后，他的国务院和国防部内"充斥"着大量美国新世纪小组成员，这些人公开誓言要推翻萨达姆·侯赛因政权，把伊拉克的挺美官员安插在伊拉克大油田的管理位置上。

小布什的第一位财政部长保罗·奥尼尔记得，布什政府在早些时候就曾讨论过如何占领伊拉克的问题，并对伊拉克油田处理问题制订了具体计划。在9·11袭击之前美国就对伊拉克油田的分配作出了最高层面的计划，这很难让人相信石油和接下来的伊拉克战争不存在联系。

接下来就是在波斯湾地区为美军寻找军事基地的问题。为了确保美国能够获得中东的石油，在波斯湾或其附近地区为美军寻找可以快速开展行动的军事基地长期以来一直是美国全球战略的需要。在伊朗君主政权衰落后，美军的这个需要变得愈发明显。由于这样的军事基地会受到当地民众的反对，所以寻找足够多的大小合适的军事基地对美国来说一直是一个重大的外交挑战。

当美国与沙特阿拉伯结盟共同应对第一次海湾战争时，美国人请求并收到了来自沙特阿拉伯的规模庞大的财政援助，而沙特阿拉伯也可谓仁至义尽，在战争期间大幅提高了其国内石油产量。而美军的另一个更加敏感的请求却较少公开，即美国要求在沙特阿拉伯王国驻扎大约 25 万美国军事人员。据亲眼见证这次会谈的人透露，就在沙特阿拉伯费萨尔国王对美国请求表示应允时，他的一些顾问便开始表示反对。非常值得注意的是，沙特阿拉伯王储阿卜杜拉对国王也持反对态度，他表示沙特阿拉伯需要更多时间考虑这个问题，他们还要征求部落首领和宗教领袖的意见，以免美国在沙特阿拉伯众目睽睽之下的军事存在会激起沙特阿拉伯民众的怒火。结果，沙特阿拉伯国王对美国的态度占了上风，然而美军基地的扩大却引起了更大的争议，最终成为了奥萨马·本·拉登召集更多支持力量反对沙特阿拉伯皇室和美国的工具。

伊拉克战争结束后，美国履行了向费萨尔国王作出的承诺，迅速削减了驻扎在沙特阿拉伯边境的美军事人员。从 1992 年至 1997 年，美国在沙特阿拉伯的驻军数量保持在 2000 人以下的水平。尽管如此，驻军部队的减少并没有阻止恐怖分子对美国目标的袭击。在 1994 年恐怖分子发动的袭击事件中 24 名美国人失去了生命，而在 1995 年发生的另一起袭击事件中，则有超过 500 名的美国人受伤。接下来，由于克林顿政府担心伊拉克可能会对沙特阿拉伯发动新的袭击，就使美国在沙特阿拉伯的驻军人数变成了原来的 3 倍，这个人数在 2000 年曾超过 7000 人。伊拉克战争期间，布什政府又把这个数字进一步提高，使之超过了 1 万人。

2003 年 4 月，布什宣布美国赢得伊拉克战争，国防部长唐纳德·拉姆斯菲尔德则宣布美国将最终撤出驻扎在沙特阿拉伯境内的所有美军作战部队，并把美国中央军的重要职能部队转移至卡塔尔（这个国家对外国驻军的限制较小）。美国作出上述决定的原因在于沙特阿拉伯边境靠近那些伊斯兰圣城，尽管美国曾努力不让公众知道这一点，而这个决定对于美国和沙特阿拉伯双方而言都非常不好接受。即使美国的驻军得到了卡塔尔的友善回应，美国人仍旧清楚在波斯湾地区寻找足够用的军事基地对美国来说仍旧是一个艰难的挑战。随着政府和媒体对伊拉克战争胜利的大肆渲染，伊拉克边境正为美国寻找军事基地提供了新的机会。

小布什总统发动伊拉克战争，本来可以显示出战争和石油的无关性，不过他却做了相反的选择。首先暴露战争石油意图的便是伊拉克临时管理委员会，该机构从 2003 年 4 月至 2004 年 6 月接管了伊拉克的管理权。联合国授权该机构掌控伊拉克的所有资产，然而该机构的运作确是美国人控制的。临时管理委员会迅速行动，废除了复兴党统治伊拉克时期的权利，接管了重组伊拉克经济的任务，并担任了伊拉克基础设施重建的管理工作。

没有征得伊拉克人民的任何同意，临时管理委员会就肢解了这个国家的国有企业体系。它还废除了伊拉克以前曾制定的一些法律条文和带有歧视性的关税条款，这些规定曾有效禁止了外国公司在伊拉克的投资。另外，临时管理委员会还下达命令，给予伊拉克境内的外国投资者完全平等的国民待遇，并允许他们可以把投资利润和股息无限制的转移到伊拉克境外。由于石油工业占据了伊拉克经济的 95%，伊拉克经济重组所要达到的主要效果就是让外国投资的某个公司取代国有的伊拉克石油公司，而这种石油格局几十年来在任何阿拉伯石油出口国中都不曾看到。

2003 年晚些时候，美国明确了一点，即临时管理委员会并不打算向所有在伊拉克境内的外国投资者提供保护。12 月，国防部副部长沃尔福威茨发出指示，禁止来自法国和俄罗斯的公司参与伊拉克重建的合同竞标，而这两个国家在萨达姆时代曾是伊拉克石油工业的主要外国投资者。当然他们可以参与转包合同的竞标。美国的这个举动为英美公司接管伊拉克境内让人垂涎的油田扫清了来自竞争对手的障碍。美国政府在改造伊拉克石油工业上行动如此之快值得惊奇，因为这本身就符合美国为伊拉克战争所制订的计划。

美国的伊拉克战略还要接受另一个考验，即美国是解放伊拉克后就撤离还是要继续待在那里并建立永久性的军事基地。美国在伊拉克的大兴土木和巨额的军事基地支出表明美军不可能马上撤出。美国新的驻伊拉克大使馆耗资6千万美元，占地面积达到104英亩，是世界上最大的驻外使馆，这传达了美国有在伊拉克永久驻留的意愿，还表明除了目前已经明确讲出的战争目标以外，美国还有更长远的任务打算。美国在位于巴格达北部巴拉德空军基地（美国在伊拉克的5个军事基地之一）上面的巨额投资还显示了美国制订的都是长期目标而非权宜之计。

2007年9月，美国国防部长罗伯特·盖茨面对参议院拨款委员会的质疑做出了回应，他表示要保证战后美军5个作战旅（是当前驻伊美军人数的1/4）在伊拉克境内的长期军事存在。另外，美国还要保证拥有8艘战舰在伊拉克南部水域巡逻，主要目的是保护伊拉克两大石油港口不受破坏，伊拉克境内的多数石油都是通过这两个港口运至全世界。2007年10月，在美军"旋风号"舰艇服役的一名士官称，他不认为美国人不久会在什么时候把权力移交给伊拉克人，因为伊拉克人就没有属于自己的海军舰艇。伊拉克面临的困境除了政治或军事手段解决外，美国陆军和海军已经在开始履行保卫波斯湾石油正常运输的承诺了，而美军的这种行动到底何时结束美国官员则看不到尽头。

伊战的判断失误

美国中央军的组建打造了一支能够在波斯湾地区有效作战的部队。然而非军方机构对中央军被号召去作战的地方的了解却没有出现一点长进。

缺乏了解导致军事失算，中央军得不到很好利用。美国在伊拉克犯下的重大错误之一便是，错误估计了石油在欧佩克国家政治中的作用。

40多年来，沃尔福威茨这名美国官员一直主张美国要介入波斯湾地区的国家事务，就在伊拉克战争爆发的3天前，他对这场战争还做了让人最为难忘也最为误导人的一个评估。他面对众议院拨款委员会称，伊拉克从石油中获取的收入将会非常丰厚，足够承担伊拉克重建过程中的主要开销。

这个估计从很多方面看都是错误的。因为生产石油也要花钱，所以有了石油收入并不意味着就能把全部收入投入到其他需要花钱的事情上。而且，萨达姆并没有把石油收入仅仅投入到他的奢侈享受上。为了赢得政治好感，他还设立了很多补贴。例如，他会给世界上最低的汽油价格提供补贴，他还会以低于实际成本的价格把燃料卖给消费者。伊拉克临时管理委员会接管伊拉克后，为了避免不利的公众抗议选择了继续保留这些补贴措施。接着战争导致的石油减产和重建成本都要比预期的还要糟糕。对伊拉克的乐观估计和最终的现实相差很远，这使得国际社会不得不为伊拉克的重建提供资金援助。

在沃尔福威茨对伊拉克的分析中，还存在另一个被广为忽略的错误。而这个错误最终则搅乱了当时的伊拉克政局，阻碍了伊拉克问题的政治解决途径。不管军事行动多么有效，这不得不说是一个遗憾。沃尔福威茨对伊拉克战争的观点建立在美国石油公司将能快速提高伊拉克石油产量这个想法的基础上。他认为，伊战结束后会给伊拉克带来大量的私人投资，这些私人投资未来则会收获大量石油收入，而这种投资的高回报率足以弥补投资的风险。虽然对于我们、伊拉克人还有多数石油出口国来说这种想法听起来非常合理，然而事实上却并不是这样。

沃尔福威茨的想法和我们了解到的有关中东石油政治的一切现实都是背道而驰的。在中东的每个产油国家，初期的石油勘探和开发都是由来自美国和欧洲的公司主导完成的。而几乎无一例外的是，这些外国的石油公司最终都会被驱逐出境，而这一般也会受到中东本地民众的欢迎。这种石油民族主义会阻碍中东国家为进一步提高石油产量而继续引进外资和先进技术。然而，和增加的石油产量相比，中东民众却更加喜欢他们完全拥有石油主权。虽然中东的这种石油情结在欧佩克的很多国家中都广泛存在，然而像墨西哥、挪威和中国这样的非欧佩克成员却也选择了石油的国家控股。在多数石油出口国中，围绕石油是国家所有还是私人所有所展开的争论基本和政治无关。石油的国家所有本身就是他们能源独立战略的一部分。

没有任何迹象表明，伊拉克人想要打破这种在全世界石油出口国中都盛行的石油国家所有制而重新回到外国掌控本国石油的局面，而且伊拉克也并不想退出欧佩克。如果石油公司不能根据市场原则操作，他们就缺乏在伊拉克进行大规模投资的经济刺激。而小布什政府的逻辑却是建立在一个极不可能的假设基础之上，美国政府一厢情愿地认为，走上民主的伊拉克会抛弃在多数石油出口国盛行的石油国家所有制，转而允许更多的外国公司投资其境内的石油。

美国的错误判断导致了伊拉克现在的这种政治僵局。对于现在的伊拉克政府来说，打破这种僵局的关键就在于伊拉克议会同意和外国签署石油共享协议。尽管伊拉克政府早就承认了议会在石油问题上的关键作用，然而政府在签署石油分享协议问题上和议会的对话却是一次次失败。

此时世界多数国家都把焦点集中在了伊拉克石油收入分配所面临的困难上，这种分配会有利于伊拉克境内的逊尼派、什叶派和库尔德人。伊拉克的石油地区之争的确是一个棘手的问题。中央政府和地方政府围绕石油收入分配问题展开的类似争论曾经困扰像尼日利亚这样的国家数年，有时美国甚至也要为这种争论烦恼不已。然而在走向签署石油分享协议的路上，伊拉克政府还面临着比石油收入分配更大的障碍。

即使伊拉克议会通过了其境内石油向外国公司开放的法律，无论从长期还是短期来看，伊拉克政府仍旧要面临国内强烈的政治反对。和围绕石油展开的地区冲突不同，在通往石油分享协议的路上伊拉克政府要面临的这种政治反对却很大程度上遭到了忽视。然而，2007年9月出版的《时代周刊》还是道出了伊拉克石油向外国开放过程中所要面临的这种政治风险。该杂志发表的一篇文章指出，如果伊拉克通过法律使其境内石油向私人公司开放并且给了国际巨头巨大的石油利润空间，伊拉克石油工会组织就会奋起反抗。不管开放伊拉克石油会带来什么样的经济好处，石油工人在该问题上的看法都会在伊拉克全国得到广泛回应（在世界上很多其他地区也是这样）。埃克赛特大学中东经济高级讲师卡麦勒·迈哈迪对此评论说："签署有利于西方石油利益集团法律的任何中东政治家都会葬送掉自己的政治生涯。"基于对伊拉克和其周边国家的历史分析，很难想象民众会轻易允许议会通过有利于外国石油公司的法律。

伊拉克战争的代价

美国在波斯湾的军事存在所付出的代价可以从很多方面来考虑。当然，最沉重的代价莫过于生命的丧失。2008年早些时候，美国在伊拉克战争中的死亡人数已经超过了4000人。除此之外，其他盟军力量、伊拉克重建项目的外国承包商、新闻记者和无辜的伊拉克人也多有生命损失。而且，那些战争中的生者身上也背负着巨大的负担，从生活改变对其造成的创伤到那些年轻家庭所要面临的巨大压力，不一而足。

美国为波斯湾战争所付出的代价还可以从金钱角度来衡量。截至2007财年末，国会已经为美军拨付了6020亿美元的战争支出，这些支出统统投入到了美军在伊拉克和阿富汗的军事行动以及其他和打击恐怖主义战争相关的美军行动当中。另外，国会还因为战争向美国退伍军人管理局另外拨付了20亿美元的资金。而要计算战争的未来成本则要比汇总已知战争成本难得多。尽管如此，即使考虑到未来多数美军都要从中东撤出的情况，到2017年底美国在波斯湾战争上所花费的总支出，主流的估计数字也要在1万亿到2万亿美元之间。

美国发动的伊拉克战争还给美国总体经济带来了隐性的负面影响。战争开始后，伊拉克石油产量出现了下滑，世界石油储备中心发生战事还导致石油市场出现了恐慌情绪，而且美国国债的利率也出现了上涨，这些后果的出现理所当然应该归因于这场战争。

然而美国在中东地区花费巨额支出却不完全是因为美国需要依赖这个地区的石油。阿富汗就是一个例证，这个国家并不出口石油，然而其境内（有很多是从沙特阿拉伯而来）却藏匿着袭击美国的恐怖分子。相比较而言，伊拉克有着世界排名第二的巨大石油蕴藏，战争开始时其境内并没有恐怖分子，而这就是美国战争成本得以自然快速上涨的根源。

为了确保能够获得中东石油，美国在波斯湾地区投入了大量资金，这使得美国在能源其他方面的投入相形见绌。如果我们能够把更多的资金投入到减少对波斯湾石油的依赖上，我们就不会为了保持这种依赖而又要投入更多的资金，从而陷入了一种恶性循环。

CHAPTER

第五章

化石燃料和全球变暖：人类的危险实验

能源的生产和使用常常会和环境保护发生冲突。我们曾亲眼见证了绿色环保主义者和石油公司的激烈冲突。环保人士反对在美国近海开采石油和天然气，反对在像阿拉斯加自然野生生物保护区这样的环境敏感地区进行能源开发。另外，美国对于水和空气的变清洁程度到底应该在多大程度上归功于燃料成本的上升这个问题也存在争议。虽然这些都曾经而且现在也是非常敏感的话题，然而，相对出现在新闻标题中的最新环境话题而言，这些敏感问题就比较容易解决了。

化石燃料（煤炭、石油、天然气）的使用会造成大量的二氧化碳气体排放（2005 年全世界的温室气体排放量多达 280 亿吨）。这些人为造成的温室气体排放明显增加了大气中的自然碳含量水平（比工业革命前提高了 35%）。

虽然二氧化碳和其他气体层对穿越大气层到达地球的太阳短波辐射没有任何影响，然而特别的是，它能吸收从地球反射回来的长波红外辐射（热辐射），这导致了温室效应的产生和低大气层温度的升高（在某种意义上这是一件好事）。随着大气碳含量的增加，温室效应正在被放大。

全球温度的升高已经对地球造成了一些次生影响，例如，全球海平面上升，土壤保湿能力下降，冰盖融化，暴风雨雪天气增加。全世界的能源使用正在快速增加，如果这种增加的势头仍旧持续下去，那么其造成的温室效应将会对我们人类的生活造成越来越大的破坏，就像我们所了解的那样，人类可能会面临这样一种情况：一旦认识到温度升高趋势不能再为他们所能接受时，再着手努力扭转这种趋势就很难了。能源使用给我们带来的这些不利影响要求我们必须把减缓气候变化作为我们能源独立总体战略的一部分。

争论有余，行动不足

全球气候变化作为一个问题首次出现在美国科学基金会 1977 年和 1979 年所作的研究中，这是美国科学家首次共同承认该问题的存在。美国科学基金会和其他在该问题上的研究调查被写进了白宫 1981 年 1 月发布的一份报告，当时吉米·卡特竞选连任刚刚失败。而报告发布一周后，卡特就离开了这个世界上最有权势的职位。

白宫发布的这份长达 92 页的《全球能源未来和二氧化碳问题》报告是由美国环境质量理事会撰写的，该报告坚称：很多科学家都相信这一点，如果未来几十年全球的化石燃料使用出现快速增加，随之而来的二氧化碳排放就会增加，这将会导致全球气候发生长期而深刻的变化，而这又会给地球带来深远的不利影响，它使我们更加难以面对饥饿和拥挤给地球带来的挑战，沿海地区和城市的居民将会受到影响，地球上那些原始生态区想要继续存在也变得困难，而我们今天已经看到了这些现象。

环境质量理事会称，这份报告给人们敲响了警钟，这意味着碳排放问题"应该成为我们制定能源政策时需要考虑的一个因素，而不能仅仅简单地认为它只是科学家要面对的研究课题"。

据这份报告称，科学能够最清晰地告诉人们的是大气中的含碳总量。经过实际观测发现，大约有 20 年的时间温室气体层的厚度一致在增加，这一点给 1979 年通过模型得出的研究结果提供了更多的实证。这个研究结果认为大气碳含量已经远高于正常水平。

大气碳含量增加造成地球变暖，地球变暖再对地球造成有害影响，三者之间的关系符合大气科学对这种关系的理论解释，然而这种关系却缺乏实际数据的支持。由于全球温度变化非常大，这就需要在全球建立数千个温度观测点以确定地球是否真的像模型所显示的那样正在变暖而且还在以那么快的速度在变暖。为了得到验证模型结果真实与否的数据，我们需要花上数年的时间。另外该报告还称，全球变暖给地球带来实质性伤害直到 20 世纪末才能很明显地看到。

气候变化对未来的影响暂时还不能看到，从气候发生变化到影响显现会有一段时间差，而这个时间差则会显得极不寻常的漫长。一般情况下，污染物排放的增加或减少可以迅速通过空气或水质反应出来，而且这种变化我们可以立刻观察到。与此形成鲜明对比的是，我们排放的碳则会在大气中留存几十年而不易为我们察觉。于是，今天我们向大气中排放的碳就会留存在空气中，未来很多年后才会对气候造成影响。而且报告还预测："由于海洋热惯性和其他有相反作用因素的存在，气候变化真正降临还要等上 20 至 30 年的时间。尽管如此，一旦我们感受到了气候变化的到来，世界气候就会以史无前例的速度推进这种变化。"气候变化的这种本质特点在很大程度上被我们低估了，即使在《难以忽视的真相》（戈尔 2006 年拍摄的气候纪录片）这部纪录片播出以后也是这样。

截至 2007 年，多数科学家对于气候变化的基本理解很大程度上都没有发生改变。然而，对于气候变化的分析却变得异常复杂了，而研究数据来源的广度也比以前大多了。2007 年，由世界气象组织和联合国其他环境机构在政府间气候变化专门委员会（1988 年联合组建）发布了它自成立以来的第四份评估报告。在看到此前一直被埋在地下的冰芯后，在看到散布在全世界水体上面的数千浮冰后，在看到卫星发回来的地球扫描图像后，科学家比以前任何时候都更加相信，全球变暖的确存在而且正在对全球造成影响。

审慎的科学用语常常会掩盖专家实际已经达成的共识，政府间气候变化专门委员会对这一点非常清楚，于是它在第四份评估报告中加入了大量的气候变化实证，用数字更加准确地描述了事情发生的可能性。建立在对大气和海洋温度上升、全球积雪和冰川融化和海平面上升的观察基础上，该评估报告称"全球变暖已经成为一个不争的既定事实"。自 20 世纪中叶以来全球温度开始出现上升，该报告认为这种温度上升的主要因素"很有可能"来自人类活动，这比以前报告所认为的"可能"向前推进了一步。为了避免误解，报告还对"可能"和"不可能"做了严格的数学定义，认为事件发生的概率超过 66% 才能称为"可能"，概率超过 90% 才能称作"很有可能"。

政府间气候变化专门委员会 2007 年发布的这份报告用清晰的语言基本结束了科学界围绕碳排放和全球变暖的关系所展开的争论。小布什的首席科技顾问约翰·马伯格接受了该委员会关于碳排放和气候变暖关系的看法，认为这种关系是"清晰存在"而且"二者之间的相关性达到了 90%"。在美国 2007 年能源立法期间，小布什总统也在他的讲话中承认了化石燃料造成的碳排放和全球变暖之间存在联系。

关于碳排放和气候变暖的关系，争论双方都可以找出最有利于支持他们论点的数据。然而，我们可以清晰看到的事实是气温升高的确是人类活动的结果。下一步我们需要讨论的就是气候变暖对地球造成的影响以及这种变暖的速度。

对于气候变暖给人类造成的影响，政府间气候变化专门委员会所发布的第四份评估报告也认为这种影响存在的可能性要比以前报告所认定的大。该委员会做出如下预测：未来全球将会有更多地区遭遇干旱，未来飓风、台风、洪灾和野火出现的频率会增加，未来不能保留在大气中的碳会造成海洋酸化，海平面出现极端上升的可能性在增加。这些预测被定性为"可能发生"。该委员会没有进一步提高它们发生的"可能性"级别，更大程度上是因为缺乏科学家比较热衷的长期数据来作支持，而非因为现实存在的那些和预测相左的信息。就像长期预测的那样，该报告认为人类将最先在北及地区及其附近看到气候变化给地球带来的影响，这种影响也是最为严重的。

还有一些人认为这种影响来得很慢，人类社会还有足够的时间为应对这种影响而作出调整。对于这些人，该报告向他们发出了警告称，如果碳排放的速度不能降下来，新的危险大约在40年后可能就会到来。该报告预测："陆地生态系统的碳净吸收很可能会在21世纪中叶之前达到顶峰，接着这种吸收能力会变弱甚至会出现转正为负的情况，而这将会进一步加剧气候变化。"虽然大自然目前已经消化了人类碳排放对其造成的影响，然而自然的吸碳能力也不是无限的。如果当前的碳排放趋势进一步持续下去，全球变暖对未来所造成的影响就会以更快的速度和更大的强度到来，对于这一点我们可拭目以待。

政府间气候变化专门委员会发布的第四份评估报告采用了有力的证据标准。还有一些标准已被科学界所接受，但还因为不够成熟或不够有力而没有被该委员会成员一致接受，而对于政策制定者而言，把根据这些标准而开展的研究成果纳入到政策考量因素却非常重要。相对政府间气候变化专门委员会发布的第四份评估报告，一些研究认为，气候变化对环境的影响没有报告预测得那么严重，而更多的研究看待这种影响的视角则更加广阔。

支持为了避免气候变化而采取强有力行动批评家已经认可了政府间气候变化专门委员会所发布的报告，而且他们唯该报告发布的研究成果马首是瞻，对于国际间气候变化专门委员会之外的任何研究他们都会提出责备。尽管如此，国际间气候变化专门委员会却是每4年发布一次报告，这样的报告很难跟得上比较前沿的研究。然而即使这样，该委员会发布的时效性并不太强的研究成果也足以让那些政策制定者们相信，我们在地球身上进行的规模庞大的碳排放实验也该慢下来了，到我们该出台政策的时候了。

碳排放和能源

地球大约80%的温室气体排放来自二氧化碳，这主要是人们燃烧化石燃料造成的结果。其余的温室气体排放则来自于其他一些气体，其中某些气体还具有能源的属性。例如，世界上很多地区在石油生产过程中都会把天然气带到地面上来，由于缺乏处理这种气体的基础设施，这种气体最终只能以甲烷的形式在大气中燃烧掉，并释放出大量的温室气体。垃圾场里的有机物也会向大气中排放甲烷，这种气体就可以作为一种燃料收集起来而不是浪费掉。围绕气候变化展开的争论焦点很大程度就是我们如何使用能源。

离开人类的积极行动和合作，气候变化问题的解决就无从谈起，为此我们要尽力做到如下几点：

减少能源使用（例如限制驾车里程，冬天少用能源取暖，夏天少用能源制冷）；

提高能源使用效率（提高机动车、建筑物、机械工具和制造流程的能源使用效率）；

放弃含碳燃料，改用其他新能源（例如核能、太阳能和风能）；

从使用碳密集型化石燃料（煤炭）向碳最少型化石燃料（天然气）转移；

保护和扩大森林和其他生态系统覆盖，确保更多的碳能够被吸收（或被隔绝）；

在使用含碳燃料时把碳收集起来继而把它埋入地下（这种方法还未进行大规模实验）；

个人和社会都要作出调整以适应气候变化给生活带来的影响

考虑到气候变化问题的复杂性，解决这个问题的方法也不止上面列出的几种。然而要成功解决这个问题，上面列出的所有或大多数方法都必不可少。

虽然在讨论气候变化时石油进口的问题极少被提到，然而它对全球变暖作出的"贡献"却要比国内石油作出的"贡献"大。加拿大从焦油砂中提取石油，使北美的石油产量出现了增加，然而开采这种石油却需要消耗大量能源，这就意味着在其他条件相同的情况下，在焦油砂中钻探 1 英里所要造成的碳排放比在美国（或美加之外的国家）油井中钻探 1 英里的碳排放大得多。与此类似，没有控制天然气排放的石油产区要比对此有所控制的产油国更加危险。这种差别要求我们在从外国进口石油时还要考虑石油生产过程中的碳排放。

气候变化政治

国际社会第一个重大的气候变化协议是于 1992 年在里约热内卢签订的，当时有 143 个国家签署了这项协议。最终联合国气候变化框架大会也采纳了这项协议，并对科学家在气候变化问题上达成的共识给予了正式承认。大会认为："人类活动已经实实在在地增加了大气中的温室气体含量，这导致温室效应日益显现，最终将会导致地球表面和大气平均温度升高，而这对于我们的自然生态系统和人类可能会产生不利影响。"

联合国气候变化框架大会引发了激烈的争议，争论的焦点是工业化国家是否应该在阻止气候变化上首先采取行动并制定严格的减排目标。国际社会在会议上为发达国家提出的减排目标是"工业化国家分别或联合使二氧化碳和其他温室气体排放回归到 1990 年的水平"。美国（老布什当时也参加了会议）率先发起了抗议，拒绝接受任何旨在约束参会国家的减排承诺。这次地球峰会承认了气候变化背后的通常科学认知，建立了旨在促进国际社会开展更多气候变化科技合作的新机制，还为工业化国家建立了减排目标。尽管如此，由于美国的压力，大会并没有作出减排的行动要求。大会决议在美国参议院以口头表决的方式轻松获得通过。

里约热内卢地球峰会结束后，美国围绕气候变化问题展开的争论更加激烈。由几大能源公司资助的几个组织向美国强制执行减排措施发起了强大的攻击，并获得成功。在电视广告中，这些组织辩称，科学界对于气候变化的研究"并不一定正确"，发达国家不应该先于发展中国家提前履行减排承诺，也不能以牺牲经济增长为代价达到减排目的。

来自这些组织的政治攻击到了 1997 年更加明显，也取得了成效，当年参议院以 95 人赞成无人反对的投票结果通过了一项由参议员罗伯特·拜德（来自西弗吉尼亚州）和查克·海格尔（来自内布拉斯加州）提出的决议。该决议表达了参议院的一致态度，决议认为，美国不应该签署任何会对美国经济造成严重伤害的协议，也不应该签署会对经济发达国家施加新的温室减排压力的协议，除非美国能够为发展中国家制订出新的具体的有时间进度安排的减排目标，让发展中国家和发达国家一起限制或减少温室气体排放。虽然对拜德—海格尔提案投了赞成票的一些人否认了这种说法，然而这个决议还是束缚了克林顿政府的手脚，当时美国政府正准备为在日本京都举行的气候变化大会展开新一轮协商。

在 1997 年 12 月举行的京都气候大会上，美国联合其他国家抛出了一个针对发达国家的减排协议，该协议要求发达国家在 2008 年到 2012 年这段时间内将温室气体排放量在 1990 年的基础上平均下降 5%。参会国家意识到，京都议定书中规定的强制行动远远跟不上想要实质减缓全球变暖步伐所需采取的行动。

由于抱怨大会没有对中国和其他发展中国家施加强制减排措施并担心减排可能会对经济造成潜在伤害，美国参议院能源和自然资源委员会主席弗兰克·穆尔科斯基立即召开新闻发布会宣称："京都议定书已经胎死腹中。"这位来自阿拉斯加州的参议员说的一点没错。由于京都议定书在参议院缺乏支持，克林顿政府也从来没有奢望它能够获得批准。

2000年的美国总统大选让选民有理由相信，任何一个赢得大选的总统都可能会在对抗全球变暖上采取行动。在成为副总统之前，戈尔就一直呼吁人们关注全球变暖问题，早在1992年他就出版专著呼吁人们在气候问题上采取行动，该书名为《地球的平衡》，当时还很少有人对气候变化给予太多的关注。小布什在担任得克萨斯州州长时，曾要求电力生产企业必须使用一定量的可再生燃料，而当他作为总统候选人时，曾表示支持通过立法来限制二氧化碳排放。而赢得大选后小布什却改变了他在碳排放问题上的立场，这让布什时期的美国环境保护署署长非常吃惊。

在担任总统的多数时间内，小布什接受了一个衡量温室气体排放的标准，即单位国内生产总值碳排放水平。根据这种标准制定的目标肯定能够达到。不需要作出专门的努力，每个发达国家的单位国内生产总值碳排放都会出现下降，这是因为制造业在发达国家经济中的比例在下降，而服务业在经济中的比例却在提升。从这点来讲，美国就可以在气候变化问题上举行"庆功宴"了。这种想法向世界传达了这样一个信息，即对于有着世界经济规模总量1/4的美国来说，排放占全世界总排放量1/4的二氧化碳也是合理的。在二氧化碳减排问题上，美国甚至连一点应酬性的好听话都不曾讲，相对于世界主流观点和科学家的警告，美国在减排问题上的立场和它们的差距进一步拉大。

缺乏了联邦政府的领导，美国很多州政府和地方政府启动了气候变化计划，在这方面最引人注目的要属加州了，2004年该州完成了气候变化应对政策的制订，政策要求机动车的碳排放要比从前下降30%（相当于能源使用效率提高30%）。继加州之后，纽约州和其他几个州也都出台了类似的机动车碳排放标准。另外，美国东北部的几个州还联合起来，决定对这个地区的碳排放加以限制并最终达到减少碳排放的目的。截至 2007 年，美国其他几个像佛罗里达这样的大州也都出台了限制碳排放的大胆计划。最终加州减少碳排放的大胆承诺发挥了良好的示范作用，其影响在全美蔓延。

州和地方政府在减排问题上的这种努力尝试遭到了来自利益集团和小布什政府的反对，努力遇到了法律障碍。尽管如此，如果其中的一些努力能够继续下去，它们仍旧可以发挥其影响，引领国家更加重视减排。某些州在减排问题上还仅仅限于口头层面，即使这样，它也可以提高联邦政府要在立法层面解决碳排放问题的可能性。

京都议定书在 2005 年 2 月开始生效，共有 141 个国家签署了这个环境协议。在主要的工业化国家中，只有美国和澳大利亚没有签署该协议（澳大利亚是后来在 2007 年新政府上台时签署京都议定书的）。尽管如此，从当前碳排放的实际趋势观察，世界很难达到京都议定书所设定的减排目标。只有少数几个国家（英国、德国、丹麦、芬兰、比利时、罗马尼亚、匈牙利和俄罗斯）的碳排放低于 1990 的水平。签署京都议定书的很多其他国家的碳排放水平都出现了陡然的上升。例如，在京都议定书上签名的加拿大的碳排放水平比 15 年前增加了 35%。而最初没有签署京都议定书的两个工业化国家的情况则更糟糕，和 15 年前相比，美国的碳排放水平上升了 19%，而澳大利亚则上升了 54%。京都议定书没有给发展中国家设定减排目标，在这些国家中，印度的碳排放上升了 22%，而中国则上升了 137%。

全世界国家 2007 年 12 月再次聚首，讨论如何在京都议定书的基础上进一步在气候问题上开展行动，以争取实现更大的碳减排目标。在巴厘岛召开的这次新的全球环境对话遇到了阻力，美国（还有中国）坚决反在减排问题上采取强制措施。然而到了月末，会议的紧张局势得到了缓和。美国国内，小布什正呼吁通过立法形式采取步骤减少美国温室气体排放，在这种情况下，美国代表团不得不重新作出决定，同意所有的可能减排措施都可以摆在桌面上公开讨论，然而他们在未来行动是否包括强制减排这个问题上的措辞却是足够模糊。美国前副总统戈尔还敦促其他国家代表团要抓住这次美国态度转变的机会，争取完成气候协议签署。戈尔的讲话得到了热烈的欢迎，他预言道："在未来两年里，美国肯定不会在气候变化问题上原地踏步，它肯定会往前走。"

美国是否要签署京都议定书，中国是否要接受苛刻的减排目标，这些还都属于小问题。在这些小问题的前面还有更大的问题，即欧洲之外的其他国家是否有足够的政治意愿来减少碳排放。在这个问题上，美国和中国的态度显得尤其重要。由于这两个大国的碳排放水平接近全球碳排放总量的一半，这两个国家在减排上的举动将会对全世界造成深刻的影响。美国为了减少或限制碳排放要在立法上采取行动，这非常重要，而且其重要性绝不亚于国际会议上美国的态度对于全球的重要性。

存在争议的四大问题

气候变化问题在美国存在着很尖锐的争议，没有人可以否认这一点。2007年之前，虽然有些人提出要开始实施碳减排，循序渐进以达到最终稳定碳排放甚至减少碳排放水平的目的，然而在这个问题上美国的主流态度一直是观望而不采取行动。在关于气候变化问题的争论中，有四个问题显得争议特别突出。

问题一：科学可靠吗？

那些不主张立即采取行动实施碳减排的人一直持有这样一种观点，即气候变化在科学界还不存在定论。科学用语常讲究策略，要用得恰到好处。一个科学家如果认为某件事很有可能发生，他一般不会说他确信这件事情一定会发生。因此，在举行国会听证会时，聪明的质问者要求关注全球变暖的专家出面作证往往能够达到他们的目的，因为这些专家往往都会说科学对全球变暖问题还不能作出完全令人信服的解释。

就在 2005 年夏天，《华尔街日报》曾发表社论称："地球确实比一个世纪以前显得稍微温暖，然而没有人知道这是为什么。"文章抱怨称，支持京都议定书签署的科学证据一直以来都显得不够具有说服力，美国参议院在这时通过限制温室气体排放的决议显得过于冒进。持有这种立场的人不止《华尔街日报》一家，美国科学基金会所发布的一系列研究也承认了这种说法。有意思的是国际，科技联盟还坚持认为这种说法表明人们越来越相信科学，当然国会也持有相同的立场而没有能够在气候变化问题上采取立即行动。

虽然有些不幸离我们还很遥远，但为了避免各种各样的不幸，我们个人和社会都要行动起来。考虑到今天的温室气体排放离它对我们产生影响还有一段时间，我们在制定气候变化应对计划时就要面临特别艰巨的挑战。当人类能够亲眼看到一个对我们有害的具体情况发生时，它可能就是我们几十年前的人类活动所造成的后果。如果我们不愿意使用模型来预测我们的将来，那么我们就将会面临一系列日益严重的问题，而等到我们一旦发现这样的问题，即使我们再花上几十年的时间也不能解决其中任何一个问题。因此，我们应该有充分的理由开始采取行动，因为科学家已经认定气候变化可能会对我们带来重大伤害。

政府间气候变化专门委员会 2007 年发表的评估报告认为，气候发生变化的概率为 90%，这种说法极大程度上结束了人们对气候变化问题是否存在的质疑。虽然随着时间的推移我们可能会把关注点转移到其他问题上，然而我们不能忘记，曾有一段时期科学家在气候变化的基本问题上达成了共识。然而由于各种各样的势力集团的存在，很多政府官员还不能相信科学界的共识。由于一直没有在气候变化的存在可信度上达成一致，所以人们在气候变化问题上展开的行动被推迟了 20 年。这段已经逝去的时间很难再弥补回来。在减少温室气体排放的路上，我们可能已经走得比较曲折，这就要求我们现在要有更加的紧迫感。

问题二：谁该首先行动？

里约热内卢气候峰会于 1992 年召开，当时人们就很清楚，来自发展中国家的碳排放增加将最为明显，特别是中国。而且中国的碳排放增加速度还有可能超过事先的预期。一些人则抓住这个不可辩驳的碳排放趋势不放，辩称美国不应该作出任何减排承诺，除非中国也这样做。

这种观点不易被驳倒。在应对全球变暖问题上，国际社会如果缺乏来自中国的合作，任何行动从长期来说都不会取得成功。而且，如果发展中国家能够获得充足的资本，在这些国家限制减排所取得的经济效果可能要比在富裕国家取得的效果好。在经济发达的国家，能源基础设施很大程度上都已经布置到位，而经济快速发展的国家还正在配备这些基础设施。在发展初期购买能效比较高的设备（争取第一次就买到合适的设备）能够比较好地降低成本，这要比重新检修或更换老的设备更好节约资金。这样看来，在能源需求正快速增长的国家投资碳减排所取得的经济效果更好，这对于环境投资有更大的吸引力。

然而，比较富裕的国家却要在重大环境问题上比发展中国家先走一步，即使在意识到碳减排只有在世界各国通力合作才能取得成功的情况下也是这样。美国以前曾是温室气体的排放大户，因此在防止更多温室气体排放上美国应当承担起特殊的责任，要在这个问题的解决上发挥主要作用。较富裕国家拥有资本并具备技术研发能力，在解决环境问题上拥有先天优势。而且，美国、欧洲和日本一旦能够让碳减排和经济增长齐头并进，这就会对发展中国家产生良好的示范作用，它们也就会和发达国家一道共同控制碳排放，这是非常自然的事情。美国需要打破当前的碳减排僵局，并证明它能够成功实现碳排放减少目标。到了那个时候，国际社会首要的任务就变成了劝说中国更好地解决自己的温室气体排放问题，为世界碳减排作出自己的应有贡献。

中国不可能独立完成设定的碳减排目标。工业化国家可能需要给予中国一些帮助以鼓励它选择更清洁能源。举一个例子便能说明这一点，中俄之间要铺设绵延很长的天然气运输管道，这种管道承担了从世界天然气储量最为丰富的俄罗斯向中国输送大量气体能源的任务，以便让中国减少对煤炭的使用。中俄之间的管道天然气贸易有助于世界气候问题的解决，这会让中国人的生活质量得到极大提高，也会给俄罗斯带来实实在在的收入。

问题三：实施碳减排对经济的影响

对于气候变化是否真的存在这个问题，人们曾存在很多争议。随着这种争议的减少，实施碳减排的成本问题便被提到了更加重要的突出位置。在气候变化问题上，一派主张采取强有力行动，他们倾向于把减排成本降至最低，另一派则倾向于夸大这种成本，主张暂缓行动。

这两派在减排的很多问题上都持有截然不同的看法。例如，一方认为碳减排行动会增加就业机会，另一方则认为会减少就业机会。实施碳减排行动将有可能增加风能、太阳能、核能行业中的工作岗位，而煤炭行业和铁路运输行业的就业机会将有可能因此而减少。不管对这个问题的详细分析到底得出什么样的结果，某种程度上，碳减排给就业带来的利弊是相互抵消的。也就是说，碳减排对最终的净工作岗位数量不会产生太大的影响，而双方观点都有些偏激。然而，实施碳减排仍旧会在某些行业中造就一些失业工人，而如果这些工人能力有限又不能及时转移到其他行业工作的话，失业让他们听起来就很不舒服了。

尽管如此，失业也不能成为我们在碳减排上延迟行动的理由。及早行动可以让经济有更多的时间逐渐完成过渡，也会给就业和经济的其他方面带来较小的冲击。相比较而言，等待则只能加速经济的过度，这会给经济带来猛烈的冲击。

关于碳减排对经济的影响，很多讨论都把焦点集中在了碳减排措施和经济增长的关系上面。1998 年，美国能源情报局也围绕这个焦点完成了一项研究（在我的主持下完成的），并把研究报告提交到了众议院科学委员会，这项研究的题目为《京都议定书对美国能源市场和美国经济的影响》。该报告预测称（我也认为这种预测是对的），接受京都议定书所设定的减排目标，就意味着美国的燃油成本将会上涨，而且这种上涨幅度也要比白宫所预测的大。因此该报告赢得了美国保守派人士的一片称赞。关于实施碳减排对美国经济的影响，美国能源情报局预测称，到 2010 年碳减排对美国经济造成的损失将高达 720 亿美元。尽管如此，如果考虑到美国国民生产总值在报告发布时就已经超过了七万亿美元，碳减排对美国经济造成的总体损失也不是太大。不管怎样，美国经济毕竟还在增长。在碳减排对美国经济的影响上，美国能源情报局得出了比较温和的研究结果。报告预测称，在实施碳减排后的过渡期内美国经济增长率将会下降 0.4 个百分点。随后，碳减排对经济的影响就会减弱直到最终消失。即使这样，美国能源情报局的这份研究报告也存在一个最大的缺陷，即它没有计算出美国经济增长因全球变暖而造成的损失，这就相当于高估了美国实施碳减排行动的成本。

2006 年尼古拉斯·斯特恩主持完成的一项大型研究，考察了全球变暖对美国经济的影响。斯特恩曾担任英国政府经济事务部门负责人，还是前世界银行首席经济学家。这份研究报告名为《气候变化的经济分析：斯特恩评论》，报告的重点在于斯特恩作出的既全面又独到的分析。这份报告受到了诺贝尔经济学奖得住约瑟夫·斯蒂格利茨的高度评价，这位诺贝尔经济学奖得主称："报告对气候变化及碳减排的风险和成本作出了迄今为止最为深入和有力的分析。"报告曾这样写道："如果我们不采取行动，气候变化就会给我们带来更大的损失，这种损失相当于全球生产总值每年将至少减少 5%，而且永远都会这样。"相对来说，如果我们现在就采取行动减少温室气体排放，气候变化对我们造成的最坏影响就会被避免，这样全球经济的下降幅度也仅在 1% 左右。据斯特恩分析，如果人类在减缓全球变暖进程上能够采取强有力行动，全球经济将毫无疑问会因此而受益。

几位致力于气候变化课题研究的杰出经济学家对斯特恩的分析提出了批评。他们认为，由于气候变化对经济的影响带有不确定性，所以全球变暖的经济成本应该是预期成本，而这个预期成本应该比斯特恩估算的成本小，而很多重要的经济模型也都是采取这种方式处理不确定情况下的成本。如果考虑到这种不确定性对斯特恩的估算结果作一番调整，我们就会发现采取有力行动减缓全球变暖对经济的好处并没有报告预测的那么大。

然而这些主流的理论经济学家对斯特恩的批评并不意味着他们反对在温室减排问题上立即采取行动，认识到这一点非常重要。在考虑到斯特恩报告的局限性，并利用被广为接受的标准对斯特恩的估算结果作出调整后，肯尼斯·阿罗这位 1972 年的诺贝尔经济学奖得主发现减缓气候变化进程仍旧是利大于弊，并得出结论称，政府有必要出台相关政策来防止温室气体排放进一步出现大的增加，这种政策的重要性毋庸置疑，无需争论。耶鲁大学的著名经济学家威廉·诺德豪斯曾参与了全美很多大学在气候变化模型上的构建工作，他认为斯特恩的报告"政治性很强"，报告采用的方法和假设缺乏外部独立专家的评估。诺德豪斯还明确表示，小布什总统反对碳减排的立场缺乏经济分析基础，对此他表示："经过一番经济分析发现，有效或理想的减缓气候变化的经济政策就要在短期制定较为温和的减排目标，而在中期和长期则要制定较为苛刻的减排目标，从而使碳减排有一个急剧的下降。"

这么复杂的经济学模型和模型数据的处理技巧并不能让很多气候变化非专业人士感到满意。这些模型就像民主一样，虽然常常带有缺陷但总比其他选择要好。模型尤其是在它的内在逻辑推理方面能够为外人所看得懂时才能令人信服，因为模型要引入海量的数据、评估论据的重要程度，还要实时检验反馈效果，而这些东西在简单的分析中有可能被忽略掉。但不管怎样，所有关于气候变化的主要经济模型都不约而同地得出了这样一个结论，即不管采取渐进方式（阿罗和诺德豪斯提倡的）还是突进方式（斯特恩提倡的），温室气体减排行动都必须立即启动。

斯特恩等人对于气候变化研究作出的最大贡献便是在模型公式中小心引入了气候变化成本的概念，并扩大了模型的研究时间范围。由于更换能源基础设施需要时间，而且气候变化的恶化势头不能马上扭转，所以应对气候变化问题需要我们提前做准备，而见到成效则需要我们等待很长一段时间。任何关于气候变化的经济模型只要把研究的时间范围扩大，就可能对气候变化的成本和收益得出一个比较合理的推算。

如果在气候变化经济模型中引入很多经济变量，并且研究的时间范围扩展到一个世纪，模型就会显现出很多传统气候变化经济分析的不足。在某些情况下，我们需要考虑到一些伦理价值观的影响。例如，美国的碳排放会加重非洲的荒漠化，我们现在的碳减排行动和其效果可能需要跨越几代人，在这些情况下气候变化的相对成本就难以计算。然而我们中的大多数在年龄还很小的时候就被教导要清洁我们的环境给子孙后代留一个较好的家园。虽然这些伦理观本质上不属于经济学原理，然而他们却影响着所有成功经济体的民众。

我们应该感激那些曾提出困难的经济学问题的人。正是这些人在激励着我们去寻求最经济有效的气候变化解决方案。在气候变化问题上，不管是主张立即采取行动的人还是认为不宜行动过快的人都应该同意这一点，即我们想要的气候变化解决方案应该是成本最低的，而收益却是最高的。

问题四：主动出击还是被动适应？

一些反对在减少温室气体排放上采取大胆行动的人注意力稍一转移又产生了不同的看法。他们坚持认为，人类逐渐适应升高的温度要比采取措施制止温度升高更为划算。就像著名经济学家阿兰·格林斯潘在对减少温室气体排放绝望以后所说的那样，适应气候变暖要比防止气候变暖更能赢得足够的政治和民众支持。

主张适应变暖的人举了几个例子来说明适应温度升高相对减排行动的优势。格林斯潘举了荷兰修筑堤坝以应对海平面升高和洪水的这个成功的例子。而《降温：多疑的环保主义者的全球变暖行动指南》的作者比约恩·隆伯格则发表了他在应对气候变化给人带来的健康威胁问题上的高见。他举例说，同是应付在非洲容易出现的疟疾，如果我们购买蚊帐和药品则要比通过稳定全球温度以减少疾病发生更能节省成本。适应温度升高还没有成为气候变化战略的一个重要组成部分，而几乎没有人反对这一点。沿海居民已经对全球变暖作出调整了，他们在离开海滨较远的地方修建房屋，还购买了价格较高的保险。一些社区还把多余的资源投入到提高灭火能力上，据政府间气候变化专门委员会发布的第四份评估报告预测，由于气候变化发生危险火灾的可能性在增加。然而在适应气候变暖上我们又需要作出多大的反应，还有就是适应是我们应对全球变暖的主要选择吗？

主要依赖人类对它的适应来应对全球气候变化会产生几个问题。我们选择适应，不能仅仅因为有经济分析显示适应气候变化所付出的成本比减排付出的总成本低。为了对两种成本进行比较，我们可能需要汇总适应气候变化时所引发的各种成本。政府间气候变化专门委员会发布的评估报告很可能低估而不是高估了气候变化对我们产生的影响，这种情况下适应气候变化的成本也可能被低估，注意到这点很重要。

提倡适应气候变化的人也没有意识到这点，即气候变化对我们的影响将变得更加迅速和强烈。在某个时刻，我们已错过了适应应对气候变化的最佳时机。就像小布什顾问玛伯格 2007 年 9 月在参加英国广播公司一档节目时所讲的那样："二氧化碳在大气中越聚越多，而且没有停止的终点，地球只是变得越来越热，因此在某个时刻地球将不再适宜生存。"

　　未来几十年中气候将发生相当大的变化，这已经是不可改变的趋势，因此气候变化适应论者已经错过了他们想要搭乘的火车。但也有人强烈反对这一说法，他们声称适应论者还将有更多的还未开走的火车可以搭乘。

　　在应对全球变暖上格林斯潘倾向于采取补救措施，他的看法将对未来的国际关系产生深刻的意义。他表示："主动采取措施适应气候变暖具有谁投资谁受益的优势。"换句话说，碳排放的受害方应该比碳排放的制造方承担更大的责任。这种"优势"将传统的伦理道德和环境的经济分析抛在了脑后。现在却变成了受害者要为气候变化埋单。这样新的环境政策思考逻辑将很难赢得全世界的支持，特别是在孟加拉国的沿海地区更不会受到欢迎，因为这个国家贫穷的沿海居民将很难采取什么行动来应对预期的海平面上升。

　　不管我们是阻止还是适应碳排放对我们的影响，我们都还有一些时间来对我们的思维作出微调。现在，我们应该把重点放在敦促工业化国家快速行动显著降低它们的碳排放上。斯特恩对气候变化作出了当前最为有力的分析，并为我们呈现了一条可行的防止全球变暖的办法。

能源独立新思维

　　传统上关于能源独立的讨论都把焦点集中在了如何避免国家对外国石油形成依赖上。卡特里娜和丽塔两场飓风已经让美国人较清醒地意识到，美国经济面对自然灾害时也会显得这么脆弱。而现在来自气候变化的威胁又成了美国人继石油、飓风之后的第三大着力关注点。

　　对燃油（不管是外国还是本国生产的）形成依赖将会给环境带来很

大的伤害，这是能源独立之争所牵涉的另一个话题。世界强国对这样的问题很注重并在寻找经济可行的解决办法。当前，美国作为温室气体的最大排放国却是唯一拒绝在国际减排协议上签字的主要工业化国家。美国在气候问题上的这种姿态威胁到了它在世界其他事务上的国际影响力。如果我们想要在其他诸如民主、开放市场和人权（当然还有很多）这样的问题上对他国施加影响力，我们就要在气候变化问题上展现出一个大国的领导风范。

在气候问题上美国要展现领导力所需的早期之举要比通常认为的来得简单。美国需要以更加宽广的视角看待能源独立，要把减缓全球变暖纳入到其能源战略规划，只有这样才有可能找到一箭三雕的能源政策。这样的能源政策只需通过同时减少对外石油依赖和降低碳排放就能使美国的国家安全、经济安全和环境安全得到提升。提高能效标准或扩大碳排放为零的能源使用本身就符合这种能源政策的要义。这样的能源政策有助于很多问题的解决。

直到现在，在对潜在可行的能源政策进行成本效益分析时，专家仍会将减少石油进口或减少碳排放政策的收益截然分开。如果我们把两种政策的收益归并在一块儿会怎样？成本没有上升，收益却翻番，真可谓一举两得。

一举两得的政策不只是理论上的推测。还记得美国从1977年到1982年怎样使石油进口减少一半的吗？这样的成功经验难道能在历史中消失？好吧，那么猜猜这段时间内美国的碳排放有什么变化？

从1977年到1982年美国的碳排放由47.94亿吨下降为43.67亿吨，下降幅度达到9%。虽然这种变化出现的背后没有出台任何减少碳排放的政策，然而这段时间内我们却在实施其他的能源政策。碳排放的减少只是伴随这些能源政策的附带效果，当时实施的能源政策主要是减少对外国石油的依赖。由于在碳减排上没有作出任何特殊的政策安排，从某种意义上说美国为碳排放减少所付出的成本为零。

　　虽然有助于提升国家安全、振兴经济和改善环境的能源政策不能把我们一路带到我们需要实现的气候变化减缓目标上，但是这样的政策却能为我们应对气候变化创造一个良好的开局，并为我们最终的环境目标实现打下基础。这就是接下来几年我们需要关注的环境政策焦点，以便为我们不久所需要的更为大胆的气候变化应对行动做好准备。

CHAPTER

第六章

基于市场的能源解决方案的魔力和局限性

　　总统罗纳德·里根颠覆了华盛顿在能源事务上对政府角色的思维。他明确表示反对联邦政府干预能源市场，这种能源思维在20世纪80年代一直处于主导地位。里根在能源政策上的影响力在他卸任总统以后还在持续发挥作用。"交给市场处理，不要干扰供求定理发挥作用"曾被里根的那些继任者们奉为处理能源事务的经典法则。

　　20世纪70年代，像史蒂芬·布雷耶、阿尔弗雷德·卡恩、理查德·维尔特、爱德华·米切尔和保罗·麦卡沃伊这样的经济学家向过度介入能源市场的政府发出了挑战。能源政策的钟摆过于偏向政府管制，于是这些经济学家的批评帮助政府重新调整了能源政策，并带来了他们对能源市场更好的理解。

　　然而时至今日，能源政策的钟摆又过度偏向了市场一边，又到了我们向当前完全否定政府作用的能源政策发出挑战的时候了。我们必须对政府和市场在能源市场上的最佳作用作出准确的评估。我们需要把我们的结论建立在当今现实的基础上，而不能只有空洞乏味的理论说教。不用奇怪，在能源市场上赞成市场和政府作用的双方都有自己的理由。

市场何时发挥作用

当市场能够对商品的供需灵活作出反应维持它们的平衡时，市场就展现了其神奇的一面。美国能源情报局发布的能源数据周报受到了媒体和能源投资者的密切关注。每个人都想赶在其竞争对手前面提前探知到能源发展的新趋势。对这些周报的精心解读常常反映出市场力量的积极作用。

我最喜欢的事情（记住我本质上是一个职业政治家）就是跨大西洋的石油贸易。有时供应紧张的美国会推高供应相对充足的欧洲的油价。如果两地的石油价差达到一定数值（可能在每桶1至3美元不等，还要取决于运费和谨慎的石油贸易商所考虑的其他因素），来自欧洲的油轮就会向西行进以便在美国市场获得一个较高的价格。如果欧洲的石油供应比较稀缺，相反来自美国的油轮就会向东行进以便在欧洲市场获得一个较高的价格。不管如何，在几周之内石油供需不平衡的问题就会得到解决。这就是市场力量在起作用。

我们可以进一步关注跨大西洋石油（还有其他形式的能源交易）贸易在受到政府管制的情况下会收到什么样的有益效果。首先石油供需失衡问题需要等待一段时间才能排上忙碌官员的议事日程。接着特殊利益集团就会介入到问题解决过程。律师将不得不对这些选择作出评估。官僚机构则会担心政府释放出的任何关注能源的信号可能会引起民众的恐慌。政府还要花上几周时间对可能的决定进行研究。等到实施任何一个决定甚至还需要更长的时间，而等到政府决定生效时，石油市场形势很可能已经发生了改变，这时油轮可能正在向错误的方向行进。

当我在能源情报局工作时，我喜欢尽可能快地把能源数据发布给公众。这种做法一般可以改掉政府官员做事拖沓的不良之风，这样他们就不能再像从前那样不急不躁地对报告进行例行审查了。在我看来，政府对于能源市场的正确反应要比它的短期行动更能对市场产生积极的效果。

市场力量得到追捧的原因在于政府干预市场的几个臭名昭著的例子，政府的介入使结果变得更加糟糕。1971年理查德·尼克松宣布对油价采取管控措施，成功维持了汽油（还有其他商品）较低的价格水平，而这也帮他再次赢得了总统大选。然而随着时间的推移，价格管控措施却越来越难以维持市场的供求平衡，最终导致了美国能源危机的爆发。

1973年，尼克松再次和民主党人控制的国会合作，启动了石油供应政府分配计划。这个计划从来没有取得很好的成效。主管石油分配的官员不仅没有能力对能源市场的形势作出评估，而且在决策上花费了太长的时间。这种政府石油分配体制过于僵化，不能应对能源市场上出现的细微变化。在这种体制下，燃油常常在错误的时间被分配到错误的地点。

于是福特和卡特总统开始尝试解除政府对油价的管控，而最终这项工作由里根在入主白宫后的第一个月内彻底完成。里根解除油价管控后不久，油价就出现了一个稳定下降的过程，而且石油供应还变得比较充足。这似乎清楚地表明，在能源消费领域，自由市场要比政府管制更有效率。

在老布什总统发动第一次波斯湾战争期间，市场的威望再次得到了提升。来自伊拉克和科威特进口石油的减少使世界石油供应出现了重大的缺口，市场失衡程度堪比20世纪70年代出现的石油危机。虽然油价几乎升至历史最高水平，然而其回归正常水平的速度却比以前要快。世界石油市场上出现的大规模混乱在没有政府干预的情况下对美国造成的负面影响却比以前要小得多。

然而，我们必须小心，不能把所有的功劳都归结到市场身上。让我们仔细审视一下美国的这些能源胜利。就像结果所表明的那样，有几次市场取得的重大成功都是在非市场力量的协助下完成的。

当里根在 1981 年最终解除石油最高限价和政府石油分配方案时，政府在降低石油需求上所作出的努力正在对市场产生很大的影响。汽车能效标准的提高对于汽油消费的大幅下降也作出了贡献。政府对于建筑物安装保温材料所实施的税收优惠削减了人们对取暖用油的需求。政府严格的规定使其他能源发电替代了大部分石油发电。新核电厂数目的不断增加节省了大量的发电用油，这样，最初为海军核潜艇所研发的能源技术最终被政府用于公众。虽然高油价在限制石油需求方面也扮演了重要的作用，然而政府在能源市场上的作用也不可否认。

与此相似，在第一次波斯湾战争期间，市场在解决石油短缺上所发挥的作用已经被夸大了。当时对扭转石油短缺最为重要的因素其实是沙特阿拉伯作出的每天增产 300 万桶石油的决定，沙特阿拉伯突然的石油注入数量相当于世界石油总需求的 5%。虽然美国只是释放了它的一小部分战略石油库存，但是其中的意义却更有助于安抚人们对世界石油市场的信心。沙特阿拉伯剩余的石油产能和它愿意动用这些产能的决心几乎和市场的力量挂不上边。这不过是沙特阿拉伯为了提高其国际地位和联合美国对抗萨达姆·侯赛因而阿拉伯作出的政治决定而已。相对于政府管控，价格信号和市场力量在能源市场上能更好地发挥作用。尽管如此，石油短缺的解决也和老布什政府的外交努力分不开。沙特阿拉伯作出的石油增产战略决定和美国几年的石油战略储备都表现出了政府在干预能源市场上的英明。

我们还必须注意，对于市场力量的膜拜不能上升为对市场的迷信。如果我们相信市场的优势更多的是因为迷信而不是建立在分析的基础上，我们就会发现更加难以对那些有助于实现能源独立的政策方案的优劣作出评估。

牢记基本原则

那些对自由市场最忠实的捍卫者常常会承认市场的局限性。在他们看来，当市场的这些局限性能够得到抑制（希望限于一定范围）时，市场就能更好地发挥作用。

完全自由市场的一个重大缺陷就是无法反映经济行为的外部性成本，而外部性这个概念在制定能源政策时显得特别重要。这是因为燃油购买者所支付的实际价格常常没有对燃油的全部成本作出补偿。当燃油生产商把其成本转嫁给"公众"而不能把成本传递给消费者时，上述的情况就会出现。关于外部性的一个经典例子就是，制造工厂产生的垃圾没有经过处理就简单倾倒在附近邻居的院子或公园里。在这种情况下，工厂的邻居或公众就会付出额外的代价来处理垃圾以防公共健康受到损害，而工厂或其产品购买者却没有对这种代价作出补偿。市场经济学家想要把价格以正确的信号传递给消费者。当产品的出售价格没有把这种显著的外部性成本包括在内时，这样的市场价格就没有产生正确的经济激励。

这些年来，围绕市场的外部性并未产生多么严重的偏见或争议。那些来到华盛顿无论是为民主党还是为共和党效劳的理论经济学家通常都接受了这样一个想法，即消费者应该为商品产生的负外部性买单，当他们做不到这样时，政府就应该在其中发挥重要的作用。

然而在20世纪80年代和90年代，市场的缺陷却遭到了忽视，经济外部性这个概念受到的关注比较小。这个时代，人们对于市场的思维陷入一种马马虎虎的状态，经济学家只是简单地将教科书上的理论应用到现实问题上，却没有对一些"可疑"的数据给予足够多的注意，而这些数据很可能会对已有的经济学理论构成挑战，也可能促成经济学家对市场不完美性的思考。当时经济学家的很多研究都是由厌恶政府各种形式管制措施的商业集团资助的，认识到这点很重要。

撇开对外部性的认真思考，严肃认真的能源经济分析是不可能存在的。即使不考虑温室气体对全球变暖的作用，能源对环境也会产生巨大的影响。消费者最终支付的能源价格并没有包括昂贵的能源供应服务所承受的风险成本，当然也没有包括以美元和生命支付的波斯湾战争军事成本。基于市场的能源解决方案看起来是可行的，然而只有在承认能源经济存在外部性以后这种可行性才有实际的意义。

市场的劣势

虽然我们非常渴望拥有一个根据完全市场法则来运作的世界石油市场，然而这样的市场却是不存在的。而且，在我们的有生之年这样的市场都不会来到我们身边。让我们看一下能源市场实际的运作方式吧。

实际上，世界上所有的大型石油天然气公司（根据它们控制的油气储备来衡量）都是政府所有。虽然这些政府控制的巨无霸和投资控股公司拥有一些共同的特征，然而他们却和一般的投资控股公司有很大的不同。这些巨无霸基于传统经济学作出的公司决策常常会让位于国家的政治目标。非常值得注意的是，政府控制的石油公司还时常面临着政治压力，它们要尽可能多地把石油销售所得分配掉，还要尽可能少地减少未来的能源生产投资。由于对投资不大关注，多数政府所有的石油公司都难以维持和它们国家石油储量相称的能源生产水平。

拥有大型国有石油公司的 12 个国家组成了一个大型的联盟组织。在成立之初的几年，石油输出国组织作为一个联盟运作得并不成功。然而在 20

世纪 70 年代欧佩克的影响力却出现了激升，原因在于这段时间内美国对外国石油的依赖越来越深，并且石油出口国对国内的私人石油公司进行了国有化改造。阿拉伯的石油禁运暴露了主要工业化国家在能源事务上的软弱无力。虽然石油禁运是一个政治性举动，然而在欧佩克对工业化国家实施石油制裁期间却发现禁运还可以限制产量和提高油价，而且获得的石油收入要比以前允许私人公司提高石油产量时的石油所得还要高出很多。而欧佩克的这个发现则永远改变了世界石油市场的基本性质。

石油输出国组织最终玩过了头，通过限制产量把石油价格推得越来越高。最后，工业化国家不得不降低它们的石油消费，努力使油价开始出现下降，它们要与欧佩克成员展开激烈的能源对决，它们要看看欧佩克进一步减产石油对谁造成的冲击最大。在将近 20 年的时间里，欧佩克都在艰难挣扎，它无力协调其成员行动以扭转石油市场长期的买方市场格局。

然而到了 1999 年，欧佩克的影响力再度归来，当时欧佩克的几个关键成员沙特阿拉伯、伊朗和委内瑞拉之间的石油合作变得更加积极，这个组织重新找回了控制石油产量所需要的那种纪律性。

欧佩克重新找回了在世界石油市场上的控制力，这种成功很大程度上归因于委内瑞拉政府的改变。这个隶属于南美洲的国家曾在 20 世纪 90 年代期间对西方石油公司投资本国石油非常欢迎，而且对佩佩克的石油生产配额非常不屑。如果欧佩克的关键发起成立国都不能严格执行石油生产配额决定，那么这个石油联盟组织又怎么能强制其他成员国遵守石油生产纪律呢？然而这种情况却在 1998 年查韦斯当上委内瑞拉总统后发生了改变。在面对欧佩克的石油生产限额时，查韦斯迅速改变了委内瑞拉此前在这个问题上的一贯立场。于是委内瑞拉突然变得非常强硬，为了提高油价，坚决执行欧佩克的硬性石油配额决定。欧佩克石油战略能够成功执行还有两个重要的因素在推动，分别是长时期低油价刺激下美国稳步增长的石油需求和中国日益增长的能源需求。

　　欧佩克的影响力在小布什主政白宫的几年变得更加明显，这几年石油的现货价格首先超过了每桶 30 美元，接着是 50 美元，然后是 70 美元，最后是 90 美元。在小布什卸任总统的那一年石油突破了长期以来都不可想象的每桶 100 美元的三位数关口。美国发起的伊拉克战争降低了这个国家的石油产量，对伊朗的武力威胁又加剧了市场对于波斯湾石油供应的恐慌。欧佩克在多数经济学教科书中都不会取得成功。然而现在石油出口国却在无需增加产量的情况下攫取了大量的金钱，欧佩克开始了新的征程。

　　尽管有这些问题存在，然而美国很多团体仍旧认为国会不应该授予政府更多的权利干预能源市场，他们认为这样做会对业已存在的自由能源市场作用的发挥形成干扰。所幸的是，国会在 2007 年认识到了这种观点的漏洞，已经开始向欧佩克在世界石油贸易中的主导地位发起了挑战。

　　虽然我想要避免谈及市场弹性这个问题，然而我还必须把它提出来。石油市场想要发挥作用，价格必须由市场供求双方的平衡来决定。如果供应紧张，价格就会上涨。如果价格升幅足够大，高价格就会刺激供应增加并会缩减需求。当供应比较充足的时候，市场就沿着相反的方向变动。这样市场就在价格的引导下不断地作出自我修正。

　　然而市场却存在一个重要的反应滞后问题。市场上供应增加或需求减少只有在高价格维持相当一段时间后才能出现。如果市场反应迅速，就说这个市场具有弹性。如果反应缓慢，市场就缺乏弹性。市场的这种弹性差异不只是存在于经济学理论中，它就存在于我们的现实中。如果你在停下车子加油时就会发现弹性给我们生活带来的不同。

　　经验告诉我们，石油供应不能对油价作出快速的反应。如果价格处于低位，罕有私人石油公司会觉得囤积石油惜售是经济划算的。相反，如果你正在为石油支付每加仑 3 美元的价格，你也不可能因为下面的想法而获得稍许安慰，即高油价会把一些新发现的石油突然带到市场。石油的勘探、开发和生产通常需要很多年才能完成。另外，石油公司还必须谨慎行动，他们还要考虑油价在他们启动石油工程项目后是否会下降。而欧佩克中政府所有的石油公司则根本不会想增加石油产量的问题。因此，经济教科书中描述的市场对价格的反应在现实世界中很可能并不存在，至少在短期是这样。

石油需求对价格变动的弹性较大吗？过去一直是这样。卡特政府期间石油危机造成的价格冲击在削减美国石油需求方面发挥了主要的作用，并最终使油价降了下来。然而最近需求对高油价的反应却变得比较迟钝。2006 年的原油价格几乎是 1998 年油价水平的 5 倍。然而当年的实际汽油需求出现下降了吗？而我们的经济学教授可是说过应该下降啊！爆炸式增长的油价只是减弱了需求增长的猛烈势头，然而却没有阻止增长的趋势。从1998 年到 2006 年的 8 年间，每年的汽油消费都在增长。我们中的很多人都相信在市场供求定律的作用下能源走势必然是有规律地循环上演，然而能源市场的极端缺乏弹性却实实在在地困扰了我们。如果需求不能对价格上升作出很大的反应，那么市场如何作出自我修正？

现在我认为可以对此作出解释了。由于高油价并没有对经济造成伤害，所以评论家常常倾向于贬低油价对于经济的重要性。他们解释说，能源以前在经济中占有较大的比例，因此过去能源价格的提高可以较快地拉动社会总体物价的上升，并会迅速减缓经济增长。既然现在能源在经济中的份额变小了，那么高能源价格对社会带来的不利影响再出现的可能性就比较小了。这听起来是个好消息。

然而还有不好的一面。如果能源支出在我的个人预算中的份额变小了，那么我可能就会忽视能源价格的上涨并继续开车。这样问题就出现了。随着能源支出在我个人的可支配收入中所占的比例越来越小，面对能源价格提高我们就无须再对自己的能源消费行为作出调整，这样能源市场的弹性就变得更小。

而且这会让事情变得更糟。中国把石油视作经济增长的关键资源，而且如果它感觉需要石油来完成国家政策目标的话，它就不会削减自己的石油消费。这样，富裕的美国司机和中国五年计划的制定者就有了共同的想法。他们不会仅仅因为油价出现上升就停止对外国石油越来越深的依赖。

就像欧佩克公开承认的那样，这个石油联盟组织面临两个潜在的风险。首先，他们担心石油需求的急剧下降会侵蚀掉他们的市场。在欧佩克产油国中间分配石油削减数额从来都不是一件容易的事情。其次，他们担心主要工业化国家的经济会受到伤害。他们的石油收入有相当一部分都投资到了海外这些工业化国家，如果高油价对这些国家的经济造成伤害，他们也会跟着遭殃。当高油价没有对经济造成伤害时，我们可能会受到鼓舞，其实欧佩克又何尝不是这样。

这里有一个我们很大程度上都未认识到的问题。如果在高油价背景下石油消费没有出现下降且经济也没有受到伤害，那么欧佩克（还有石油交易商）将会在什么时候停止继续推高油价呢？可能油价将会继续上升直到石油消费开始出现下降并且经济也开始受到伤害。现在我们必须作出选择。

市场的力量虽然很神奇，然而当它遇到能源问题时就不能展现通常的那种光芒四射了。能源领域存在一个石油联盟，西方国家的富裕已经钝化了民众对高油价的反应，中国在能源市场的突进也没有受到很多供求定律的限制。能源市场目前并没有按照教科书上的理论在运转，它需要国家出台英明的政策对其进行调控。

能源科技和能源市场

对政府干预市场持反对态度的人有时会同意这样一个观点，即政府应该在新技术研发上发挥合理的促进作用。很难想象离开政府的坚强领导和努力核反应堆或因特网技术能够取得成功。很多不同派别的政治家往往既赞成自由市场的作用，又主张政府在促进技术研发上发挥作用，二者的结合为他们提供了好的政治庇护所。在 2007 年美国产生新的国会前，这一直是在民主党和共和党中占有主导地位的共同的战略立场。

从 1973 年尼克松开始，美国政府就无数次地呼吁要启动像曼哈顿计划或阿波罗登月计划那样的集中攻关式的科技工程，这暗示政府已经在考虑从科技层面帮助美国打造出一条摆脱对外石油依赖的道路。然而在曼哈顿计划或阿波罗登月计划成功实施这么多年后，解决美国对外石油依赖问题的伟大方案却还没有出现。把解决能源问题和制造原子弹与人类登月放在一起比较本身是否就有可能是一种错误？

在对保存在福特总统图书馆中的档案进行一番深入研究后，我找到了这个问题的答案。20 世纪 70 年代美国遭遇了能源危机，总统福特和国务卿基辛格非常想要美国在欧洲的盟友和日本知道这一点，即美国对能源危机持非常严肃认真的态度。美国曾在 1974 年公开宣称，国家在能源研发上开支已经超过了在曼哈顿计划或阿波罗登月计划的支出。在这番大话公开以后，总统尼克松曾要求他非常信任的 35 岁白宫助理迈克·杜瓦尔递交一份详细的能源研发报告，以便确定美国讲出的豪言是否和实际相符。

杜瓦尔曾在美国海军任职，现在是总统尼克松的私人助理。他呈递给总统的报告预测称，美国政府在能源研发上的支出已经超过了曾经在制造原子弹和登月工程上面的花费。尽管如此，杜瓦尔还是向总统暗示，把能源和原子弹及登月三者放在一起可能就类似于把苹果和橘子放在一起进行比较。对此他特别提醒说："与太空和国防计划不同，能源研发成果的主要购买者将是私人部门。而太空和国防研发成果的主要使用者当然还是政府本身。"由政府推进的能源研发成果最终还要在私人市场上进行竞争，即使政府在能源上面的投入远远超过在曼哈顿计划和阿波罗登月计划的支出，确保能源技术获得成功的可能性仍旧比较小。

从那以后，福特总统的这位顾问在能源研发上的洞见遭到了完全的忽视。一茬又一茬的美国政治家一直在持续呼吁另一个浩大的堪比曼哈顿计划或阿波罗登月计划的能源计划，全然忽视了能源和国防太空的一个基本不同点，即政府并非可替代燃料技术的主要购买者。这样的技术只有在能源消费者认可可替代燃料的质量和成本后才能打入能源市场。

我们拥有充足的证据表明，仅由竞争市场推动的能源战略和技术投资实际上是行不通的。而在最近的民主党政府和共和党政府双双采纳这种战略后，美国的石油进口却出现了持续的增加。的确，美国的能源技术出现了进步。然而这种进步却被能源服务需求范围的扩大和人口的增长抵消了。这样的能源战略在过去（未来还会这样）曾导致美国对进口石油的依赖越来越深。我们需要有更多的作为。

任何一个成功的能源计划必须能够容纳市场力量发挥作用。另外，这种计划还必须要认识到完全自由市场所存在的局限性。经验告诉我们，纯粹的市场或带有少许政府色彩的市场对于能源问题解决是不够的。虽然我们需要在能源新技术上投资比当前多得多的资源，然而如果我们真的想要赢得能源独立的话，我们必须还要找到额外的能源问题解决方案。

能源发展趋势的转变

21 世纪的能源高价格对其供给和需求却是影响甚微，这一点一直引人关注。然而近期却有证据显示，能源价格对市场的影响最终开始显现，而且这种影响在下一个十年将会更加明显。如果这能成真的话，能源价格对市场这种姗姗来迟的影响仍旧有助于美国实现能源独立，虽然这种帮助比经济学教科书所认为的要小得多，然而却又比几年前所看到的要大得多。就像我们在这些事情上常常看到的那样，真理往往存在于两个极端的某个位置。

高油价似乎的确正在让美国人的驾车习惯作出稍许改变。2005 年度美国单位汽车的行驶里程稍微出现了下降，自 1980 年以来这个数字仅下降过一次。汽车行驶里程的下降还表明，民众在有限的程度上正在购买能效更高的汽车。虽然这样的迷你节能车消费趋势被人口的增长（美国每年的人口增长率，约为 1%）抵消了，但是美国过去 3 年的石油消费却保持在一个相当稳定的水平之上。虽然这还谈不上什么能源革命，然而相对于美国整个 90 年代 15% 的石油消费增长率，这仍旧是一个重大利好。美国石油进口也停止了增长，至少在一段时间内是这样。2005 年美国石油进口在其石油总消费中的比例达到 60% 的峰值后，石油进口无论从数量上还是石油比例上都出现了一点下降。

美国能源情报局首次发布的《2008 年度能源展望》预计，高油价还将在能源领域产生其他影响。美国能源情报局预计高油价将会带来美国石油生产的适度反弹。该机构预计从 2006 年到 2020 年美国石油生产将上升 22%。虽然这只是让美国石油生产回归到 20 世纪 90 年代后期的水平，但是却要比自 20 世纪 80 年代以来持续下降要好。石油生产的回归让美国在能源独立战争上的胜算把握比几年前稍微多出了一些。

美国能源情报局对石油消费的预计也让人获得一些安慰，尽管石油消费仍在增长，然而增长速度却比以前减慢了很多。从数量上看，石油进口增长将会显得更加缓慢。从进口石油在石油总消费中的比例上看，到 2010 年这个数字将会下降到 55%，而且这个数字会一直保持到 2020 年。而同样也是 2020 年，这个数字在美国能源情报局 2001 年发布的能源展望报告中曾达到 64%。虽然美国碳排放还在持续增加，然而增加的速度却比以前的预测要慢得多。

能源趋势的这些转变主要归因于油价的上升。在 2007 年美国能源独立和安全法案通过以前，美国能源情报局的《2008 年度能源展望报告》就完成了。因此，能源趋势的这些转变并没有包括近期政策的影响。

即使从长期来看，市场对高油价的反应和价格攀升的幅度也是不成比例的。能源市场不具有完全的弹性，无法立即对价格的变动作出反应。它就像一艘已经减速正在努力转变航向的巨大游轮。民众根深蒂固的能源消费模式和不投资未来生产的国有石油公司将持续使得现实能源市场不如经济教科书中表现得那样完美。

然而，即使能源市场出现适度调整，这也将有助于美国能源独立的实现。一下子扭转美国日益加深的石油对外依赖趋势和大幅减少温室气体排放的想法是不可能实现的。然而我们将至少会从能源市场的调整中得到一些帮助。这样我们在制定出台新的能源政策时，就无须再考虑如何面对不可阻挡的能源消极发展趋势了。

为了在这个基础上有更大的进展，我们将需要超越近几十年在能源争论中出现的貌似有理的党派偏见，拿掉我们戴着的意识眼罩，去寻找能够赢得美国人民广泛支持的勇敢行动。

CHAPTER

第七章

摘掉左右两派的能源意识眼罩

好的能源政策的制定需要掌握准确的信息并对信息作出清晰的分析。然而在寻觅好能源政策的过程中，我们却常常会扭曲事实并带有意识偏见，而且这种情况出现的次数简直太多了。一些人在能源问题上立场已经根深蒂固，他们只有在看到能够支持他们立场的事实出现时才会感到安慰。与此类似，如果某人的某个陈述不能让他们同意（比如在核能发展问题上），他们就不会再继续听这人讲话，并认为该人所讲的其他任何内容他们也自然不会同意。我认为这些人在戴着意识眼罩看问题，他们认为自己的观点和政治立场不可遭到质疑，而这却常常抑制了他们准确把握整个能源大局能力的发挥。带有意识偏见的思考方式会对好的能源政策的制定造成致命性伤害。如果我们想要实现能源独立的话，我们就要超越左派和右派在能源问题上的狭隘思想偏见。

人们应该把他们自己的价值观带到能源辩论中。一个人如何优先考虑自然环境的保护、如何看待个人自由和政府在追求公共利益上所采取的行动的关系、如何选择自己理想的生活方式都体现了一个人的偏好，而且这种偏好也没有必要因为在某个问题上的一项新研究而作出改变。我在这里不是想谈论坚持个人价值观的问题。我想要讲的是对待其他信息闭目塞听的倾向，而这种倾向在国家很多问题的讨论中都是存在的，绝不是能源领域中的特例。

像现代能源中的很多问题一样，带有意识偏见的思考方式也已经深深地植入了国民意识中，以至于我们很少找到问题更好的解决方式。在当今一些重大问题的讨论中，政治左派和政治右派在电视脱口秀节目中同台激辩似乎成了必须要做的司空见惯的事情。左派人士和右派人士在节目中无法找到共识，他们对问题的分析也都带有利益倾向，这样的辩论最后频频演变为激烈的争吵。

如果我们不能摘除我们所戴的意识眼罩，我们就不可能解决能源依赖的问题。原因在于以下两点。

意识眼罩会扑灭我们在寻找建设性能源行动方案时的那份真诚。能源领域不断有新情况出现。有时一项创新的能源技术表现得比预期还要好，有时却被证明毫无价值。经济理论解释可能会和当前实际能源走势相符，也可能不会。有时我们对能源历史数据重新回头审视时，往往会有新的洞见和发现，而我们在第一次接触这些数据时却错过了这些东西。有时，某个值得信赖的分析人士在某个具有争议的问题上会想到新的证据。如果我们想要找到最好的能源解决方案，我们就需要不断发现新情况和产生新洞见。既然意识眼罩蒙蔽了我们发现新情况和新洞见的眼睛，它就可能把我们引向错误的能源解决方案。

偏见思维所带来的第二个问题和我们的政治现实有关。某些具有争议的方案必须在参议员得到60%的选票支持才能进入最终的投票表决。这可能是我们需要了解的关于美国政治制度最重要的一个事实。冗长的投票表决过程可以使很多立法努力毁于一旦。采取政治行动尤其在参议院需要议员超越狭隘的党派或团体意识思维。

当美国实施重大的能源新政策时（这样的时刻也很罕见），国会往往围绕该政策已经进行了很长时间的辩论。国会在这个政策上的争论时间会达到1~2年，给人留下的印象就是国会什么事也没做（事实也常是这样）。
在国会要经过很长的讨论后政策方案偶尔才开始能够成型。虽然一些大胆
的政策建议最终未被采纳，但是保留的部分却足够让人相信总体努力还是
获得了成功。接着政策就要开始接受国会的投票表决，只有国会大多数议
员跨越党派和意识鸿沟后政策才能获得通过。开始只是追求以较小优势获
得通过的能源计划注定会面临失败。我再次重申：任何重要的法案只有在
参议院获得60%的投票支持才能获得通过。我们为能源制定的目标方案应
该有潜力赢得议员的广泛支持，还必须能够让议员摘除他们所戴的那些意
识眼罩。

既然如此，这些意识眼罩到底是什么？我们又应该如何摘除它？

左翼人士的偏见

虽然我无意指出美国数百万人在能源问题上的左倾倾向，然而，这种
带有偏左思维不顾事实证据的一整套能源观点却屡屡出现在国家报纸的评
论版面和国会的辩论中。这种思维主要包括两大内容。

首先，对于多数能源的利用，很多左倾人士实际上持反对态度。我们
不能使用煤炭，是因为它要造成碳和其他一些排放；我们不能使用石油，
是因为它来自于环境脆弱或社会不稳定地区；我们不能使用核能，因为核
废料会对我们造成危险；我们不能利用风能，因为这样会杀死鸟儿；我们
不能利用水力发电，因为这样会杀死鱼类。独立来看，每个说法都非常在
理。然而放在一起，这些说法会使我们的社会几乎寸步难行。

节能的好处很多，而且应该作为我们更理智利用能源行动的首选办法。
太阳能电池和集热装置（非常但也不是完全的清洁能源）也可以在这样的
能源行动中发挥很大的作用。然而单靠它们也无法解决能源问题。而且，

能源左翼人士还不愿承认这一点,即限制能源使用最终将迫使人们对现代生活方式作出剧烈的调整(如果他们愿意,这可能作为提案上交国会)。

相比之下一些燃料要更好一些,为了鼓励人们使用负面作用最少的能源,我们应该恩威并举,胡萝卜和大棒并用。然而我们还需要足够诚实承认这点,即我们仍将不得不继续使用一些不够完美的能源,否则我们就需要把燃料消费大幅降至远低于目前所讨论的消费水平上。

其次,能源左翼人士常常会抨击能源价格的任何上涨。历史记录表明,左翼人士常常会向能源行业发出一些没有事实根据的攻击,指责能源行业正在操纵油价想方设法攫取消费者的财富。对于能源价格上涨的抱怨和对于能源公司的妖魔化攻击由来已久。相对价格下降,消费者总是更容易察觉到油价的上涨(在很多十字路口加油站价格指示牌上可以明显看到),而且我们中的很多人在上学期间就知道了约翰·洛克菲勒在创建标准石油公司时所使用的残酷无情的方式。在20世纪70年代石油危机期间,由于石油短,缺政治家和公众对石油公司进行了广泛谴责。在1973年水门事件调查期间,有人对尼克松的政治丑闻发出质疑。来自芝加哥郊区的一名国会议员曾这样嘲讽道:"和其他任何人相比,尼克松现在是麻烦缠身,而和那些石油公司相比,尼克松仍旧是优秀的。"

我曾对20世纪70年代的石油危机进行过一番仔细的研究,并得出了这个结论,即加油排队问题主要是由于阿拉伯石油减产和不当的联邦政府石油配额供应造成的。在我这个研究的基础上,我还进一步得出结论:危机期间石油公司在满足石油需求方面已经尽了它们的最大努力。

石油公司受到批评还有一个特别的原因,即它们经常会对一些普遍承认的全球气候变化证据进行驳斥。一些能源公司曾经操纵市场(加州的安然公司便是一例)。尽管如此,这些年来我们对石油公司无视美国反托拉斯法擅自定价非法行为的指控却没有获得多少证据支持。总的来说,这些大的能源公司是遵守法律的。

解释能源价格上涨的最佳原因有如下两个，一是商品市场的正常价格波动，二是能源生产成本的上涨（例如新的环境法规势必造成能源公司环境治理成本上升）。能源价格难道不能像农产品价格那样根据市场供求来确定其走势吗？能源公司难道不能把像新的环境技术投入带来的生产成本上升传递给消费者吗？

成功能源政策的制定需要我们认识到这一点，即能源燃料的生产还会产生外部性成本，这样能源的价格将不得不上涨。我之所以投入相当大的精力研究福特和卡特政府期间的能源政策，是因为我认为这些能源政策包含一个很重要的值得借鉴的东西。福特和卡特都曾告诉美国人们能源价格需要上涨。他们在能源问题上的直白为一揽子能源法案的通过创造了条件，也正是这样的能源法案帮助美国在一段时期内重新赢得了能源独立。可惜两位都只有一届总统任期。和那时候一样，能源价格保持低位不利于节能和可替代燃料的开发使用。能源的低价格会使我们对外国石油形成依赖。（请在这一点上同意我，一会儿我将继续解释为什么高能源价格并没有人们常常认为的那么可怕。）

近几年来美国汽车工业饱受能源左倾人士的谴责（其中一些也是应该的）。他们批评美国汽车公司有意生产那些耗油量大的汽车而没有向消费者提供他们真正想要的汽车。当我听到这样的指责时，禁不住暗笑了一下，我可以讲一个几年前就发生在我身上的故事。

在1999年的一次能源演讲中，我提到了一次我曾试驾本田汽车的经历，本田研发的这种汽车是当时美国市场上唯一的混合电动汽车且具备非常高的能效。在我演讲结束时，丰田汽车的一名高管对我说，明天早上他将把丰田公司的第一辆普锐斯汽车运至美国我的办公室外面等待我的试驾。就在第二天我握住普锐斯汽车方向盘的时候，这位高管又向我致歉说，这种普锐斯汽车缺乏美国版的加速系统，是专门为日本司机设计的，而美国版的这种汽车推向市场还需要等一段时间。为什么会这样？因为我们两个都深知：多数美国司机都不会接受这种能效更高但同时加速慢的日本版普锐斯汽车。

就在几年后我又发表了一份演讲，同样在演讲结束后一名听众冲到我前面，向我诉说了一件令他震惊的事情：日本版的普锐斯汽车单位油耗行驶里程要比美国版高，这一定是石油公司的阴谋。而实际上却是丰田公司一直在揣度美国司机的驾驶心理和消费欲望造成的。

当有足够多的美国司机需要高能效汽车时，底特律就会生产这种汽车。像《消费者报告》、《纽约时报》、《华盛顿邮报》这样的媒体对高能效汽车都是持褒扬态度。然而接受这些媒体调查的司机在面对汽车消费偏好的选择时，却几乎都选择了大发动机汽车，高能效汽车由于不具备足够的速度快感而受到冷落。这清晰地反映了这些媒体读者中很多人的汽车偏好。

尽管外国和美国的汽车公司在国外出售了很多高能效汽车，而在美国出售的汽车能效却比较低，然而这种现象的背后却并不存在所谓的巨大阴谋。汽车公司只不过是针对不同国家的市场满足不同消费者需求罢了。在呼唤高能效汽车的斗争中，我们发现了这个敌人，而这个敌人就是我们自己。

我们坚持认为能源价格绝不能上升，而大的能源公司也一直被我们妖魔化，这些常常成为我们避免在能源问题上制定苛刻措施的借口。为了获得能源独立，我们需要知道更多真相。

能源右翼人士的偏见

右翼人士有着属于自己的信条和禁忌。他们对一些问题上的新发现也是视而不见。

在能源右翼人士的信条中，最核心的一点就是对于政府采取的任何造成能源价格上涨或使经济发展减速的行动他们都会持反对态度。这种观点有效地关上了政府采取新的措施以保护环境或国家安全利益（除非是出于国防需要）的大门。在政府采取行动以限制能源工业对环境造成更大伤害的问题上，右翼人士常常是一窝蜂地群起抗议。而像净化水和大气这样的环境保护措施显示出积极的效果并赢得公众的支持时，这帮能源"专家"们又会把这种环保成效仅仅归功于那些遵守环保法规的公司（当然这其中肯定有这些公司的一些功劳），对于政府制定这些环保法规所表现出来的环境远见却只字不提。

具有讽刺意味的是，能源右翼人士的观点正在和左翼人士的观点相互打架。他们拒绝承认化石燃料外部性成本的存在，他们认为国家安全、经济和环境不会受到使用化石燃料的影响，当然这种外部性成本也不应该包含在能源零售价格中。虽然他们宣扬自由市场的好处，然而却不承认这个事实，即市场价格如果不能反映产品对社会所造成的外部性影响，就不能向产品购买者和出售者传递正确的信号。右翼人士对于自由市场这么粗糙的思维阻碍了我们在能源问题上的深入思考，使得我们无法在有助赢得能源独立的各种各样的能源政策选择和能源行动之间作出正确的考量。

能源右翼人士对于政府存在偏见，这种偏见的基础在于他们对历史事实所作出的非常不全面的分析。根据他们的描述，20世纪70年代所有的能源问题都可以通过政府解除能源价格管控和政府能源配额的方式来解决。就像我们已经看到的一样，虽然解除能源价格管控在推动能源趋势向正确方向发展进程中的确发挥了重大的作用，但是来自政府的促进节能政策和石油替代能源的使用也作出了很大的贡献。如果我们想要解决明天的能源问题，我们就必须抛弃在历史问题上的偏见思维。

很多右翼人士在看待问题上还存在一个倾向，就是对于他们不喜欢的观点他们就会避而不听，这样做的原因却仅仅是因为这种观点是由他们不喜欢的人提出来的。虽然在这上面我可以举出很多例子，但是戈尔这个名字却最先进入了我的脑海。当戈尔通过《难以忽视的真相》这本书兼同名电影引发人们对于气候变化问题的新关注时，持有不同观点的人对戈尔的环境立场给予了驳斥。然而很多驳斥者却是把戈尔在全球变暖问题上的观点搁在一旁，转向了对戈尔的人身攻击。他们曾这样表示，你不能相信戈尔所说的话，戈尔在环境问题上发表这些观点只是为了给他的总统竞选添加筹码而已。对于很多能源右翼人士来说，他们有一个长长的他们不喜欢的人的名单，而这个名单也就为他们无须认真分析他们不喜欢的观点提供了一个很好的借口。然而可惜的是，如果我们想要解决美国的能源问题，我们实际上就要对这些右翼人士不喜欢的观点进行思考分析。

为了宣告能源独立，美国人民也需要作出宣告：我们会对自己的未来作出思考，我们不会因为电视上那些能源"专家"貌似有理的批评而受到影响。

点亮能源的智慧之灯

摆脱意识偏见可以让我们的心智得到极大释放。以前让我们感到困惑的能源问题就会变得清晰。在辩论当中持有不同立场的人们也会在辩论中的某些地方找到共识。在气候变化问题上，有一个方面由于争辩双方都在努力避免提及而常常不会进入人们的视野，现在我们就来看一看它。

你可能知道硫排放对我们的肺会造成健康危害，这种排放在很多国家出现了急剧的减少，然而你知道排放出来的硫会通过隔离太阳对地球的辐射而使全球气候变冷吗？因此，空气中硫和其他一些浮质的存在某种程度上抵消了二氧化碳和其他一些温室气体对地球的致暖效应。

理解了硫排放和碳排放在气候变化上的相反作用后，我们便容易揭开气候变化的一个重大秘密了。20世纪70年代科学家发现全球气候有变冷趋势，从而得出地球可能要再次进入冰河世纪的结论。在空气清洁方案出台后较早的几年，对于硫排放的控制还没有像今天这么严格，一些数据的确显示出全球气候有变冷趋势，因此人们预测另一个冰河世纪的到来绝不仅仅是空穴来风。尽管如此，多数大气科学家在当时还是看到了气候变化的全貌。随着碳排放的快速增加和硫排放的减少，气候朝变暖方向发展的主要势头便显现出来。硫排放和碳排放之间复杂的相互作用有助于澄清我们在气候变化问题上的一些模糊认识。

我们现在还可以对另一个气候变化的秘密作出解释。虽然来自全球的气温报告清晰地显示世界气候的主要趋势是在变暖，然而却不是每个地方都这样。至于出现这种现象的原因，我们仍可以从硫排放的致冷效果中找到部分答案。在硫排放特别高的地区，碳排放的致暖作用就会被硫排放暂时抵消。虽然在气候问题上仍旧存在着很多未解之谜，但是在对能源问题的理解上，科学的作用要比一些公共谈话的作用大得多，尽管这种谈话也在试图引导我们相信一些东西。

能源右翼人士不想谈及硫排放和碳排放的相互作用，其中的原因相当明显。如果你对几十年前几位科学家对于全球气候变冷趋势的预测一直念念不忘，或者你一而再地提到世界上相对较少的几个地方并没有出现气候变暖迹象（具体某个地区气候可能变冷的原因不止硫排放一个原因），能源右翼人士就会非常高兴，这样他们在面对全球气候变暖的大量证据时就可以更加轻松地采取不屑一顾的态度了。因此，通过忽视硫排放对气候的作用，能源右翼人士就可以摆出一副具有独立思考能力的思想者形象了。

而能源左翼人士忽视硫排放的作用则有着和右翼人士不同的原因。硫排放威胁人类的健康，容易向公众解释清楚。提升硫排放在全球温度变化中的作用会使事情变得更加复杂。在公众聚焦全球变暖的一个时代，硫排放的致冷作用很可能会被当做抑制气候变暖的一副良方，从而低估硫排放对健康的危害。然而忽视硫排放的代价却非常高。离开对硫排放的分析，就难以解释清楚为什么全球气候变暖大趋势中仍会出现某些地区变冷的现象。

当我们摆脱我们的偏见思维后，我们就是在进步，对于一些问题的实际情况的理解我们就会找到一些共识。另外，针对问题我们也会找到将来实际有效的建设性解决方案。我们不能只告诉人们我们认为他们应该知道的东西。

加大行动力度

抛弃政党和意识分歧后的能源辩论可以产生较好的解决问题办法。另外，客观的辩论还更有利于达成共识，也有利于在立法实施过程中赢得更多投票支持，更有可能产生实际想要的结果。然而我们还必须意识到，对于达成共识的渴求有时会造成一些没有多大实质意义的方案的出台，因为这样的方案掺杂了太多的水分。这些方案其实可以不被视作问题解决方案，只是让我们感觉很美妙而已。

美国时不时地会组建一些能源委员会，以便为未来的能源发展指明方向。这些委员会成员包括很多专家，他们提出了很多能源观点。由于和这些专家很熟或由于专家较高的知名度，对于最终成型的能源政策方案我时常感到非常兴奋，然而结果却常常让我非常失望。能源消费者很难注意到这些专家的建议是否得到了采纳执行。从对外国石油的依赖到碳排放，美国能源现状的几个主要方面没有一个发生很大的改变。为了达成共识，美国的能源报告总是力图避免提及带有争议性的问题，或者说，总是力图避免对现状作出较大程度的改变。

如果我们认识到美国对外国石油的依赖和较严重的温室气体排放是很重要的问题，然而拿出的问题解决方案应对性却较弱，那么相比否定问题存在的那些人，我们就没有比他们多作出多少事情。某种意义上，无关痛痒的问题解决方案会使事情变得更加糟糕。这样的解决方案可能会使一些人相信我们在解决能源问题上正取得进步，而实际上我们却并没有。

2007 年美国能源独立和安全法案的出台对我们是一个很大的鼓舞，它使我们相信在出台具有更大实质意义的能源政策上面我们可以达成广泛的一致。令人吃惊的是，虽然几个重要的政策措施没有写入该法案，然而法案最终保留的内容实际上将会使美国一些重大的能源走势向更加积极的方向发生转变。我们再也不能在能源问题上碌碌无为了。

我将会提出七个有助于美国实现能源独立的能源解决方案。我知道这些方案将会使我们的能源趋势向更加有利的方向发展。我希望这些方案能够跨越党派和意识的鸿沟，赢得更多人的支持。

A DECLARATION OF
ENERGY
INDEPENDENCE
拯救石油

第2部分
七条政治经济上可行的能源独立解决方案

编者按：

　　面对美国对外国石油的依赖，美国有必要采取强有力的措施来保证能源独立。本书经过大量调查研究，提出如下七条在政治经济上可行的能源独立解决方案。

　　方案一：进行大规模战略石油储备

　　方案二：让未来汽车更节能

　　方案三：积极发展可替代能源

　　方案四：大力发展电动汽车

　　方案五：征收能源税

　　方案六：让节能成为爱国行为

　　方案七：放弃一些能源技术冒险

第八章

方案一：进行大规模战略石油储备

造成石油供应发生中断的原因可以有很多，例如卡特里娜飓风或者丽塔飓风、尼日利亚罢工或波斯湾的战争冲突。如果我们在中断供应发生时有很多的石油储备岂不是很好吗？这样我们就可以动用这些储备应对紧急情况下的能源不足。实际上我们就这样做了。

在位于路易斯安那州地下很深的盐洞里，储藏着7亿桶的原油（炼化后的成品油会超过290亿加仑）。所储藏的这么多的石油就叫做战略石油储备。最近这个战略石油储备库还安装上了联邦政府非常信赖的石油传输系统，这个系统在约翰·希格斯时不时的检验下完全可以很好地运行。在总统发布命令后的两周内，战略储备库中的石油就会以每天440万桶的数量被运至发生石油短缺的地方，以缓解那里的能源危机。而且，欧洲和日本也在要求它们的石油公司存储石油以应付紧急情况所需。这是很好的消息。

然而不好的是，这些石油储备虽然足够应对多数紧急情况下的能源需求，然而对于波斯湾重大灾难事件所引起的潜在石油供应减少却无能为力。这就会使问题变得非常严重，因为波斯湾七个主要的非工业化国家（巴林、伊朗、伊拉克、科威特、卡塔尔、沙特阿拉伯、阿联酋）蕴藏的石油比全世界石油蕴藏量的一半还要高出不少，而工业化国家对来自这些国家的进口石油又高度依赖。

阿拉伯实施石油禁运后的 1975 年，美国批准了石油紧急储备计划，然而紧急储备量却还不够，并未完成计划启动时所设定的目标。而且，这种石油储备计划在实施过程中所遵循的基本规则都是在 30 年前制定的，已经严重过时。战略石油储备量需要扩大，管理也要实现现代化，这样才能更好地帮助美国实现能源独立。

提高美国的战略石油储备只是美国为实现能源独立所采取的众多方案中的一个。然而这种方案背后的原理可能却是最为古老的，至少可以追溯到圣经旧约中的《创世纪》。圣经中约瑟夫在给埃及法老解梦时，预测说连续七年的农业丰收之后必将伴随着连续七年的饥荒挨饿。他提出建议称，农业丰收期间全国 1/5 的粮食应当储备起来，以免在饥荒来临时国家不至于遭到毁灭。

是否有经济学家认为自由市场是解决饥荒问题的最好办法，从而对约瑟夫的建议提出批评，圣经中并没有提到这一点。然而 21 世纪的经济学家有时却会提出类似的批评。最近的经历告诉我们，约瑟夫的建议是正确的。市场不能完全解决重大供应问题，对此我们最好提前做好准备。重大的石油危机常常起因于非经济因素，例如战争、暴力冲突和施加国际压力的需要。为了应对波斯湾石油出现供应中断，要求每个人和企业提前制定石油紧急预案显得有些过分。然而对于一些大国来说，这种石油紧急应对计划却必不可少。

美国战略石油储备的由来

1969 年，来自尼克松总统组建的石油进口工作办公室的一帮政府高参们提交了一份并非全新却很大胆的政策建议。来自马萨诸塞州剑桥镇的查尔斯·瑞沃斯和他的同事建议政府修建可容纳 50 亿桶（是当前石油战略储备的 7 倍多）原油的政府石油储备库。当时建议所提出的这个储备库可以容纳的石油储量比沙特阿拉伯这个世界第一石油蕴藏大国连续 3 年半所生产的石油总量还要多。这项石油储备计划旨在为美国提供充足的石油供应，还包括为持续时间至少 3 年的美国对外战争提供军事用油，而这种军事需求曾是冷战期间美国重要的关注点。这些政府高参认为，当外国石油处于每桶 2 美元的价格水平时，买入大量外国石油并修建必要的石油储备基础设施所需要的成本要比采取其他方式应对石油风险所花费的成本小得多，尽管战略石油储备需要花费实实在在的真金白银。

然而，石油工业界对于瑞沃斯的提议却是一片嘘声，内政部和商务部称这样的建议"在经济上是不明智的"。于是石油进口工作办公室所提交的最终报告也就只是建议政府考虑一下战略石油储备计划，实际上也就等于扼杀了初始提案。否则，这项提案有可能已经促成了美国能源政策的革命性变革。然而，在这个提案被搁浅以后，为了保证美国源源不断地获得来自波斯湾的石油，美国靠军事力量维持这种局面的可能性变得越来越大。

在向政府提出大规模储备石油建议时，瑞沃斯的时机选择非常引人注目。就在瑞沃斯提出建议的仅仅几年前，美国还不需要石油储备。在常规情况下，得克萨斯州铁路委员会一直使得该州的石油产量远低于其最大的石油产能，这使得紧急情况下的石油短缺可以通过该州的产量激增来解决。而就在瑞沃斯提出建议的几年后，世界油价出现了急剧上升，这使得按照建议储备那么多的石油所需要的开支将变得极其庞大。一个简单可行的石油储备良机已经失去。

阿拉伯的石油禁运使石油战略储备的想法在国会中获得了新生，在阿拉伯石油制裁之前该想法就得到了参议员杰克逊的支持。在 1975 年 1 月福特首次发表的国情咨文演讲中，总统提议实施战略石油储备计划，为国内需求和国防分别储备 10 亿桶和 3 亿桶原油。虽然总统在演讲中对石油储备计划只是一带而过，而且人们对于战略石油储备的资金来源问题也存在质疑，然而这个计划却首次得到了美国总统的认可。而尼克松曾经却把这种石油储备计划视为政治上的"烫手山芋",认为根本就不值得在政府内部讨论,更别提让它上升为国家政策了。

石油战略储备计划最终写入了 1975 年的美国能源政策与环保法案。该法案接受了福特的提议,初步确定了 10 亿桶的最大战略石油储备能力。法案还为石油储备设定了一个目标,即要使储备库存和美国 90 天的石油进口量相当,法案还批准了三年之内购买 1.5 亿桶原油的早期储备计划。考虑到石油禁运后油价的上升和世界石油市场的脆弱,法案为未来的石油购买计划提供了相当大的时间随机选择权。

1977 年,政府首次为战略储备购买石油。卡特政府期间,美国拥有 1.08 亿桶的战略石油储备,而这个数字仍未达到法案所设定的石油储备目标。在 1979 年伊朗石油减产后,油价出现了进一步的上涨,政府担心购买战略石油会进一步加剧世界石油市场的供应压力。在一段时间内,美国就没有购买任何战略石油,于是石油储备计划也就失去了动力。

从 1981 年至 1985 年,罗纳德·里根和国会给予了战略石油储备最强有力的支持。在这段时间内,美国的战略石油储备一下子增加了 3.86 亿桶,远超过了今天美国战略石油总储备的一半。截至 1985 年,美国的战略石油储备就已经超过了 1975 年美国能源政策与环保法案为石油储备所设定的目标。由于当时石油进口正在下降,美国手头上拥有了相当于 115 天石油进口总量的战略石油库存,大大超过了法案设定的 90 天石油进口量目标。美国的战略石油储备还促进了 1975 年至 1985 年间的世界能源版图转换。自从美国国内石油产量在 1970 年达到顶峰后,毋庸置疑,美国的能源安全已达到最佳状态。

老布什、克林顿和小布什执政期间,美国的石油储备定期地也都会出现增加。然而,增加的幅度却很温和,并未跟上美国不断刷新的石油进口记录。1996 年和 1997 年连续两年,美国对于联邦财政预算平衡的关注超过了对石油安全的关注,当时国会对美国的能源现状有自满之感,为了获得财政收入曾卖掉了 2800 万桶的联邦石油储备。自 1985 年后美国对战略石油储备的支持力度就降了下来，而这也导致它在应对国外重大石油供应危机时的能力出现了急剧下降。2007年，美国的战略石油储备仅相当于美国56天的石油进口量，大大低于初始设定的储备目标，比1985年的潜在战略石油储备的一半还少。

战略石油储备价值的体现

尽管在过去的20年中美国对战略石油储备的支持力度出现了下降，然而在几个重要时刻这种石油储备对美国的石油稳定还是作出了非常重要的贡献。美国建立石油战略储备的主要目的在于应对来自波斯湾的石油减产，而这种作用在过去仅发挥了一次。1990年萨达姆·侯赛因掌控的伊拉克入侵科威特后，世界石油供应因为两个国家的减产出现了大规模的减少。作为应对方案之一，美国便出售了2100万桶的战略石油储备，同时承诺若有必要还将释放更多的石油储备。以多数标准来看，美国释放石油储备的规模只能算上适中，而且这个应对方案很大程度上被沙特阿拉伯规模庞大的石油增产所掩盖。尽管如此，美国能源部长詹姆斯·沃特金斯对此还是发表了自己的看法，他说："我们已经向美国人民传达了一个重要的信息，即美国已经投入200亿美元构建了一个石油应急供应体系，这个体系能够快速有效地应对能源供应威胁。"沃特金斯是对的。

战略石油储备还帮助美国有效应对了国内其他因素对能源市场的威胁，尽管媒体对这些报道得较少。飓风常常会光顾美国石油工业集中的墨西哥湾沿岸，几次都对美国能源市场造成了不小影响，这些时候美国战略石油储备就会发挥作用。在这种情况下，很多时候联邦政府都不是把石油出售给石油公司，而是通过互换的方式让石油公司在以后的时候直接偿还给政府，这样常常会导致一个结果，即石油公司后来偿还的石油比政府当初释放的石油储备还要多。

或许美国战略石油储备的作用在 2005 年得到了最大程度的凸显，当时卡特里娜飓风侵袭墨西哥湾，对近海石油钻井平台、油库、油管和炼油厂造成了大规模的破坏。更糟的是，卡特里娜飓风刚过丽塔飓风又紧跟了上来。于是，美国动用了 2100 万桶的战略石油储备，平息了石油市场的紧张情绪，然而更为紧迫的问题是如何填补汽油、柴油以及其他石油化工产品的损失。由于联邦政府的战略石油储备库中都是还未提炼的原油，而且让人意料不到的是，飓风还给原油冶炼厂带来了巨大打击，这就提出了一个问题，即我们可以获得的原油如何才能转化为人们实际可以使用的各种油品。

工业化国家之间签订了石油分享协议，美国石油储备也和该国际协议有密切联系。虽然人们很少注意到这点，然而这种石油分享在紧急情况下却非常有用。除美国外，国际能源署的其他成员也有战略石油储备，它们会要求自己国家的石油公司储备一定数量的石油产品。卡特里娜飓风和丽塔飓风过后，这些石油产品储备得到释放从而缓解了美国的能源短缺。在美国能源基础设施遭到重大损毁以后，外国大量的汽油和柴油像潮水般涌入美国的海港，相当大程度上缓解了美国的能源压力。但由于当时外国石油产品"火速赶往美国救急"的故事不适合美国主流宣传的需要，所以当时很难看到对这种"石油涌美"现象的解释。当然大西洋两岸的油品价差在当时也起了很大作用，然而这一个因素却不能解释当时美国为什么仍旧有大量的石油产品供应。

为什么不能储备更多的石油？

美国战略石油储备不时会得到来自总统和两党国会领导人的强有力支持。因此两党间的纷争对于石油储备并没有构成一个重大的障碍。然而战略石油储备却面临着其他问题。

对于美国的能源利益，政府态度在重视与放松之间来回摇摆，这成为了美国出台好的能源政策的主要障碍，尤其是在美国战略石油储备问题上这种阻碍作用表现得更加突出。危机期间，美国对于构建石油战略储备的渴求达到了顶点。然而在石油供应减少的能源危机期间政府购买战略石油却最不合适。其中原因有两点。首先，这时的油价会非常高，这就大大增加了补充石油储备的成本。其次，在市场已经出现供应短缺的情况下，补充石油储备将使能源市场上的短缺形势更加严重。

购买战略石油的最佳时间是在石油供应充足且价格不高的时候。（圣经中的约瑟夫也不赞成埃及在饥荒期间储备食物。）然而不幸的是，在石油供应充足时公众和政府就对战略石油储备失去了兴趣，这时他们再也看不到战略石油储备的必要性。这一点在20世纪90年代表现得最为突出。当时油价处于低位，这可谓是美国补充战略石油储备的最佳时机。然而整个90年代美国的石油储备实际上却是在下降，这正是广泛存在的对能源政策漠不关心情绪所造成的苦果。

除了低油价，还有其他因素也造成了我们在能源问题上的庸碌无为。曾有几段时期，沙特阿拉伯一直保持着石油产能剩余，在石油供应出现重大危机时这些剩余产能就能被派上用场，在1990年至1991年海湾战争期间这种产能就发挥了非常突出的作用。尽管如此，这种产能在能源危机中发挥作用却需要以下两个前提条件：第一，沙特阿拉伯决定自己承担保留多余产能所需要的成本开销；第二，市场更多的石油需求需要和沙特阿拉伯的国家利益保持一致。实际上，近年来沙特阿拉伯多余的石油产能已在慢慢减少。在任何情况下依赖外国的石油都是存在风险的，更何况这个国家可能还和美国在某些问题上持有不同的立场。然而即使在这种依赖沙特阿拉伯多余石油产能存在风险的情况下，很多美国人仍旧没有看到构建一个可以依赖的美国战略石油储备的必要性。

构建一个强大的战略石油储备还面临着另一大障碍，即美国联邦预算所遵循的那套僵化的管理规则。在现有的联邦预算规则下，任何战略石油的购进都必须要以某个联邦预算项目的支出削减为代价，即使在石油储备作为联邦政府的一项资产有可能增值的情况下都是这样。来自各方的压力会促使国会在联邦预算项目的批准上"看近不看远"，很难为应对一些可能就永远不会发生的紧急情况提前安排资金。（需要补充说明一点，从来没有特殊利益集团站在自己的利益角度为石油储备进行游说。）截至1985年，美国大规模的战略石油购买都没有使用联邦预算资金。否则，战略石油购买过程将被拖得很长。

某种程度上，美国联邦预算的问题已经被"美国实物特许"计划所规避，该计划是由能源部在比尔·理查德森部长的领导下推出的。该计划于1999年启动，它要求在美国生产石油的公司都要向政府交纳一种特许费用，不过这种费用支付的形式却是石油这种实物而非美元。这样美国进行战略石油储备就不需要联邦政府买单了，政府也就无需因为石油储备而削减某些联邦预算项目了。虽然小布什政府对于"实物特许计划"表示了支持，然而该计划为美国石油储备补充的石油数量仍旧太少，而无法达到美国需要达到的石油储备水平。

要让战略石油储备成为美国在能源独立战争中所拥有的一个有力武器，美国人还有第三个坎需要跨越，他们还要面临来自波斯湾国家的压力，而美国正是对这些国家的燃料形成了依赖。在美国战略石油储备计划刚启动的前几年，沙特阿拉伯就曾向美国发出威胁称，如果美国购买的石油补充了其战略石油储备，它就将对自己国家的石油实施减产。这种威胁表明了一点，即没有足够强大的战略石油储备，美国就不能忽视来自沙特阿拉伯的这些压力，也就不可能实现美国的能源独立。

寻找合适的战略石油储备规模

如果美国当前的战略石油储备规模还太小，那么多大才算合适？最初设想的石油储备规模大概是合适的。为了确保多数突发情况下的石油供应足够安全，美国需要储备至少90天的石油净进口总量。虽然难以想象美国所有的石油进口渠道都会在同一个时间遭到关闭，然而石油供应中断持续时间超过90天仍旧存在相当大的可能。因此，美国的战略石油储备只有达到美国连续3个月的石油进口总量，我们才可以有足够的信心来应对多数严重的能源短缺。按照美国当前的石油进口水平，我们需要储备超过10亿桶的战略石油（福特在1975年就曾提出了这个储备目标）。虽然我们的石油储备不是从零开始，然而为达到这个目标我们还需要在当前的石油储备基础上再增加大约45%的石油储备量。

在现实世界中，美国的战略石油储备如果达到了其90天的石油进口量，就相当于拥有了沙特阿拉伯110天的石油总产量。这样的石油储备着实能够起到缓解市场紧张的作用。它既不是要保证能源绝对安全的一揽子法案，也不会有助于减少温室气体排放。想要这种较新的更大规模的石油储备发挥作用，美国还需要和其他主要石油消费国展开协调，另外石油储备还需要和其他减少石油进口的政策相配套才能显现成效。

补充美国战略石油储备将需要花费很大的资金。以"石油实物税"的形式补充战略石油储备的速度不够快，因此联邦政府仍旧需要对此列出资金预算。按照近期的油价水平估算，购买10亿桶的战略石油将需要美国拿出200亿到300亿美元的预算资金。另外，当前战略石油储备库的最大存储能力也就在7.27亿桶。因此，补充战略石油储备还将因为修建新的石油储备库使得石油储备支出出现快速上涨。

近年来，美国在战略石油储备上投入如此之少，还不为战略石油购买设立资金预算，这并没有引起人们严肃的思考。然而，相对于美国当前在中东地区的战争开销，美国 10 亿桶的战略石油储备目标看起来可能还是太小了。战略石油储备是应对未来经济因能源可能发生混乱的明智保险之举，也可以减少美国在波斯湾地区的军事存在。

如果世界石油市场不会出现松动，这将对美国是一次真正的考验，这和我们以前经常看到的一样。在石油供应充足且价格不高的时候，公众一般对石油储备不会产生兴趣。然而世界油价的下降（是的，这有可能）却可能给我们提供一个使美国战略石油储备超过 10 亿桶的机会。如果出现了这样的机会让美国可以大规模的补充其石油储备，我们应该不能让机会再次溜走。

扩充战略石油储备的功能

当前美国石油战略储备作用的有效发挥还受到了那些过时的石油储备管理规则的牵制。国会通过石油战略储备计划的目的是要通过释放石油储备缓解紧急情况下的美国能源短缺。石油储备计划刚启动时联邦政府还没有结束对油价的管控，石油产量的突然减少更有可能导致能源出现短缺，1974 年和 1979 年的汽车加油排队就说明了这一点。美国储备石油的目的似乎很明显。

和以前相比，美国当前能源形势更不明朗。受 20 世纪 70 年代人们对石油短缺看法的影响，美国现在的官员曾经这样表示，石油储备不应该用来影响市场能源价格。然而价格常常会作为市场不平衡的一个主要信号而存在。联邦政府官员很不情愿使用战略石油储备来对付由于欧佩克石油减产而造成的能源市场供应紧张。然而石油短缺却是 21 世纪最为司空见惯的问题。当欧佩克的石油部长们举行集会讨论石油生产配额时，美国人常常只能作为一个无助的旁观者静静观察会议的讨论结果。为了使石油储备成为我们对付能源短缺的一个有效工具，我们需要重新思考我们的战略石油储备政策。

美国在全球能源市场上丧失了自己的影响力，这让 1974 年作为美国经济顾问理事会主席的阿兰·格林斯潘大为困惑，于是他成为美国战略石油储备计划的坚定支持者。在 1974 年 12 月与福特总统的能源会谈中，这位未来的美联储主席认为：石油储备为美国应对无法预期的石油供应危机提供了一种办法，更为重要的是，石油储备还可能为美国重新赢回世界石油定价影响力提供了一种办法。格林斯潘还解释道，由于 1970 年美国不再拥有多余的石油产能，欧佩克国家已经掌握了世界石油的定价权。而拥有了战略石油储备，美国就可以在世界油价制定过程中再次发挥举足轻重的作用。利用石油储备维持美国在世界油价制定上的话语权的想法并没有走太远。现在是我们重新考虑格林斯潘建议的时候了。

美国战略石油储备要想扮演新的角色，其管理模式应该仿照美联储的货币管理体制。美联储通过采取反周期的货币政策维持了美国金融系统的稳定。用美联储自己的话来讲就是：如果经济减速、失业上升，政策制定者就应该倾向于放松货币政策以刺激总需求。相反，如果经济过热迹象和通胀压力正在显现，美联储就应该倾向于收紧货币政策以避免经济过热。对于美联储来说，挑战在于让社会总需求和潜在国民生产总值保持一致。

和美联储的货币管理模式类似，美国战略石油储备应该在油价处于高位的时候释放石油储备，而在油价处于低位的时候增加石油储备。如果判断油价高低听起来还显得有些主观啰嗦的话，那么战略石油储备管理所需面对的数据绝不会比美联储需要分析的经济数据多。对于市场上新供应的石油生产成本作出理智的判断是可能的。当市场石油价格实际高出这些石油的重置成本时，政府就应该着重考虑释放石油储备。如果市场石油价格低于新的石油生产成本，政府就应该从市场购入石油以补充战略储备。

当今联邦石油战略储备的历史给我们提供了一个改进后的能源政策如何发挥作用的例子。2000 年 10 月，白宫下达命令决定释放 300 万桶的战略石油储备，动用储备规模为历史之最。当时有人对此表示反对，他们声称白宫的这个举动带有政治目的，而且当时离美国总统大选仅有几周的时间，白宫的时机选择看起来确实可疑。然而白宫这项行动的背后却有着精巧的经济逻辑。当时人们看跌油价，认为未来的油价继续往下走。克林顿政府抓住了这个油价看跌的机会，通过与一些愿意承担所有市场风险的公司签订石油买卖合同，最终赢回了比当初所释放的石油储备还多的战略石油。在签订几个更大的市场看跌石油期权合同后，曾有 3450 万桶石油在小布什第一届总统任职期间进入美国战略石油储备库，政府没花一分钱就增补了 450 万桶的石油储备。

为了鼓励政府更多的石油远期交易，美国在战略石油储备上的立法应该作出修改。政府这样的石油交易既有助于能源市场的平衡，又让政府在零成本情况下补充了战略石油储备。这种石油交易方式应该有助于实现格林斯潘 1974 年所提出的石油储备想法。

支持与反对

对于战略石油储备采取比较积极主动的管理方式，人们还存在几个担心，我们应该严肃对待这些担心。我们有理由担心政府在石油储备上的某些决定可能是基于一些政治考虑，我们还担心政府一味地迎合消费者会减弱石油公司的生产动力。一些人可能还会这样说，即使人们打消这些顾虑，美国所储备的那些石油也实在太少而无法对巨大的世界石油市场形成什么影响。

如何摆脱政治对战略石油储备管理的影响，我们可以参照美联储的运作模式，它独立于政府，最大程度保持了与政治的距离。美联储货币管理委员会由一批定期轮换的专家构成，他们负责美联储的运作。如果美联储的管理模式仍旧不能引起我们的兴趣，我们就应该注意一下美国能源情报局，这个机构能够独立于任何外在可能的政治压力得出能源数据并作出客观的分析，美国能源情报局的这种独立性受到法律的严格保护。美国战略石油储备管理委员会也应该在能源数据和市场条件的分析基础上作出自己的判断，而不是根据政治风向标见机行事。无论如何，这种独立于政治的运作方式都是战略石油储备管理的一个有益探索，这种方式应该能够建立起人们对石油储备政策有效性的信心。

在公众呼吁政府释放更多的战略石油储备时，一个有效行使职能的战略石油储备管理委员会不应该让自己的行动受到这种外在声音的影响。在1998年和1999年早些时候，可能有一段时间的油价低于石油再生产的成本。在那种情况下，战略石油储备管理委员会应该明智地建议政府从市场购买石油。然而，如果政府这样做，不可避免地会有人批评政府在向石油公司伸出援手。尽管这样，经验告诉我们，不利于石油生产的经济信号在长远意义上对消费者也是有害的。无论是在油价走高还是走低时，战略石油储备管理委员会的积极行动可以成为我们有效的能源平衡战略的一部分，这种战略既可以稳定动荡的能源市场，还可以避免能源市场周期向两个危险的极端方向发展。另外，战略石油储备管理委员会的主动出击还有助于平息外界对政府的批评，即石油储备减弱了石油公司的石油生产动力。

我们接着考虑这个问题，即美国的战略石油储备能否对一个日石油消费量高达8500万桶的世界产生很大的影响。我们可以确定的是，尼日利亚的地方武装起义（还有类似规模的其他暴乱）会威胁石油生产，进而对世界油价产生重大影响。这些石油供应危机是暂时的，每天所造成的石油减产量远低于100万桶。全球石油贸易的正常开展可能会受到很多不利因素的扰乱，而如果美国石油储备对所有的不利因素都要作出反应，很可能是不明智的，石油储备对能源市场的干预频度应该超出当前的政策规定，但这种干预需要对能源市场产生积极的正面效果，并能消除近年来主导能源市场的一些恐慌情绪。与此相似，当市场油价太低，美国政府购买石油以补充战略储备时，其实就是政府在向能源市场发出这样一个信号，即美国的能源专家认为油价将会出现反弹，这种信号的意义要大于实际购买的石油数量的意义。

有了正确的运作模式，一个行事积极主动的战略石油储备管理委员会就能消除能源市场上最近出现的一些急剧价格波动，而这种波动传递出来的信号让石油生产商和石油消费者都感到困惑。积极主动还便于美国以较低的成本获得石油从而补充战略储备。另外，组建一个类似美联储的战略石油储备管理委员会应该成为我们构建一个更大规模战略石油储备的一部分，这种更大规模的石油储备能够应对未来最坏能源供应形势的发生，这种最坏的能源供应局面虽然现在还未出现，但是我们正在以储如在波斯湾打仗驻军的其他方式预防它的发生，并为此花费了巨额资金。新的石油储备政策不只是一个梦想，它是一个实实在在的经济能源解决方案，而且负面作用很少。

尽管战略石油储备有自己的优点，然而它并不能解决我们在实现能源独立道路上需要面对的所有问题。我们还必须不断地寻找其他更好的真正实现能源独立的途径。

CHAPTER

第九章

方案二：让未来汽车更节能

在向能源独立挺进的过程中，在什么地方我们可以迈出最大的步子？汽车、卡车和飞机是美国这个国家的耗油大户。因此，交通应该为美国对外国石油的严重依赖承担主要责任。如果我们改善了交通行业的能耗，我们就可以解决石油进口的问题。另外，交通工具还是人为造成的温室气体的最大排放源，而且这种排放增加速度也最快。任何旨在减缓气候变化的成功战略都需要我们对这些温室气体排放加以限制。不能控制石油在交通工具上的过度使用是美国能源独立面临的最大威胁。

美国人喜欢他们的汽车，这些汽车除了能够让他们从一个地方移动到另一个地方外，还是他们身份地位的标志。然而如果我们想要使美国对外国石油的依赖程度降低，我们就要对我们的汽车作出改变，这一点我们现在已经知道。我们将不得不提高汽车的能效，提高它们的单位汽油行驶里程。

提高汽车能效的问题我们知道如何解决，因为我们以前就曾这样做过。1975 年美国具有历史意义的能源立法要求新生产的汽车能效提高一倍。在新的共同平均能效标准约束下，美国汽车每加仑汽油的行驶里程在 1998 年提高到 27.5 英里。新的汽车能效标准使美国汽车发生了显著的改变，并降低了美国对外国石油的依赖程度。那么我们为何没有乘胜追击？

在取得这样的"能源战争"胜利后，我们就从能源战场上退缩了。1988年过后，美国就停止了能效标准的进一步提高升级。美国没有制定更高的能效标准，甚至现有的能效标准都因为汽车领域出乎意料的发展而遭到破坏。1975年的美国能源法案把一种称为轻型卡车的交通工具独立划为一类，国会认为这种车主要是满足商务出行或个人在公路外的复杂路况上的特殊驾驶需要。起先政策要求这种轻型卡车每加仑汽油的行驶里程必须达到20英里。后来，汽车公司便开始推出了客货两用车和运动型轿车，这两种车符合国会对轻型卡车的定义，自然能效标准相对于其他汽车也就比较宽松。当越来越多的司机购买客货两用车和运动型轿车而放弃传统汽车时，美国新车的总体平均能效便开始下降，这出乎了汽车能效标准最初制定者的意料。

对此，国会一直没有采取补救行动加以应对。直到2007年，国会才要求汽车技术研发还必须致力于汽车能效的提高。然而对于客货两用车和运动型轿车的能效标准却没有作出强制性的提高。美国国会和交通部在提高客货两用车、运动型轿车和其他轻型卡车的能效标准上的确采取了渐进式的方法。2006年小布什政府对这些轻型卡车每加仑汽油行驶里程的要求仅仅是到2011年达到24英里。在相当一段时间内，美国都没有制定新的汽车能效标准，联邦政府对于民众转向大功率汽车的购买也是反应平平，这些让美国人再次对石油消费日益上瘾，进一步加剧了美国对外国石油的依赖。

令很多观察人士惊奇的是，国会对于改革汽车能效标准的兴趣在2007年突然大涨。6月，参议院通过法案要求新生产的汽车、客货两用车、运动型轿车和其他轻型卡车到2020年将每加仑汽油的行驶里程提高10英里（10年10英里计划）。这个法案有些时候看起来会在众议院遭到否决，众议院里有着来自密歇根州位高权重的商业委员会主席约翰·丁格尔，而法案正是需要交给该委员会裁决。然而在众议院所有各方却是立场一致地通过了由参议院提出的汽车能效提案。这个苛刻的汽车能效提案在参众两院均以压倒性的优势获得通过，最终被写进了2007年的能源独立和安全法案。

能效提案被写入法律，意味着美国作出了如下承诺，即新生产的交通工具每加仑汽油的行驶里程在 2020 年前必须达到 35 英里，这标志着美国在减少对外石油依赖、实现更大程度的能源独立迈出了重大的一步。

我们曾经利用提高汽车单位汽油行驶里程的办法减少了美国的石油消费，因此，对于这种办法所能达成的目标、对于我们在利用这种办法时所需提防的陷阱以及对于那些行之有效的能源战略我们都有一个很好的理解。那么我们到底理解了什么？

能效标准对汽油消费的抑制作用

1975 年美国国会通过的共同平均能效标准在开始实施的前几年对汽车市场发挥的作用还比较有限。在那段时间，美国人对阿拉伯石油禁运以及飞速攀升的汽油零售价格仍旧记忆犹新，这就鼓励了他们在购买汽车时选择能效更高的汽车，而不管法律对这种选择是否作出了强制规定。即使在没有法律强制规定的情况下，司机为了减少汽油支出还缩短了他们的驾驶里程。到了 80 年代早期，共同平均能效标准对汽车市场的影响就变得大了起来。最终卡特政府期间通过的法案到了里根第一届总统任职期间才对市场产生了越来越大的影响，而这时的低油价则导致司机驾驶里程出现了攀升，同时消费者购买高能效汽车的热情也出现了某种程度的下降。

在共同平均能效标准正式生效前的最后一年即 1977 年，载客汽车去加油站加油的频度大概为每周一次，平均每年的汽油消费量为 676 加仑。而 8 年后每辆机动车的汽油平均消费量则下降了 20%。新的能效标准被推广到整个交通系统后，其影响可谓巨大。新的汽车能效标准使美国汽油消费（尽管美国的机动车保有量也在增加）和石油进口出现了总体下降。从所有的实际结果来看，截至 1985 年美国实现了能源独立，而机动车能效的提高对此作出了贡献。

看到共同平均能效标准对美国产生实质性的益处，我们需要等待几年的时间。同样，能效标准对美国产生的积极影响也需要一段时间才能褪去。在能效标准对美国的影响达到最大后，美国整个交通系统的能效仍在继续提高，尽管这时市场上出现了新式高能效机动车兑换老式低能效汽车的情况。在低油价的驱动下，美国司机在20世纪80年代后期和90年代的驾车里程开始出现大幅度的增加。尽管机动车能效仍在不断提高，然而到了1992年能效提高带来的汽油消费下降已经不能抵消司机驾车里程增加所带来的上涨。在这以后，美国机动车的燃油平均消费量开始呈现上升趋势。在机动车燃油消费趋势出现扭转和美国汽车消费持续增长的共同作用下，美国石油进口不可避免地出现了增加，这不足为奇。虽然能效标准提高在很长一段时间内帮助美国实现了能源目标，然而如果不能及时改进这些标准它们就不能再像以前那样继续发挥作用。

2007年国会通过的机动车能效新标准仍旧具有政策的时滞效应。未来几年内，这些标准将会渐渐抑制美国的石油消费，而且这种影响将会持续很长一段时间。

对于提高能效标准的质疑

一段时间以来，在提高燃油能效标准问题上人们存在激烈的争论，有人担心新标准所造成的结果可能事与愿违。其中人们一个重要的担心就是害怕新标准会造成机动车行驶里程反弹。持有这种担心的人给出了三点提醒。首先，机动车能效的提高会降低单位路程的驾车成本。接着，单位路程驾车成本的降低会导致司机提高其驾车里程。最后，司机驾车里程的增加（反弹）就会和我们减少汽油消费的最初愿景发生冲突。

像经济教科书上的理论那样，这三点提醒看起来也很有逻辑性，然而这种逻辑推理却不适用于汽油这种商品。实际数据显示，汽油消费有着和其他商品消费不同的特点。由于交通燃油缺乏可替代产品，司机在能源产品上就没有什么其他选择。而且，在考虑到机动车价格、保险费、保养费以后，汽油花费在所有汽车支出中就不能算是一个很大的支出项目。在这种情况下，司机一般都不会改变他们通常的驾车习惯，也不会调整他们在其他方面的预算支出，即使在汽油价格出现波动的情况下也是这样。认识到这一点很重要。如果汽油消费和驾车成本高度相关，那么提高能效标准对于抑制汽油消费就不会产生太好的效果。这时提高汽油税将能比较好地抑制汽油消费。

经过仔细分析，我们会发现提高汽车能效确实会造成石油消费出现适度反弹。在石油危机阴影褪去时人们的驾车距离出现了增加，尽管如此，1985年美国的机动车行驶距离还是要低于阿拉伯石油禁运前我们曾看到的数字。1999年美国进行的一项研究估计，随着时间的推移，机动车能效提高给我们所带来的好处大约有20%会丧失，原因就在于机动车能效提高后其行驶距离会出现增加。尽管如此，这种丧失的好处和我们从提高能效中得到的总的好处相比还是相当少的。各种证据显示，提高汽车能效标准是减少汽油消费的一个可行办法，然而我们还必须意识到这一点，即通过减少单位里程的驾车成本，我们可能将会失去新标准给我们带来的一些好处。

提高汽车能效标准对乘客安全的影响引起了人们更大的争议。刚开始汽车必须通过减少其体积质量才能满足新标准的要求，而"瘦身"后的汽车更经不起交通碰撞的冲击。然而机动车质量对于乘客安全却是一把双刃剑。美国研究理事会的一项研究强烈呼吁人们注意这个事实，即较重汽车里的乘客安全系数固然较高，然而一旦发生交通事故被撞汽车里的乘客和其他道路使用者（例如行人、自行车主和摩托车驾驶者）可就不那么安全了。美国研究理事会后来进行的一项研究估计，机动车质量每降低100磅，总的交通事故死亡人数会出现上升，但上升幅度在1%的范围之内。

单位油耗行驶里程的快速增加并不常常意味着机动车的体积质量要缩

小。到了20世纪80年代早期，汽车制造商已经能够利用新技术在不违反汽车能效标准的前提下做到汽车功率的实际提高。在那以后，越来越难以找到证据表明汽车能效提高和交通死亡人数存在直接联系。而且在这段时间美国政府还采取了一些促进交通安全的措施，例如提高汽车司机驾驶技术、加强汽车安全带使用、严厉打击酒后驾驶。截至1985年，美国每英里交通死亡人数下降了25%，比仅仅5年前的这个数字还要低。（进入21世纪后的前几年，美国每年的交通事故死亡人数仍旧还维持在大约43000人的水平。尽管如此，每英里的交通死亡人数却仅为1.4人，远远低于石油禁运前1970年的4.7人，下降幅度高达70%。）

想要确定能否把提高机动车能效和提高其安全性能融合在一起，我们根本不必要去对那些历史数据和研究进行认真的分析。我们只需看一下当前高能效汽车的领跑者丰田普锐斯和本田思域就行了，后者是一款混合电动汽车。这两种高科技汽车的典范凭借着极其省油的优势和优秀的抗碰撞性能赢得了很高赞誉。这还不说，可能更为重要的是，像本田飞度和尼桑祺达这样的经济型小车尽管轴距较短，然而在碰撞测试中仍旧有着良好的表现。人们可以在不降低他们驾车安全系数的前提下推进美国的能源独立工程，这一点已经表现得很清楚。

有关共同能效平均标准人们还存在另一个激烈的争议。存在这种争议的原因是因为，在新能效标准将要生效之时美国几大汽车制造商正面临财务困难。于是，这些汽车公司便有了反对新能效标准的理由：为了生产高能效汽车，公司需要进行新的设备投入，他们不应该承担这种本不必要的资本支出。

尽管如此，美国研究理事会2002年进行的一项研究却发现，没有证据表明提高汽车能效标准会对这些汽车生产商造成剧烈影响。这份研究得出结论称，对于美国汽车生产商和他们的外国竞争者而言，通常的经济状况特别是汽车工业全球化对他们的盈利能力和员工收入所产生的影响要比提高汽车燃油能效所带来的影响大得多。换句话说，尽管底特律反对提高汽车能效标准，然而新标准对美国汽车工业所带来的经济影响却被大大地夸张了。

在围绕能效标准的这些具体争论背后，还存在着人们对政府干预市场的广泛质疑，其中包括新能效标准的执行是否会影响到人们的购车选择。为什么消费者不被允许购买那些大功率、加速性能好的汽车而非要选择那些更节油的经济型小车呢？

从1996年开始到2001年结束，自由市场思潮在美国经济中占据了主导地位，以至于在这期间国会都禁止交通部对共同平均能效标准作出改进。在这段时间内，显然旧能效标准被废止的可能性要大于反映汽车技术提升的能效新标准出台的可能性。

同样还是在这段时间，自由市场思潮还走向了一种极端，这种极端使得美国和其他工业化国家坚持要求中国放弃对汽车的进口歧视。作为2001年加入世贸组织的条件，中国被迫放弃了对进口汽车征收惩罚性关税。在取消这种惩罚性关税后，汽车（包括中国产的汽车，它们突然被迫要与外国进口车展开竞争）的价格出现了急剧下降。由于消费能力的增强，越来越多的中国人都要购买汽车，于是更加耗油的奢侈型汽车便应运而生了。以前附加在汽车上的高税收会限制人们购买汽车，而鼓励人们更多地选择公共交通出行。来自发达国家的压力使中国迈出了重大的一步，而这一步会使得这个国家消费更多的汽油、更大程度上依赖来自波斯湾的石油供应并推高这个人口第一大国的温室气体排放量。面对这段历史，我们的后代可能要问："那些世贸组织的官员当时在想些什么？"

一个优秀的自由市场经济学家应该承认汽油消费存在外部成本。对外国石油的依赖造成了我们军事开支日益庞大，还削弱了我们国家的安全。无论是消费哪个地方生产的石油都会造成全球气候的改变。而且，仅是个人关注他们的汽车对国家安全和环境造成的影响不可能使美国能源现状发生很大的改变。如果我买了一辆省油汽车，而生产商却只是追求其生产的所有汽车的平均能效达标，那么我的行为就相当于送给了汽车生产商销售另一辆不省油汽车的机会。无论是在美国还是在中国，找到限制燃油过度消费的办法都应该是政府义不容辞的责任。

在美国两党中，民主党对出台汽车能效标准的支持力度比共和党稍微大些。尽管如此，两党在这个问题上并没有出现严重的分歧。共同平均能效标准于 1975 年首次在国会获得通过，在提交参议院审议时获得了强有力的投票支持，当时支持该标准的不仅有来自南卡罗来纳州的弗里茨·霍林斯和来自华盛顿州的亨利·杰克逊这两位民主党人，还有来自伊利诺伊州的共和党人查尔斯·珀西（最终该标准由共和党总统福特签署）。虽然由共和党领衔的众议院在 20 世纪 90 年代后期阻挠了汽车能效新标准的出台，然而民主党总统比尔·克林顿在这个问题上却选择尽量与共和党达成一致意见。在 2007 年 6 月国会举行的一场关键投票中，参议院以 65 人赞成 27 人反对的结果通过了约束力更强的能源法案，而该法案的内容之一便是提高汽车能效标准。虽然多数民主党人对该法案投了赞成票，但是来自密歇根州的两位民主党人却投了反对票，而共和党人对该法案的态度却是 20 人赞成 20 人反对。美国两党在减少汽车燃油消耗上的共同行动已经把美国带上了一条比较有利的道路。当整个能源法案在当年 12 月提交参议院投票表决时，只有 6 人对法案表示反对。

能效标准需要升级

美国实际执行的汽车能效标准从来没有达到 1975 年国会所设想的目标。30 年前制定的汽车能效标准长期以来都没有得到严肃的改进，这使得它们在实际中的作用越来越小。

虽然美国环保署要求新生产的汽车都要在车身贴上显示能效的标签，然而标签上显示的汽车能效却高出了司机的预期。虽然汽车标签上的能效显示偶尔会有所提高，但是美国环保署的实验室测试却很难与司机的实际驾驶情况美国保持同步。随着司机对机动车瞬时加速的偏好越来越大，汽车速度上限在提高，对于汽车速度的限制在放松，汽车单位里程耗油在增加，对于这些新情况美国环保署反应比较迟缓。为了凸显自己的功劳，美国环保署已经要求 2008 年参展汽车车身标签所显示的能效精确程度要有大幅提高。这样汽车购买者对于汽车实际能效的了解就会比以前多出很多。

然而交通部强制实施能效标准的这种做法更加不靠谱，更精确的能效显示要求会在很大程度上夸大汽车的实际能效。由于交通部在汽车能效的准确评定上仍旧没有什么大的作为，所以汽车生产商也就不必满足法规规章所设定的汽车能效要求。这些年来政府在评定上的疏忽让我们对石油的依赖程度变得更深。很明显，在能源问题上政府不能像乌必冈湖的小孩（虚幻小说中的主人公自认智商高于一般人，其实也就那样）那样高估自己。在美国的汽车陈列室，多数汽车的能效都低于规定的平均标准。

在汽车能效标准问题上，最明显的失败就是政府对于轻型卡车的激增没有作出足够的反应。20 世纪 80 年代，切诺基吉普车和道奇旅行车引领了汽车向更大、更高和更重转变的风潮，这种车虽然为个人交通出行提供了很大方便，然而其能效却达不到美国对载客汽车所规定的严格能效标准。随着时间的推移，越来越多的汽车购买者把目光从传统汽车转向了客货两用车和运动型轿车。

对于汽车消费领域中的这种越来越多的新现象，在克林顿第一届政府期间美国环保署的分析家们就开始了深入思考。由于不在法律对载客汽车能效管制的范围，这种"体型"变大的载客汽车似乎正在替代老式的旅行车，而这种老式旅行车在能效标准提高的条件下很难再进行生产。在展望美国石油消费时我们曾作出过这样的试探性判断，即人们购买客货两用车只是因为家里多了小孩，而当小孩长大离开家时人们又可能再次使用传统汽车。当这种判断被证明错误的时候，我们可以清晰地看到，客货两用车和运动型轿车

（常常里面只有一个人）对美国产生的影响比最初预想的要大得多。

另外，汽车制造商也意识到了这点，即通过对起初的汽车设计进行稍微调整，他们就可以制造能效要求更低的汽车。2005年，斯巴鲁把傲虎这款运动型轿车的离地间隙从原来的6.1英寸提高到8.7英寸。在不违反法律的前提下，这种调整使傲虎这款车的身份变成了能效要求较低的轻型卡车，从此，一系列新型的"跨界车"便进入了市场，虽然它们的功用是载客，但是却不受法律对载客汽车的规定约束。

接着汽车市场出现了悍马。当年卡特政府最初制定轻型卡车管理条款的时候，不可能想到以后会有超过8500磅的汽车会用作个人交通出行。因此，这些"重量级"的交通工具根本没有受到任何汽车能效标准的约束。就像质量较轻的机动车没有被划入载客汽车那样，这些"重量级"汽车也不会受到高耗油税的惩罚。这样，在悍马（军用汽车的一种民用版本）作为个人交通工具于1992年进入汽车市场以后，人们便发现逃避联邦政府对汽车管控的最好办法便是购买最耗油的汽车。

另外，面对陈旧的汽车能效标准规定，一些汽车制造商宁肯违反规定上交罚款也不愿生产达标汽车。梅赛德斯—奔驰和宝马两大德国汽车制造商在这方面树立了"榜样"，由于生产的汽车达不到美国机动车平均能效标准，它们年年都会向美国政府上缴大量的罚款。美国和亚洲的汽车生产商则愿意让汽车达标，而不是接受罚款。

2006年，小布什政府开始出台规定解决能效标准执行中所遇到的问题。规定要求一些小型跨界车要严格执行法律对载客汽车制定的能效标准。另外，像悍马这种"重量级"的交通工具最终也纳入了政府的监管范围。尽管如此，这些新规定还得等到2011年才能生效，到那时候距离悍马首次上市可就有20年了。不仅如此，这些新规定的未来还充满着变数，它们还要接受法律的挑战。

2007年通过的能源独立和安全法案制定了涵盖所有非敞篷车的机动车

能效平均标准，在美国实现能源独立的路上取得了进步。从那时开始，从传统汽车上转移而生产轻型卡车以逃避汽车能效标准约束的历史将一去不复返。汽车生产商发现，为了逃避较高能效标准而生产的低能效越界车在市场上的出售变得更加困难。

总的来说，交通部对于汽车能效的管理是一个失败。在缺乏足够媒体监督的情况下，汽车行业和律师有绝佳的机会进行游说以便向政府施加最大的压力。大约有20年的时间，汽车能效的提高一直没有跟上汽车技术的进步。在1975年最初制定的能源法案中，国会把为载客汽车制定的多数能效标准的有效期延长到了1985年，在这10年间法律赋予政府出台能效管理措施的权力有限。随着时间的推移，国会作出这种决定时的英明表现得愈发明显。

相对汽车能效旧规定，新规定赋予了政府在能效管理政策选择上更多的自由，因此交通部在汽车管理上长期存在的反应迟缓毛病必须得到重视。交通部必须让它的汽车能效评价系统跟得上时代的步伐，还必须使得系统能够比较好地反映出实际驾驶情况的变化。只有这样，汽车能效标准的出台才能发挥出越来越大的作用。交通部还可能不按照法案的要求逐步提高汽车能效标准，这样国会所设定的2020年美国汽车能效目标就不能实现。在2020年之前，美国总统对于交通部提交白宫的汽车能效报告的态度非常重要，是赞成还是反对将使美国的能源未来出现很大的不同。

科技乃提高汽车能效的关键

有一个多世纪的时间，内燃机的使用都被视作现代科技的一个奇迹。年复一年内燃机的体积和马力越来越大，燃料使用却在减少。在共同平均能效标准出台后的前20年，汽车科技在标准的成功执行过程中扮演了重要的角色。

在这段时间内，有四种技术在载客汽车上得到了广泛使用，这些技术提高了汽车能效，同时还提高了汽车的其他性能。前轮驱动技术提高了汽车的操纵和牵引控制系统性能，同时由于去除了一些汽车传动部件从而减轻了汽车质量。燃油喷射技术则有助于提高燃油的效率、减少有害排放和提高发动机反应灵敏度。用于汽车传动装置的变矩器锁定技术减少了汽车摩滑从而提高了燃油效率。单汽缸四阀技术在汽车发动机上的应用提高了汽车的运动性能和燃油效率。

过去汽车技术的进步意味着我们的技术创新到达终点了吗？不幸的是，直到今天在我们汽车的能源消耗中，也大约只有 1/5 的能源被实际用于推进汽车行驶。而剩下的能源则主要消耗在了尾气带热排放、停车等待、机体摩擦和空调制冷当中。尽管如此，这种较低的能源转化效率实际上对我们来说却是一件好事。在改进我们驾驶的汽车上，我们还有很多的事情需要做。

虽然媒体对混合电动汽车技术做了大量报道，然而这种汽车却只占有很小的一个市场份额。在引入先进计算机控制技术的情况下，这种汽车可以做到电池驱动和汽油驱动两种动力方式的无缝对接转换，因此推广这种汽车的可行性越来越大，而且这种汽车（如丰田普锐斯）在减速时还可以把这个过程中的动能捕获存储起来（再生制动技术）。停车期间这种汽车还可以关闭其电力驱动装置，这一点在城市交通中显得尤为宝贵。未来几年，混合动力汽车的技术成本将会下降，而汽车电池的性能则会上升，这两点毋庸置疑。混合电动车价格越来越低，为我们通向汽车未来铺设了一条非常光明的道路，这将使得我们减少对外国石油的依赖，也会让我们减少温室气体的排放。

当日本人（美国人表现得相对不够积极）力推混合电动汽车时，欧洲人却扩大了柴油直射技术在汽车发动机中的应用，目的在于提高汽车能效。应用于这种汽车上的平滑扭矩曲线技术可以提升司机对汽车的把控能力，其节能效果也非常突出，这种柴油车大概可以做到比当前汽油车省油 1/3。以前柴油发动机由于达不到消费者的环保期望而受到冷落，然而新柴油发动机的燃油技术却更加清洁，正在开始满足美国对汽车环保的苛刻要求。柴油引擎技术为我们解决能源问题提供了另一条具有吸引力的途径，在某个时刻还可能与汽车电池技术结合而生产出柴油电动混合汽车。

汽车能效的问题不在于缺乏更好的技术。高级润滑剂的使用就可以让汽车的燃油消耗降低 1 个百分点。对于引擎进气阀进行更好的控制则可以让汽车油耗降低 2 至 3 个百分点。这样的技术节能例子不胜枚举。

既然我们在先进汽车技术上有这么大的选择空间，那么我们为什么还没有解决对外国石油的依赖问题，甚至在实施联邦汽车能效标准的背景下都没有解决？找到了这个问题的答案，就拿到了解决能源问题的关键钥匙。

回答这个问题我们首先要看到，当新技术可以利用时，汽车制造商就面临着很多设计选择。他们可以把技术兴趣主要放在功率提升上以便在保持能效稳定的条件下提升汽车质量和速度，也可以把研究重点放在减少汽车消耗并保持功率稳定上。在过去的 20 年中，汽车制造商在汽车技术上的选择得到了清晰的展现。

顶级畅销车福特塔罗斯代表了过去 20 年很多汽车的设计趋势。这款私家车首次在 1986 年的车展上面世，当时的长度和质量分别为 188 英寸和 3050 镑。然而经过 20 多年后，它的外形更长、内部空间更大、更重、更安全、更快，其动力也更加强劲。在这辆汽车身上，只有一个重要的性能没有改变。这个性能就是它的单位里程耗油，前后 20 年该性能没有出现任何变化。和其他汽车制造商相似，福特虽然也有数不胜数的汽车新技术出现，但却没有在提高汽车能效技术上进行任何投入。

我们亲眼见证了美国汽车体积质量的日益庞大，而官方数据也证实了这点。美国环保署在《小汽车技术和燃油效率发展趋势：1975—2007》的报告中指出，1987 年美国小汽车的平均质量为 3221 磅，功率为 118 马力。截至 2007 年，这种汽车的质量增加到了 4144 磅（增加 29%），功率则变成 223 马力（增加 89%）。技术的进步没有遏制住汽车生产商对质量和马力的狂热。

虽然汽车质量在增加，但是我们还不应该低估未来人们对于汽车加速时间越来越短的要求。（这是男性的一种特质吗？）先进技术的应用会使汽车每加仑汽油的行驶里程出现潜在的增加，然而对汽车加速性能的高要求则会抵消汽车能效的这种提高。另外，我们也不应该低估未来人们对于汽车可能存在的这种要求，即汽车设计内容应该更丰富，让人有家的感觉。（这是女性的特质吗？）就像克莱斯勒汽车公司新任首席执行官罗伯特·纳德利在 2007 年说的那样："我认为，今天我们必须能够让汽车成为我们最钟爱的房间，对于汽车我真实的想法是，它必须能够给你带来满足感和宁静感，相对于此，汽车的方便出行功能反倒是次要的了。"空调制冷装置最早在 1937 年帕克公司的汽车生产线上就出现了，尽管如此，在 20 世纪 60 年代和 70 年代之前汽车制冷功能一直没有受到大众多么热烈的追捧。未来我们会从克莱斯勒而不是家得宝（家居建材零售商）购买咖啡机、冰箱和微波炉来增加我们的汽车质量吗？

未来人们对汽车的加速性能要求越来越高，还可能会像装修家那样对汽车进行装修，当我们想到这些时我们必须意识到，汽车制造商将会推出体现高科技水平的混合电动柴油汽车，然而这种车的能效却不高。这就意味着混合动力汽车不一定就是绿色汽车。我们不应该在汽车的"混合动力"标识上投入太多的注意力，而应该把更多目光聚集在汽车制造商根据美国环保署要求贴在车窗上的"能效"标识上。

汽车新技术的应用还面临着另一个成本的约束。配备先进的软硬件系统后，汽车的价格就会提高，特别是在汽车首次推向市场时更是如此。虽然这种汽车会减少消费者的燃油支出，或者其性能的提高得到了消费者的认可，然而消费者可能并不会因此就购买这种汽车。然而这种融合高科技的汽车对社会带来的好处却在其他方面有所体现，例如世界油价会因为燃油消费疲软出现下降，美国国家安全和环境质量会得到提高。

为了推进高科技汽车的生产，政府和汽车业界可以开展自愿性的合作，政府也可以推出高科技汽车税收优惠措施，这些做法在政治上都会受到欢迎。然而截至今天，政府和汽车公司间的合作却都只是烟幕弹，目的在于转移人们在一些提案上的注意力，而这些提案对于汽车业则能够产生实际效果。车展上的汽车模型看起来好像能够解决我们所有的问题，然而这种车能够进入市场却是另一回事。

既然如此，那么推出税收优惠政策能够刺激高级节能汽车进入市场吗？结果并不能让我们满意。这里的问题在于税收优惠给政府带来的潜在财政成本太高，以至于这种政策经常只能维持几年。因此，税收政策并不能在很大程度上影响高级节能汽车的产量，反而常常是给那些"搭便车"者提供了财政补助，因为这些人承诺过一定要购买高级节能车。这样看来，税收优惠措施就不能为高级节能车的推广提供长期的经济激励。

相比之下，强制出台更高能效标准的办法对于政府有更大的吸引力，这是因为该办法不会干涉汽车制造商的技术研发，同时又能刺激他们把更多的汽车新技术推向市场。联邦政府没有对汽车如何达到规定的能效标准作出具体要求。混合电动汽车、柴油汽车或其他我们想不到的新型汽车都要接受政府能效标准向它们发出的节能挑战。一些消费者会偏爱那些外观大气、加速性能和节能效果都很好的汽车，而这种汽车的技术成本则很高。还有消费者可能会对那些安全性能不错的"小"车比较欣赏，这种车跑得特别快但单位里程的耗油却并不比平均水平高。政府应该扮演政策制定者的角色，既要实现国家的能源目标，又要为汽车制造商提供较大的决策选择空间以实现汽车消费者的不同期望。

政策抉择

为实现能源独立，美国必须再次稳步提高汽车能效标准。新的能源独立和安全法案的出台为我们解决能源问题创造了一个良好的开端。在过去的 20 年中，我们失去了在解决能源问题上继续取得进步的机会，因此，现在我们需要把汽车能效标准尽可能设定得高一些，并需要立即行动。

新的共同平均能效标准要求美国汽车每加仑燃油行驶的里程每年增加 1 英里。这种大胆的高要求仅仅就是和几年前相比也是一个重大的进步。面对实实在在的反对，国会还是通过了新的更具实际意义的汽车能效标准，值得称赞。

虽然我并不想刻意找茬，但我还是要说，我们对于汽车单位里程耗油的忽视已经有很长一段时间了。对于对外石油依赖和全球变暖问题我们在前两年就该采取行动了，这点我们应该比较清楚。混合电动汽车、柴油发动机和燃油直射技术的进步程度超出了我们原来的想象。在汽油价格居高的背景下，高能效的交通工具正越来越受到消费者的青睐。对此，政府难道不应该再做点什么吗？

我提议政府应该要求汽车每加仑燃油的行驶里程每年增加 1.5 英里，而不只是能源法案中规定的 1 英里。实现能源独立对我们提出了很多要求，基于我现在的了解，1.5 英里的能效提高标准应该尽快生效才好，而且还要近乎永久性地保持下去。按照这种能效提高速度，美国到 2020 年就会有"自由动力汽车"进入市场，到时全美新车的平均能效就能达到每加仑燃油行驶 40 英里。除非能源领域出现一些让我们吃惊的变化（经常出现这种可能），否则我们很可能想要在 2030 年把美国汽车每加仑燃油的行驶里程提高到 55 英里。

当然这里有一个问题，即国会刚刚通过能源独立和安全法案不久，几年内很可能不会再因为汽车能效标准问题而挑起议员"纷争"了，而这恰恰为总统发挥作用提供了机会。一个致力于提高汽车能效（还有国家安全）的国家最高长官能够迅速采纳一些政策提议，并会促使交通部提升其汽车能效评价系统的准确程度。国会再次立法提高汽车能效标准自然会对美国产生很大影响，而在影响力上政府作出的这些改变却也可以和国会的举动相媲美。

然而在宏伟的汽车能效目标背后还存在一个重要的问题，即政府在实现这个目标时会对汽车市场产生多大的影响。人们想要体验驾驶的乐趣，也具有在合理价位下购买汽车的能力。尽管如此，要求汽车在 2020 年达到每加仑燃油行驶 40 英里的能效标准至少能够让汽车制造商发现，加速更快、质量更大的汽车生产竞赛将变得难以为继。这时汽车厂商面临的挑战便是如何展现汽车的电子装置特色以便吸引消费者的注意（无论是真车还是效果车）。

看一下已经在市场有售的汽车就会发现，高能效汽车是可以吸引消费者注意的。丰田普锐斯和本田思域虽然体积不大，然而却有很多自己的特色。经过美国环保署升级后的汽车能效评价系统的评定，普锐斯和思域两款汽车每加仑燃油的行驶里程分别达到了 46 英里和 42 英里。这样，即使普锐斯以后不做任何技术上的改进（这种情况极不可能发生），在 2024 年之前它也能达到我所提出的汽车应该达到的平均能效。对于这些混合动力车来说，仅仅是燃料电池技术不可预期的进步就将为汽车设计增加很多实实在在的选择。

那么运动型轿车会是什么情况？像福特爱仕、马自达丘比特或水手水星这三款混合动力车每加仑燃油都可以行驶 32 英里，足以达到我提议的2014 年汽车能效标准。这些福特系的运动型汽车已经引起了政客的注意，这些政客想要证明他们倡导的绿色经济价值以此赢得更多民众的支持。为了更清楚地展现这些车的优势，生产商还为汽车消费者的未来算了一笔账。汽车从两轮驱动转向四轮驱动后，每加仑燃油的行驶里程就会下降4英里。由此可见，购买越野车会额外消耗不少的燃油。未来人们对于是否购买四轮驱动汽车将会更加审慎，而这种汽车购买者也常常会是那些确有野外驾车需要或要在结冰路面上驾驶的人。

然而在2008年的车展上最吸引人的一种车型却不是混合动力车，而是梅赛德斯—奔驰公司推出的E320柴油发动机汽车。这是一款体型中等的豪华车，可以在6.6秒内将汽车速度从零增加到每小时60英里。该车扭矩高得令人惊奇，可以承受很高的载质量。常理判断这种车该比较耗油，但事实却不是这样。

这款车采用了全新的柴油直射发动机技术，在美国环保署最新公布的汽车能效评定中获得了每加仑燃油行驶26英里的不错表现。该车配备了很多有违节能目标的设施，然而即便如此它的能效也稍微高出了美国机动车当前的平均能效水平。同样来自梅赛德斯—奔驰公司但却没有配备柴油发动机的E系列汽车，其平均能效却只能达到每加仑燃油行驶19英里。虽然E320柴油发动机汽车的价格要比同系列其他车高出5万美元，但是柴油发动机技术却让这种汽车的成本仅仅大约增加了1000美元。仅仅1000美元就能让汽车每加仑燃油的能效提高7英里（增加37%）。不用花费很高的技术成本，柴油发动机就可以在很大程度上提高燃油使用效率。

这段时间在欧洲出售的新车大约有一半都是柴油驱动车。由于对汽车性能和汽车污染的关注，美国在这项并不算新的柴油驱动技术应用上一直走得较慢。然而近来欧洲对这项技术的很多改进则打消了美国的很多顾虑。梅赛德斯—奔驰公司的E320柴油动力汽车已经达到了美国最低的尾气排放标准（通过燃油和车用尿素液体的混合），预计不久就能达到加州更苛刻的尾气排放标准。梅赛德斯—奔驰公司还计划把柴油动力技术快速推广到其他车型中，以满足美国政府对汽车尾气排放的苛刻要求。

另外，未来外国汽车公司还将有更多的汽车新技术出现，这些技术可能会被用来满足美国更苛刻的汽车能效要求，而且可以肯定的是，这其中的一些技术将会表现得足够完美从而得到应用。混合电动汽车和柴油动力车的推广使用已经是"板上钉钉"的事情，这可以在很长一段时间内帮助汽车实现每加仑燃油行驶 40 英里和 50 英里的目标。虽然一些乐观人士认为，在汽车技术成本合理的情况下全方位的技术进步将不再有必要为汽车进行"瘦身"，然而对这种看法我还要持谨慎乐观态度。实际上，汽车经销商那里 6000 磅重的轻型卡车可能将会越来越少。如果市场仍还在向那些真正有"大车"驾驶需求的人提供这种车，如果"小车"在安全测试中继续有着不错的表现，如果我们的邻国也像我们一样出台了汽车能效管理规定，那么为了实现美国能源目标，我们仍旧应该为汽车进行一些"瘦身"。

大胆的国家计划在实施过程中有时会受到一些零碎小事的干扰，而这些小事的影响力最后往往比先前预期的要大。我们需要采取几种措施以确保我们在汽车能效标准上的宏伟目标最终能够实现。例如，政府应该严厉抵制可能存在的宁交罚款也不愿执行苛刻能效标准的行为。能源独立和安全法案仍旧为那些不愿执行能效标准的汽车制造商提供了这样一个选择。在这种情况下为了确保能效标准实际得到贯彻执行，公众舆论就要发挥重要作用。对于那些屡次违反能效规定的汽车制造商，公众就要把它们揪出来对其进行审查，并认定它们对于美国依赖外国石油和全球变暖起到了推波助澜的特殊作用。

新的能源法案首次允许了汽车制造商之间可以开展一些能效积分交易，这就允许那些汽车能效高于规定标准的制造商可以把自己剩余的能效积分出售给那些能效积分低的制造商。虽然这仍会使一些汽车制造商不会完全执行汽车能效标准，然而新规定所带来的净效果却要比汽车制造商交罚款好得多。在这种情况下汽车总体的平均能效仍能达到法定的能效标准。新规定会让每个汽车公司把注意力集中在他们最擅长的事情上，这也会促进高科技在汽车中的应用，使能效标准的执行变得更加经济有效。

尽管如此，为了减少交通系统的石油消费我们却不能仅把注意力限定在共同平均能效标准所涵盖的那些机动车能源消费上。我们还要解决更大的卡车和飞机的能源消费问题。我们还需要扩大美国人的公共交通选择。立刻开展对小汽车、客货两用车、运动型轿车和其他轻型卡车的能效治理某种程度上会让我们对其他交通工具的能效管理更加出色。

我们还需要问一个问题，即在拥有更高能效汽车的前提下我们还需要消费石油吗？所有石油可替代能源的生产都是有成本的，这里没有免费的午餐。因此未来不管汽车使用何种燃料，我们仍将需要研发高能效汽车。接下来我们就要看看有哪些非石油燃料可供我们选择。

CHAPTER

第十章

方案三：积极发展可替代能源

　　想要驱动汽车、客货两用车、运动型轿车和卡车，我们不一定非要使用石化产品（汽油和柴油），我们还有其他选择，这些选择包括氢气、液态煤化工燃料、生物燃料、天然气、电池、甚至来自外星球的可替代燃料，这让我们印象深刻。如果来自美国的这些燃料能够替代我们汽车所需要的石油，我们就可以降低对外国石油的依赖。不管我们消费的石油来自哪里，我们都可以无须再对它形成依赖。

　　现实世界中，可替代燃料有一段时间难以与石油竞争。不管是通过船舶、飞机还是地下管道，汽油和柴油运输起来都比较容易。而且这两种油的能量集中度比较高，即单位体积燃油可以使汽车行驶很远的距离。这些因素有助于降低柴油、汽油的零售价格，在燃油支出相同的情况下汽油和柴油比其他可能的燃料会让汽车走得更远。另外，石油工业基础设施已经建设得比较完善，这让其他燃料更难以与石油展开竞争。因此，虽然大规模生产石油可替代燃料在技术上具有可行性，然而这些新燃料却不能打入市场。

　　在过去的几年中，可替代运输燃料明显动摇了石油在能源市场的霸主地位。非常值得注意的是，2007年美国通过的能源独立和安全法案在乙醇代替汽油上已经提出了相当高的要求。也就是说，乙醇作为一种从植物中提取的液体燃料在能源市场的地位已经被写入法律，将来肯定会发挥应有的作用。虽然我们将要减少汽油消费，然而对此我们却要保持审慎。在可替代燃料推广使用上我们是过于冒进，还是过于保守？我们还有更好的选择吗？在可替代能源的开发使用上，我们面临的挑战就是如何找到能够带来最大效益的那种能源，接着就是找到经济可行的方式把这种能源应用到全国的汽车中。

看上去很美的可替代能源

多数潜在的机动车可替代燃料开始听起来都令人兴奋。然而经过仔细推敲后，我们就会发现其中一些燃料并不具有实际利用价值，有的还会产生严重的负面影响，有的则看起来离我们太遥远而不能解决我们眼前的很多问题。

氢 气

在很多场合都会听到人们对氢气这种能源大加赞赏。氢气燃烧时不会造成任何污染，也不会产生温室气体排放。它质量很轻，也不会散发任何味道。宇宙中充满了很多氢气。美国航天飞机就在使用这种燃料。很多科学家对氢气经济的未来非常看好。氢气还是小布什政府第一个能源计划中的支柱能源。当人们首次听到氢气时，往往都不敢相信氢气这些无可比拟的优势是真的。

人们在高调赞扬氢气这种能源时，常常忽略了非常重要的一点，那就是自然界并不存在氢气这种单质可以让我们马上利用。因此，我们必须要通过一些过程才能得到它，而这些过程是需要消耗能源的。就像我们利用电池一样，我们利用氢气时也是随用随取。因此，和氢气能源相关的环境和其他问题也就从氢气的消费转移到了氢气的制取过程中。考虑到这点时，氢气作为一种神奇燃料的光芒就会消失不少。

另外，使用氢气能源还会产生其他一些问题。单位体积相对较低的能量集中度给氢气的运输和使用带来较大麻烦。在一定压力条件下氢气还比较容易爆炸。不仅如此，向氢气经济过渡还需要我们对国家燃料运输管道这种基础设施进行大规模改造，这样才能使氢气有可能最终为消费者所使用。由于氢气是一种清洁能源，未来某天它可能要为美国实现能源独立发挥重要的作用，但未来几十年它的作用还很有限。

合成燃料

合成燃料是一种液态或气态的煤化工产品。煤化工过程就是把储量最为丰富的煤炭资源转化为使用范围较广的其他化石燃料。而这绝不只是我们的想象。早在二战期间，德国的合成燃料工厂就从煤炭中制取了大量的液体燃料，并补充了其一半的石油供应缺口，而直到这些燃料工厂在被盟军实际摧毁后才停止生产。

受到德国成功经验的鼓舞，美国内政部于1947年提出了另一个宏伟的曼哈顿计划，该计划打算在5年内耗资100亿美元使美国合成燃料的日生产量达到200万桶。次年，在总统杜鲁门的支持下国会投票通过一项合成燃料发展计划，只不过该计划的投资规模要比内政部提出的小很多。几乎同时，《纽约时报》便发表评论称："未来10年，一个新的合成燃料工业将会快速崛起，这将使我们摆脱对外国石油的依赖。届时从煤炭、空气和水中我们就可以制取汽油。"又过了一年，内政部便投资运作了一家合成燃料工厂，并宣称合成燃料的制造成本要比传统石油低得多。

在民众对合成燃料的热情平息一段时间后，总统约翰逊、福特和卡特（在来自产煤州国会议员的帮助下）力图重新恢复美国对合成燃料的兴趣。

然而几位总统却碰到了一个挥之不去的问题，这就是合成燃料的实际开发成本要比传统石油高。除非大自然相助，否则把固态燃料转化为液态燃料会花费很大成本，而政府也没有采纳向合成燃料制造商提供无风险价格担保的提议。这样，企业就没有足够的经济动力在合成燃料上持续进行大规模投资。

最近几年，合成燃料的发展遇到了一个更大的障碍。相对石油，基于煤炭的合成燃料在使用过程中会排放出更多的二氧化碳。尽管如此，小布什政府的能源部仍旧继续鼓励中国发展基于煤炭的合成燃料工业，这样的能源战略自然会更快地加速全球气候变暖。对此，我们的后代可能仍要说："真不知道当时那些人是怎么想的。"在全球气候变暖的大背景下，无论在美国还是在中国，我们都不能推动增加温室气体排放的燃料生产。虽然煤炭代替石油在技术上是可行的，然而却有比这更好的办法来实现我们的能源目标。

无论是氢气还是合成燃料的发展都表明了一点，即技术仅是可替代能源发展需要面对的一个挑战。我们想要后代在未来能源发展中同时实现三个目标：提升国家安全、提升能源效率、促进环境保护。我们需要寻找这样的"三合一"方案。

真正可以为我们所用的可替代能源

从植物中获取石油替代燃料的想法可能会把你吓一跳。你可能不禁要问：我们减少了柴火的使用，进入到动力更强的化石燃料时代，难道这不是我们进步的标志吗？然而在现实世界中，的确有人对于从植物中提取燃料帮助我们摆脱对外石油依赖的兴趣越来越大。我们可用于燃料制取的这些植物就长在我们家门口，无须从中东那些动荡不安的国家进口。植物燃料的使用有助于减少全球气候变暖。而且，我们已经掌握了如何把植物转化为机动车液体燃料的技术。这些植物燃料已经代替了超过 4% 的美国汽油总消费，而且它们的作用还在快速增加。

当前我们拥有的生物燃料并不是我们想要的生物燃料。为了让生物燃料给我们带来最大好处，我们需要超越现在占有主导地位的生物燃料制取形式，即从谷物中制取乙醇。如果我们把焦点转到纤维质乙醇和生物柴油上，就会在实现能源独立的进程中取得更大的进步。

乙　醇

在来自农业州国会议员的强烈支持下，卡特总统开启了乙醇燃料生产的新时代。当时的乙醇制取技术就是先把谷物中的淀粉转化为糖，接着经过发酵把糖最终转化为乙醇。10% 的乙醇和 90% 的汽油混合后便成了当时所谓的"汽油醇"。在美国经历重大能源危机的 10 年期间，汽油醇为美国减少对外石油依赖带来了很大希望，因为汽油醇需要的谷物美国可以自己生产，而且这又是一种可再生资源。

和美国这个期间的很多其他能源创新不同，政府关于促进乙醇生产的政策一直保持着连续性和相当程度的完整性。平均来说，每加仑的汽油醇如果混合 10% 的乙醇就会获得 5 美分的税收优惠，这就相当于每加仑纯度为 100% 的乙醇会获得 50 美分的额外补贴。

这些年来乙醇生产还获得了很多其他形式的政府支持，这些支持既包括联邦政府对乙醇生产商实行税收抵免，还包括政府为了保护国内乙醇生产商向其外国同行征收高额关税。另外，政府还要求石油公司使用乙醇作为氧化剂。2005 年通过的联邦能源法案还为乙醇设定了最低使用量。美国一些州还为乙醇利用出台了进一步的激励措施。乙醇的生产使用是耗资最大的一个联邦能源计划（每年在该计划上的支出超过 20 亿美元，而且这个数字还在快速增长）。

除了上述政府对乙醇的支持外，美国 2007 年通过的能源法案在乙醇使用上陡然提高了要求。这些要求带有强制性，而且非常实际。法案要求截至 2015 年美国乙醇的日消费量要达到 130 万桶，到 2024 年这个数字还要增加到 240 万桶。相比之下，美国 2007 年的石油日消费量则为 930 万桶。新增加的乙醇产量未来将能替代很大一部分汽油需求。

在美国最早开始生产乙醇的几年，多数乙醇都是从谷物中获取的。然而基于谷物制备乙醇的方法却会带来一个问题，而这个问题也往往为那些乙醇的支持者所忽视。谷物制取乙醇首先要求谷物的能量含量要高，而这势必带来耕地支出、化肥支出、灌溉支出和农机耗油支出的上涨，在这种情况下乙醇替代石油的很多好处都会被这种支出的上涨所抵消。而且，蒸馏法制备乙醇一般还需要使用天然气才能把糖转化为酒精。实际上在这种情况下乙醇在减少石油依赖和降低碳排放上的多数优势都消失了，这就使得政府在乙醇上面的财政补助支出显得过于庞大了（至少从能源的角度看是这样）。

制取乙醇不一定非要使用能量含量高的谷物。我们还可以从生长速度快的树木（柳树或白杨）或柳枝稷（北美草原上生长的一种草，无需很多灌溉就可以长到一个高人的高度）中制取乙醇。我们还可以利用各种植物废料制取乙醇。这些东西包括谷物稷（叶子和秸秆）、森林残积物、甘蔗渣（甘蔗中的糖汁被榨干以后剩下的东西）。相对谷物制取乙醇，植物纤维制取乙醇的过程消耗的能源要少得多。因此，在乙醇制取方法上及时转向，我们就能在提升国家安全、改善经济和提高环境质量上获得明显的好处。

纤维制取乙醇方法也存在一个问题，然而这个问题正在被解决。借用美国能源部的话，就是纤维植物"对于被加工成乙醇会产生抵制"。我们需要有更好的技术来分解掉这些植物中复杂的聚合物，以便把糖分离出来。事后我们才发现，对于纤维制取乙醇技术我们一直没有给予足够的支持。尽管如此，在能源分析人士中广泛存在这样一种认识，即我们即将看到在经济上可行的一种可用于制取乙醇的植物出现。

2007年11月，雷奇燃料公司所属的一个乙醇生产工厂开始在佐治亚州南部破土动工修建，而雷奇燃料公司也有望成为美国第一家把植物纤维制备乙醇技术投入商业化运营的公司。该工厂得到了来自硅谷的一个资本基金的投资，它将通过两个热化学过程把生物纤维转化为乙醇，首先大量的生物质（可能就是碎木屑）会在高热、高压和高湿的条件下转化为合成可燃气，然后这种可燃气在一种催化剂的作用下最终会转变为适用于机动车的乙醇燃料，这种技术和催化剂都为雷奇燃料公司专有。

美国政府在乙醇政策上（其实还是能源政策）的走向很大程度上取决于这些早期建设的植物纤维制取乙醇工厂的运营状况。如果这种乙醇制取技术在商业上被证明可行，那么我们就将能够更加快速地推进能源独立进程。虽然这些纤维制取乙醇工厂要比那些谷物制取乙醇工厂需要多得多的资本投入，但是纤维制取乙醇工厂的运营成本却要比后者低，这是因为前者所用的植物原料要比谷物便宜得多。

2007年国会通过的能源独立和安全法案已经认识到了转向植物纤维制取乙醇方法的必要性。法案要求，截至2015年美国15%的乙醇生产都要来自植物纤维。到2022年这个比例要升至44%。由于植物纤维制取乙醇还没有进入商业化生产，法案提出的这些目标明显带有很大的弹性。

对于机动车如何使用乙醇我们已经了解得很多了，但是关键的一条信息我们却仍不了解。通常来说，乙醇会以10%（E-10）或85%（E-85）的比例和汽油混合成为汽油醇在市场上出售。对于为什么选择这样的比例我们并不太清楚背后的原因。选择其他比例还可能会有更不错的表现。

这是一个重要的想法。美国环保署2008年的能效评价报告显示，使用E-85号汽油醇的机动车每加仑燃料行驶的里程要比完全使用汽油少1/4至1/3。虽然对于汽车制造商来说生产既可使用E-85号汽油醇也可完全使用汽油的汽车很容易，但是使用何种燃料的选择权却掌握在司机手中。由于和汽油相比存在这么大的能效差距，E－85号汽油醇的出售可能是政府冒进思想造成的后果，在商业上也成为一个败笔。我们应该开始寻找其他更可行的乙醇混合燃料。

生物柴油

柴油发动机也可以用生物柴油作燃料。生物柴油在美国能源战略上具有特殊的重要性，这是因为能效更高的柴油发动机汽车将要进入美国市场，而石油炼化企业将来也很难满足不断增长的燃油需求。生物柴油有助于我们在能源使用上从石油转向可替代燃料，还为机动车提高其单位燃料行驶里程提供了更多机会。

虽然生物柴油在某些方面具有和传统柴油不同的特点，然而在多数方面的表现却都要比传统柴油好。虽然它还不能在寒冷气候下使用，但是通过和其他燃料混合使用，它的很多不足都可以得到改善。它容易生产，也不需要大量的资本投入。唯一面临的一个重要限制就是我们如何找到大量价格合理的制备生物柴油所需的动植物油供应。也正由于这个问题，当前的生物柴油产量（虽然也在迅速增长）和谷物乙醇产量比起来几乎可以忽略不计。

生物柴油主要从所谓的黄油（通常是饭店的废弃用油）和豆油（饭店剩饭被挤压后的一种产品）。从这些废物中提取的生物柴油在美国全部柴油供应中占有好几个百分点。总的来说，这种生物柴油（享受政府财政补助）在经济上可以和从石油当中提取的柴油展开竞争。其他像被刮去的鸡脂肪那样的废品也可以被用来制造生物柴油。然而，由于废油有限，想要在生物柴油制造的路上走很远会非常困难。虽然大豆、油菜籽和葵花籽的利用可以大幅增加生物柴油的产量，但是这样做却会使畜牧养殖业的成本加倍，并需要政府提供极高的财政补助才能维持下去。这样看来，2007年的能源独立和安全法案仅为生物柴油发展设定了一个温和目标就不足为奇了。

生物柴油生产的经济可行性很大程度上会受到各地实际情况的影响。尽管如此，美国仍要从联邦政府层面尽量鼓励更多的来自废弃食油的生物柴油生产。即使生物柴油的产量颇为有限，它仍旧能为美国能源独立作出重要的贡献。新的能源法案要求美国加大生物柴油研发力度，显然如果想要在生物柴油上取得重大技术进步我们就需要这样做。

如何前行

2007 年伊始，美国就承诺要增加乙醇产量，为此政府向乙醇厂商提供了很大的经济刺激，但对于未来的乙醇产量并没有设置多高的目标。截至 2007 年底，国会通过了很多力度更大的乙醇生产决议，使乙醇生产方法更大程度上转向了植物纤维生产乙醇。由于乙醇生产还面临一些不确定性，国会在这个问题上表现出来的果断可谓创造历史。

在能源部长萨姆尔·博德曼的倡议下，小布什政府对于植物纤维制取乙醇的关注超出了卡特政府以来的历届政府。虽然这种乙醇制取方法还有待接受检验，但是美国还是大胆地为这种可替代燃料设定了产量目标，而且更为大胆的是，为了实现设定的目标，联邦政府将要在乙醇制取技术上进行必要的投资。

市场居高不下的能源价格、国家对汽车和轻型卡车的高能效要求和政府对乙醇生产的新要求三者结合在一起将能抑制未来的石油产品需求，很可能还会扭转这种需求的上涨趋势。2007 年能源独立和安全法案通过后，我们就已经结束了能源自满的时代，并开始设法使我们摆脱对外国石油的依赖。然而由于我们对石油的依赖症将很难克服，所以如果我们想要真正实现能源独立，我们还将需要作出更多。未来我们去加油站的机会会变少而在我们的车库中为汽车充电的机会会增多吗？

CHAPTER

第十一章

方案四：大力发展电动汽车

我们会为手机和笔记本电脑充电。充电以后，那些经常出差的商务人士就可以随时随地与外界保持联系而无需再找固定插座。既然如此，为什么我们不能给汽车和卡车充电呢？为什么我们想要这样做呢？

发展电力交通工具的好处非常明显。美国交通应该减少对石油的依赖特别是对外国石油的依赖。自由的国际贸易适用于多数商品和服务，然而却不适用于石油。对中东石油的严重依赖间接导致了我们对恐怖分子的财政支持。为了保护外来石油运输畅通我们不得不军事介入这些不稳定地区，而且美国经济和国家安全还会越来越多受到这些产油国的制约。如果我们利用国内生产的燃料来驱动家庭和商务用车，就会完全改变这种国家安全受制于人的现状。

由于美国多数电力企业已经不再使用石油发电，所以现在美国电力行业主要依赖煤炭、核能、天然气和水力发电。如果我们继续扩大风能和其他可再生资源在发电行业中的使用，未来我们可能就无须再从外国进口能源。

和从植物中提取的液体燃料一样，电力对于想要摆脱对外石油依赖的我们也很有吸引力。和其他能源生产利用新模式的探索一样，我们也需要仔细研究电力汽车的可行性。如果我们弄清了电力汽车面临的风险和机会，我们就能作出更好的决策从而把我们引向一个电力汽车的未来，而且我们还知道如何达到目标。

电力汽车开发我们已经上路

从汽车工业的早期到现在，用电池而非汽油驱动汽车在技术上就一直是可行的。的确，在今天那些对尾气排放说不的地方（例如机场和高尔夫球场），一些电池驱动的轻型交通工具已经得到了广泛的使用。然而在美国的公路上，燃烧汽油的机动车仍旧占据着主导地位。这些消耗石油的汽车一旦确定了其市场霸主地位，其位置就很难再被其他车取代。

1990 年，加州政府出台了一项规定，要求汽车制造商最终生产出一些零排放的汽车，而这样的汽车只能靠电池驱动才能达到排放要求。在来自汽车制造商的巨大压力下，加州政府于 2003 年降低了汽车排放要求，为此还引发了一场大争论，争论焦点就是：全电动汽车是未来汽车的发展方向还只是一个梦想。2006 年美国推出了一部名为《谁扼杀了电动车》的纪录片，该片故事由马丁·希恩讲述，好莱坞明星梅尔·吉布森和亚历山大·保罗参演，影片向人们揭示了汽车公司的一个秘密，它们曾串通一气扼杀了电动汽车的未来，这种车具有很多吸引人的特色，因此有着很多潜在的消费购买者。虽然汽车公司起初对于电动汽车吸引消费者的说法进行了驳斥，但后来态度还是出现了缓和，开始实际对外出租这种电动汽车（但不准购买），然而出租不可能让电动汽车部门盈利。

全电动汽车在加州的夭折降低了人们对于汽车和卡车从石油驱动向电池驱动转变的热情。而最近混合电动汽车的成功则不仅显示出汽车更多依赖电力驱动在提升国家安全和改善环境质量上的优势，还为我们指明了一条更多依赖电力的能源未来之路。自从第一款混合电动车丰田普锐斯在

2000 年进入美国市场赢得消费者普遍欢迎以来，这些高能效的电动车已经为美国减少石油依赖和降低温室气体排放作出了表率。同时，这些电动车在技术上还表现出了高度的可依赖性，得到汽车买主极高的赞誉。2008 年由《消费者报告》所做的一份调查显示，在顾客满意度上普锐斯汽车已经连续 5 年稳居榜首。而且消费者并不认为普锐斯仅是高档车中的翘楚。在各种型号各种价格的所有机动车中普锐斯都是消费者心目中的最爱。

除丰田外，其他汽车制造商现在也开始生产混合电动车，只不过他们有时需要向丰田购买技术专利。虽然并不是每种混合电动车都能销售得很好，然而向混合电动车发展的趋势却一定是对美国有利的。2007 年通过的能源独立和安全法案对于汽车能效提出的新要求将会为混合电动车的推广提供更多的动力。

作为新近才发展起来的一种技术，汽车电力驱动技术还有充分的改进空间，而我们常常容易忘记这一点。混合动力汽车的电池技术已经有了提高，将来肯定还会继续进步。这与手机和笔记本电脑的电池技术不断进步类似。我们想要的是小而轻且安全性能好的便携式电池。为了减少电池充电和更换的次数，我们还想要电池的使用寿命长一些。同时满足顾客的这些要求对于汽车电池研发来说是个挑战，即使为耗能较小的装置开发这样的完美电池难度也很大。机动车既要有足够的质量以确保乘客的安全，又要有足够的速度以满足乘客的其他需要，由此可见开发汽车电池所面临的挑战更大，但是我们已经走上了正确的方向。

即插即充的电力汽车

当前，混合动力汽车电池主要的充电方式就是把汽车减速时捕获到的的动能转化为电能。然而，如果我们通过电池直接和电源插座相连的方式为汽车充电，就可以进一步减少石油使用并降低传统汽车驱动系统的复杂性。未来几年，这种直接连入普通电网的汽车充电方式将会增加汽车对电力的需求，到时燃油发动机在混合电动车驱动系统中只是起到一个较小的补充或支持作用。随着汽车直接充电技术的不断进步，未来很可能会出现全电动汽车。石油消费也可能会缩减至零。

美国西北太平洋国家实验室最近的一份研究估计，如果美国 2.22 亿机动车辆有 73% 变成可以直接充电的混合动力汽车（仍旧配备一个小型的汽油发动机），美国每天的石油消费量将会下降 650 万桶。另一项研究对于直接充电混合车的市场前景也表示乐观，该研究称，到 2025 年前后这种汽车将能占到美国汽车年销量的一半。考虑到我们在能源消费上需要作出的改变，直接充电混合车这么高的市场占有率相当令人鼓舞。毕竟，我们所谈论的这种汽车直接充电技术在几十年内就可以让我们的石油日进口量下降几百万桶。再加上汽车能效的提高和乙醇使用的增加，汽车直接充电技术的确会为石油进口减少和国家安全提升作出重要的贡献。

结束我们对石油的依赖对提升美国国家安全的好处是不言而喻的，然而它对经济和环境的影响如何？这里我们能够找到"一箭三雕"的方案吗？

汽车直接充电技术看起来有不错的经济价值。电力需求在每天 24 小时的不同时间变化很大。通常来说，电力需求的峰值会出现在人们醒着的时候。这时人们需要室内照明，需要使用各种电器。虽然冰箱和电热器（在冬天不适宜天然气集中供暖的时候使用）在晚上也要用电，但是美国电力负荷超过最大发电设计值的情况却非常罕见。引用能源部实验室研究人员的话就是："美国的电力基础设施是国家的一项战略资产，多数时间都没有满负荷运转。"

人们通常睡觉的时间正好可以作为汽车电池充电的理想时间。显然为汽车充电并不需要人们移动汽车的位置，即使充电过程需要一段时间我们也不会感到不耐烦。由于电厂没有满负荷运转（电力公司甚至可以运行偶尔才会使用的调峰电厂），所以电力公司无须因为汽车电池夜晚充电造成电力负荷增加而修建新电厂。乍一看汽车直充电技术具有很高的经济价值。然而我们还需看到其他问题。

汽车在错峰期间对电力的需求也可能有助于提高断续能源的经济价值。虽然晚上风能可以用来发电，然而其经济价值却由于晚上较低的能源需求而受到限制。如果我们能够把汽车充电时间转移到晚上并做到充电时间和风速强劲时间的同步，最终我们就能提高风能这种无碳排放的清洁能源的价值。虽然这需要我们要有一个较好的智能电网来调节电力供需，然而创建这样的电网在经济上应该是划算的。

简而言之，在晚上电力需求大大低于电厂正常发电能力的时候我们就可以为电动汽车充电。因此，电力公司无须修建新的电厂来满足大量电动汽车的充电需求，而这还有助于提高电力投资的使用效率。由于错峰电价很低，电动汽车消费者还可以减少他们的能源总支出。在减少石油消费和提升国家安全的同时，我们还节约了能源支出。目前来看，发展直接充电汽车是一个非常有吸引力的政策选择，可以让我们做到"一箭双雕"。

汽车电池直充技术最终会像一些研究所表明的那样还能减少温室气体排放吗？答案是可能。从逻辑上看，控制数百个重要发电设施的温室气体排放要比控制数百万个人交通工具的排放容易。然而电池直充汽车却不会使用碳排放为零的核电厂的"电力产品"，这是因为在电力需求较低的时候，多数核能通常都已经得到了充分利用。因此，想要为汽车充电我们就需要关注会产生碳排放的燃煤电厂的电力生产情况。

关于直接充电汽车对环境的影响，美国有两项认真的研究（一项来自西北太平洋国家实验室，另一项则是由美国国家资源保护委员会和电力研究院合作完成的），而两项研究都得出了令人鼓舞的结论。能源部实验室的研究人员得出结论称，直接充电汽车的使用将会减少美国总的温室气体排放，预计减少比例最大将会达到27%。这项电动汽车产业/环境的研究对2050年的美国作出了8个展望，其中7个展望都表明了这样一点，即直接充电汽车造成的碳排放要比混合电动汽车少，比传统汽车碳排放的一半还要少。然而这样的研究结论却不能让我放心。

美国能源部实验室的研究认为，直接充电汽车碳排放之所以减少，是因为它在减速时可以把动能转化为电能储藏在汽车电池中。然而如果像这样，混合电动汽车在不直接充电的情况下就可以充分达到减排效果，我们也就没有必要把电池和普通电网直接相连了。因此，这种减排效果不能归功于汽车的直接充电技术。

另外，这项关于直接充电汽车和环境关系的研究还认为，传统交通工具的碳排放状况只会对市场作出反应，而不会受到任何新政策的影响。然而，该研究却认为碳排放最为集中的发电行业的碳排放不仅会受到市场的影响，还会对政府的碳排放上限或碳排放税收政策作出反应。这样的看法使得该研究看起来就像是在拿橘子和苹果放在一起比较。相对今天的传统汽车和混合动力汽车，直接充电汽车肯定具有减少碳排放的发展潜力。至于将来这能否成真现在还不是很清楚。

几个月后，能源部实验室所进行的"橘子苹果"式的比较研究使美国能源独立之路变得更加曲折，当时国会要求机动车必须实施新的能效标准（碳减排标准），而新标准的要求远远超出了该研究报告的想象，最终来自电力行业的说客成功使参议院阻止了要降低发电行业碳排放的那些主要法案条款的通过。根据这两项关于充电汽车和环境关系的研究，发电行业要获得最大利益将不得不作出改革，而改革的方式则是有人支持也有人反对。

总的来说，扩大直接充电汽车生产的支持力量是强大的。这种汽车可以给国家安全和经济带来巨大好处，甚至最终还可能会给环境带来好处。尽管如此，从我们现在所了解的情况来看，我们还需要认真监测直接充电汽车对环境的影响以验证模型结论的真实性。

对直接充电汽车的未来畅想

想要汽车过渡到更少依赖石油而更多依赖电力的时代需要几个前提条件。首先，我们需要建立电价即时定价系统，这样才能正确引导司机错开电力需求高峰在电价较低的时候为汽车充电。对于任何人来说这都是一种双赢的结果。

同时，汽车电池技术还需要进一步提升。机动车在移动时需要很大的扭矩力和能量。汽车公司当前正致力于提高锂电池的电能容量和安全性，他们将有很大可能找到提高小型储电系统电能容量和延长其寿命的办法。伴随着电池技术的进步，汽车制造商就可以推出日益依赖电力驱动的汽车车型。

另外，这种全电力汽车只有在充电非常方便的前提下才能挤入市场。在电力汽车的大型试验停止之前，加州和其他一些城镇曾经一直在修建这样的汽车充电基础设施。汽车充电最方便的地方应该是家庭车库，这样司机就可以在晚上错开电力需求高峰给汽车充电。而且这种汽车充电设施还必须配备计时器和通信装置，以便与电网调度员沟通从而在电力需求达到谷值时为汽车充电。

理想的情况是，汽车电池不仅能够容电，还能够放电。当供电系统出现故障时，人们可以释放出汽车电池的电能维持电脑和冰箱继续工作一段时间。在海堤不牢固的新奥尔良州，居民曾经急着购买柴油发电机，以防另一场飓风再次对供电系统造成严重破坏。我并不认为在车库中存储柴油是一个多么吸引人的主意，我们为什么就不能利用容电能力强大的汽车电池代替柴油发电机呢？

除了在家设置汽车充电接口外，我们还可在人们滞留时间够长的其他地方设置这样的接口。这些地方包括机场、办公集中区和大型购物中心。

在我们向全电动汽车过渡的过程中，可能将会经历这样一个阶段，即在拥有两辆汽车的家庭中，会有一辆汽车完全使用清洁电力能源，被用于主人的上下班出行或其他短途旅行需要，其所耗费的能源支出非常低，而另一辆汽车则是利用汽油驱动或混合动力驱动，被用于较远距离的出行需要。然而向电力汽车的过渡却并不一定要停留在这个阶段。

汽车充电所消耗的时间要比加油所用的时间长得多。除非在快速充电技术上有重大突破，否则司机在路上将不会接受如此耗时的汽车充电方式。因此，我们必须要减少汽车充电耗时，这样才能满足长途旅行中的司机中途充电需要。

要解决长途汽车的电力补给问题，很多年来我一直提倡汽车充电站不应该把时间消耗在没电电池充电上，而应该为汽车换上一块已充好电的新电池。如果电池比较重，这个电池更换过程还可能需要使用某类吊车才能完成。如果电池足够轻或足够自成一体，这个电池更换过程最终可能和我们更换打印机油墨差不多。

这种通过更换电池为汽车提供能源补给的方式具有很多吸引人的优点。首先，更换电池的时间要比汽油加油所耗费的时间少。其次，汽车充电站可以更好地做到电池的回收利用和电池有毒化学物质的处理。再次，汽车充电站可以选择在电力总需求和电价较低时向汽车电池充电。

在向更加或完全依赖电力驱动的汽车时代过渡时，我曾努力想要确定这个过渡过程所需面对的潜在挑战。虽然其中的一些挑战仍旧非常吓人，然而一些不可克服的技术或商业障碍看起来却不可能存在，特别是在政府为电动汽车提供更大经济激励时更是这样。

那么现在我们应该做些什么？加大电池技术的研发是我们必须要做的

的。我们还需要在全国推行电力实时定价制度。另外，我们还应该在家庭车库中配备240伏电压的电池充电接口。

电力新规划

进入20世纪80年代中后期，我们几乎就看不到石油发电了。太阳能和核能的支持者持续宣称这两种能源能够帮助美国结束对外国石油的依赖。尽管如此，如果不能让电力在交通运输中发挥更大的作用，那些新能源支持者的梦想就不能成为现实。既然电力汽车重新走上了快速发展的轨道，那么为了赢得能源独立我们就有必要把电力的各种话题摆到桌面上讨论。

如果我们想要扩大电力汽车的生产使用，就需要确保我们基础负荷电能的清洁、可靠和经济。当前，燃煤电厂和核电厂承担了美国的基础电力供应，两种电厂的发电量比例为24:7。难以想象两种传统电厂或其中一种在不扩大发电装机容量的情况下就能保证主要经济体的经济繁荣。然而不幸的是，两种电厂都存在需要我们关注的重要问题。

这些年来，我们已经显著降低了多数主要污染物在煤炭燃烧过程中的排放，然而煤炭燃烧造成的最大问题——碳排放却威胁到了这种储量丰富的化石燃料的未来使用。随着更严格的碳排放控制条例的出台，未来我们将不得不减少煤炭使用，或者找到办法减轻煤炭使用对全球变暖的影响。我们可以做到这一点，至少从理论上看是这样，方法就是先把电煤气化，然后把煤气燃烧时生成的二氧化碳收集在一起导入地下。把二氧化碳埋藏在地下的坑洞中（例如废弃的油井下）可能是碳排放的最好处理方法。虽然这种把二氧化碳导入到废弃的含碳燃料储藏井中的"物归原主"做法很有吸引力，然而为此电厂却要把位置修建在这些储藏井附近，或者在从电厂到储藏井这段路的下面铺设二氧化碳输送管道。

从 20 世纪 70 年代以来，虽然不断有明显的证据表明，煤炭使用需要作出调整才能减缓全球变暖，然而二氧化碳隔离处理技术的发展却已经滞后。无论是煤炭行业、电力公司还是联邦政府都没有意识到这个问题的紧迫性。不仅如此，布什政府还在 2008 年 1 月因为成本高而撤销了对二氧化碳主要隔离技术的支持，从而打断了减少煤炭碳排放的计划。如果我们想要煤炭在一个限制碳排放的世界中继续保持有效的竞争力（还要为电动汽车提供动力来源），我们就要转变以前对二氧化碳隔离处理工作那种漫不经心的态度，并把它上升为国家的头等大事，而且我们需要马上这样做。

核电厂可以安全运行。然而核能设施的管理出现显著改善却是始于 20 世纪 70 年代，当时人们对于核能的信任度陡然下降。（拙劣的运行表现和较弱的市场竞争力最终导致政府对核电厂叫停，这时三里岛核电站甚至都还没有出事。）新时期政府对于碳排放的重视则会提高核电相对煤电这个主要市场对手的竞争力。未来几年，联邦政府还将要为一些核电厂的建设提供财政补助。现在核电厂一改过去很多年的黯淡前景，前景一片大好。从长远角度看，我们大步走向核能面临的主要障碍就是核废料的处理。

美国未能找到核废料的永久存放地点。在核废料存放问题上，核电厂面临着来自地方政府的强大压力，这种情况在内华达州尤甚。另外，对于什么技术在核废料的隔离处理上会达到最佳效果，专家也存在着分歧。核废料的回收利用是可能的，世界上很多地方都在这样做。这种方法虽然可以降低核废料永久储藏的必要性，但是却增加了核废料被用来制造核武器的风险。美国和国际社会在如何安全处理核废料这个难题上都面临着严峻的挑战。

虽然较高能效的天然气电厂也可以满足美国部分基本电力需求，然而电力公司对未来天然气的供应和价格却充满忧虑。未来液化天然气进口在经济上的越来越划算可能会平息电力公司的这些担心。

除了传统的发电方式，电力行业还必须尝试其他形式的能源发电，尤其是那些不会产生碳排放的发电方式。2007 年，美国 24 个州要求电力生产必须要有一部分来自像生物质能、风能和太阳能这样的可再生能源。这些要求常常被称为可再生能源发电配额标准，它们成功推进了全国来自可替代能源的电力生产，并为评估各种发电方式的优劣提供了一个良机。

2007 年，联邦政府还交出一份提案，该提案要求美国到 2020 年有 15% 的电力生产来自可再生能源。但由于反对者的阻挠，提案未能于 2007 年 12 月在参议院获得通过，而当时离提案通过所需的 60 票则仅差一票。该提案的反对者声称，这种涵盖范围太广的能源提案不仅实施起来成本太高，而且对于那些特别不适合发展太阳能和风能的州来说是个惩罚。反对者在参议院获得的胜利令人惊奇，因为美国能源情报局在 2007 年早些时候关于可再生能源发电配额标准的一份研究还认可了标准的可行性。

美国多数州在增加可再生能源发电方面都有很好的选择。可再生能源发电配额标准的反对者认为，标准得以实施的前提是美国所有州的日光照射和风力强度都要高于平均水平，然而这种论调是站不住脚的，因为即使阳光和风能不足，很多州还都有着非常丰富的生物质能，而美国能源情报局也认为生物质能将是美国增加可再生能源使用的主要依赖。

美国能源情报局研究认为，在实施可再生资源发电配额标准期间，电力公司从电厂投资到电力送到最终用户累计要耗资 180 亿美元，虽然这个数目听起来显得庞大，然而考虑到长达 25 年的投资期限和期间的售电收入，这个投入还算合理，是可以接受的。在这种情况下，每度电的平均成本就要增加 1%（而不是 1 美分）。例如，在实施新的发电配额标准情况下，到 2030 年美国每度电的平均成本就要累计上升 8.21 美分，如果不实施新标准这个数字则是 8.05 美分。而在可再生能源发电比例增加后，电力行业的碳排放在 2030 年将要比预计的减少 7%，这就实现了可再生能源发电配额提案的主要目标。即使不考虑可再生能源发电有益的外部成本，这样的投资也是很划算的。

可再生能源的发电配额标准已经得到了国会参众两院多数议员的支持，因此在下一轮的能源立法中该标准的出台可能将会敲定。

电动工具和照明能效的提高进一步加强了美国电力系统的稳定性。即使在能源自满时代，美国能源部也没有放松对电力使用效率的高要求，而这些要求也都写入了国会 1987 年通过的国家电力设备节能法案。法案对于新冰箱和空调严格的能效要求已经减缓（当然不是扭转）了美国电力需求的增长速度。

另外，2007 年通过的能源独立和安全方案在第三章再次提高了电动设备和照明的能效要求，只可惜人们当时正在热烈讨论汽车能效标准、可再生能源发电配额计划和能源税话题从而某种程度上忽视了这个立法进步。法案以 130 页的篇幅和高科技术语阐述了这一能效要求，提高了主要电动设备的能效标准，改进了未来能源规则的制定流程，开启了白炽灯的退出机制。这些规定将会大大减少来自家庭和商务场所的电力需求。

在经历几年在能源问题上的碌碌无为后，美国再次迈开步伐，开始向更多样化、更高效和更绿色的电力系统目标前进。我们正在走向机动车日益依靠电力驱动的时代。如果我们能够坚持走下去，我们的国家能源目标就将会成为现实。美国的能源独立就将会实现。

我已经提出了很多促进能源独立的建议，然而这些建议并不能解决所有问题。我们还需要建立在更广泛基础上的经济刺激措施。不幸的是，所谓的"经济刺激"只不过是"能源税"的另一种委婉说法。

CHAPTER

第十二章

方案五：征收能源税

如果没有新的更苛刻的能源税政策，美国实现能源独立几乎是一个奇迹。而能源税却又是那些资深政治家所努力避免提及的热门话题之一。然而尽管能源税存在争议，我们却又不可能回避它。我们已经定下了实现能源独立的长期目标。几十年来，在能源问题上我们都缺乏重大的行动，现在我们将不得不在能源战争中"多面开花"。

20 世纪 70 年代能源危机过后，欧洲和日本把大力征收汽油（目前每加仑的汽油价格在 2 美元至 4 美元之间）税作为它们的基本石油战略。美国则选择了政治上比较稳妥的提高汽车能效标准做法。虽然美国司机也要向联邦政府和州政府支付汽油税，但是这些税收却只是被用在了公路的建设和保养上（只有很少一部分被用来发展公共交通）。虽然每加仑汽油的联邦税达到了 18 美分，然而剔除掉通货膨胀因素，这个征税力度其实比 1973 年阿拉伯石油禁运前还要低。

2007 年，很多具有重要意义的能源提案获得国会通过，还有很多其他提案也进入了国会的考虑范围。然而，在国会却罕见关于能源税的讨论。这使得我们很容易得出这样一个结论：采取征税措施来促进能源节约不符合美国国情。

只是呼吁出台新的能源税征收管理办法并不能解决任何问题。不论是政治上的还是理论上的能源税反对意见，我们都不能继续充耳不闻。我们必须要起草一个既能达成政治共识又能实现我们预定目标的能源税征收提案。

能源税的支持理由

四种方案难道还不足以实现美国能源独立吗？我们可以拥有更大储藏能力的战略石油库存，我们可以提高机动车单位油耗的行驶里程，我们可以从植物中提取液体燃料代替石化产品，我们还可以进入更加依赖电力驱动的汽车时代。虽然我们有了这些有助于实现能源独立的重要提案，然而毕竟我们还没有真正实现能源独立。

目前，我们没有出台任何措施鼓励人们把住所选择在离工作场所更近的地方以减少上下班的往返里程。我们也没有出台任何措施鼓励人们乘坐公共交通或者选择拼车出行。某种程度上，汽车能效的提高还可能进一步鼓励了人们的长途出行，这是因为汽车行驶每英里的燃油成本降低了。对于石油消费有60%要依赖进口的美国人来说，他们需要有更多的行动，而不只是逐渐减少石油使用。美国人需要石油消费出现更大的降幅。如果我们在减缓全球气候变化上有强有力的行动，我们最终必须要把石油消费减少到远低于目前消费量一半的水平。在国会不通过新的能源税法案或政府不出台具有同等效力的政策措施的情况下，很难想象我们的目标能够实现。

能源税吸引人的地方在于其广泛的覆盖面和市场对其反应的灵活性。例如，汽油税征收政策将适用于整个市场，还能避免在其他能源法案中发现的一些漏洞。不仅如此，汽油税还具有灵活性，司机可以根据自己的情况选择自己喜欢的出行方式。他们既可以购买能效比联邦标准还要高的汽车，也可以不购买高效汽车而减少自己的出行，当然还可以同时做到上面两点，自然也可以不作出任何反应。能源税的很多支持者希望它能够鼓励人们住得更近，从而减少驾车出行而增加步行和公共交通出行。当然，如果生活在郊区，驾驶可替代燃料驱动的超级高效汽车也可以收到同样的政策效果。

能源政策保守人士常常认为征收能源税是两害相权取其轻的无奈选择。当重新看到尼克松和福特政府期间的档案时，我惊奇地发现前财政部长威廉·西蒙竟是总统内阁当中汽油税政策（当时税收水平不低）的强力支持者，而西蒙后来却成为共和党右翼保守势力的主要代言人。西蒙认为，汽油税可以抑制人们的恣意驾驶行为，对经济的影响要比行政管制造成的影响小。西蒙对征收汽油税的热衷程度要比对提高汽车能效标准的喜欢程度高出很多。

这些年来，西蒙和其他保守人士都承认了一点，即汽油价格并没有充分反映出因它造成的环境成本和国家安全成本的增加。征税是把这些外部成本纳入汽油价格的合理方式。

非政治人士对于汽油税的支持力度是令人吃惊的强大。当能源问题再次成为全国的关注重点时，很多自由编辑和政策分析人士的第一反应便是呼吁提高汽油税。发出这种呼吁的道理相当简单。如果你想要人们抽更少的烟或消费更少的汽油，你就得提高香烟或汽油的价格。

严厉的汽油税措施已经帮助其他工业化国家遏制了汽油消费的高速增长，这样的增长在美国也出现了。为什么我们就不能遏制这种增长呢？

征收汽油税面临的障碍

很多经济学家则提出了征收汽油税的负面效应，即政府征收汽油税后，穷人的能源支出在其收入中的占比要提高，而富人受到的影响则较小。因此，如果你是一个低收入者，在汽油税政策实施后你的收入就会有更大比例被用来交税。政府征收能源税后，穷人将不得不对自己的支出作出最大限度的调整，而富人则只需支付能源税而无须对自己的消费行为作出任何改变。因此，征收能源税通常被认为会造成社会不公。能源税的确会造成大的负面问题，然而这种问题却在可控范围内。

对于汽油税在政治上不受欢迎的程度，历史存在记载。虽然很少看到有旨在减少能源消费的提高汽油税法案会被提交国会做最后裁决，然而这类法案在国会的命运却都是相似的。阿·厄尔曼曾在 1974 年拿出了一个每加仑汽油征收 23 美分的税收提案，并获得了众议院筹款委员会的通过，而通过原因部分程度上在于阿拉伯石油禁运仅在 1 年前才刚刚结束。提案最后的命运并不仅是未获国会通过，而是在众议院遭到惨败，最终表决结果是 345 人反对 72 人赞成，尽管之前曾获得众议院多数领袖的支持。在伊朗革命战争爆发和苏联入侵阿富汗的 1 年后，即 1980 年，吉米·卡特提出的每加仑进口石油征收 10 美分税收的提案也遭到了国会的否决。卡特的失败又甚于厄尔曼。参议院对卡特税收提案的表决结果是 68 人反对 10 人赞成，众议院的结果则是 335 人反对 34 人赞成，这是民主党总统自杜鲁门以来首次遇到的无人理睬局面，也把卡特政府的国会立法带入一个低谷。

征收能源税遇到政治障碍和这种政策存在副作用有关。消费者组织反对能源税对低收入者造成的影响，而国会中的无党派成员则是汽油税最坚定的反对者。当保守人士也加入到反对队伍时，能源税的反对力量就开始具有压倒性优势了。那些美国官员现在也知道，提出征收能源税建议就等于玩火自焚。因此，征收能源税的主意在国会的支持力量很少。

一些经济学家还会发现，征收能源税还增加了未来的不确定因素。这就是，我们不能如实了解到消费者会因为能源价格升高在多大程度上调整他们的消费行为。经济教科书对这个问题解释得很简单。如果某种东西价格升高，你对它的需求量就会降低。然而消费者对能源价格的反应似乎不是太强烈。

虽然面对较高的能源价格人们也会减少能源消费，然而却不会减少太多。

有相当数量的消费者认为自己的驾驶习惯和室内温度在很大程度上是不能更改的。因此，如果能源价格升高，他们就会减少非能源项目支出而非汽油或电力支出。最近8年油价飙升而汽油消费却在增加的事实恰恰表明能源消费相对价格是多么的缺乏弹性。

更糟的是，能源支出占消费者可支配收入的比例越小，人们就越不愿意对能源价格变化作出反应从而调整自己的能源消费行为。虽然我们已经认识到能源消费缺乏价格弹性对于采用市场手段解决能源问题的不足，然而弹性不足还会影响到税赋水平的确定。为了改变人们的能源消费行为，任何能源税特别是汽油税必须要定得非常高，而且还要持续很长一段时间。

那么我们需要做什么？一些专家认为开征能源税是个不错的主意。然而这种做法却会造成社会不公并极其不受欢迎，我们甚至都不敢确定征收能源税果真能够抑制能源消费。如果这样能源税还值得我们继续讨论吗？

即使人们对于能源价格提高在短期内作出的反应微乎其微，来自能源税的持续价格信号却会长期影响人们在购买汽车、房产和电工产品时的选择和他们的消费理念，这种影响会持续很多年。能源税甚至会影响到市场商品的能效表现。

征税不能快速解决能源问题，然而它却是长期能源战略的一个必要组成部分。为了克服这些障碍，我们必须好好准备能源税提案的各项内容，争取使之上升为法律并确保它在实际当中发挥有效作用。

能源税政策成功的关键

汽油税征收政策能够被通过并发挥有效作用所取决的关键因素是什么？答案是汽油税收入的处置。通常来说，那些赞成征收汽油税的人心中都有一个长长的项目资助清单。很多议员在看到追加项目拨款的机会出现时他们的眼睛都会放光。然而我们不能把汽油税收入用于这些项目。我们应该把汽油税返还给美国人民，而且是全部返还。

既然能源税征收会产生社会负面效应，那么用能源税收入补偿另一种税收造成的负面效应就应该是个不错的主意。美国工人工资所得税被用作了社保资金，这是汽油税可以抵免的一个主要潜在税种。返还能源税将会解决其造成的负面社会问题。（当然，我们还必须要找到一个机制以便把能源税返还给那些没有交纳社会保险的人。）这种税收返还减轻了税收给经济造成的负面影响。

以汽油税收入替代工资所得税扣减在几个层面上都是说得过去的。难道我们不想对我们不喜欢的东西比喜欢的东西多征税吗？减少劳动收入的税收征缴并用汽油税所得替代工资税可以为国民提供一个正确的经济激励，特别是在劳动来自国内而多数石油来自国外的情况下更是如此。

汽油税返还提议将更容易获得广泛的支持，尽管我们还远不能确定这一点。在返还汽油税的政策下，我们就会较轻松地宣称，汽油税征收政策是公平的，它不会额外增加美国人民的税收负担。尽管如此，我们还必须注意到这点，即西蒙、厄尔曼和卡特都曾支持汽油税返还提议而却没有让提议在国会获得通过。以前能源税返还提议一次也不曾被拿来向美国人民进行大力宣传。多数美国人甚至都不知道能源税返还是能源法案的一部分。想要在新时期通过能源税返还提案需要总统尽显其领导力。只有当一个可以信赖的领导人在黄金时间发表电视讲话并把讲话重点放在能源税返还（还有美国实现能源独立的必要）上时，我们才有机会让美国人民了解到能源税收法案的内容。

美国前国务院官员大卫·桑德罗最近撰写了一本关于能源政策的书，他在书中提议政府要在7月4日美国独立纪念日前夕把能源税返还给公众。这样的时间安排有助于让民众相信能源税返还的真实性，尽管在能源税没有提高之前返还税额还比较小。

某种意义上，能源税返还还能增加税收在减少石油消费中所发挥的实际作用。汽油税的征收不能只有象征意义。在过去的 10 年中，由于价格和能源消费之间缺乏弹性，较低的汽油税就能明显抑制汽油消费的说法遭到强烈驳斥。虽然我们不能确切地知道到底多高水平的税赋才能改变人们的消费行为，然而我们却可以先从每加仑汽油征收 1 美元开始然后逐步上调。如果在税收返还的早期人们就认可了较高的能源税替代较低的工资所得税的合理性，那么我们就要对能源税作出调整使之产生更好的效果。如果能源税返还未能赢得公众的信任，美国人在联邦能源法案中就会失去能源税的内容，这将使美国的能源独立之路更加艰难。

总统提议征收汽油税还有另一个优势。面对欧佩克的石油生产配额政策，我们没能有效解决美国石油需求增长问题，因此，我们需要支付比市场价要高的石油价格（实际上这个差价被欧佩克占有了）。有效的汽油税政策将会减少能源需求，还有可能降低税前油价并减少向欧佩克支付的那部分税收。这还能减少工资所得税的征收。

从征收工资所得税转向征收能源税的过程中有受益者也有受害者，这使得在最好的立法背景下能源税提案的通过也存在困难。为了体现公平性，我们有必要逐步引入能源税征收政策。这将给人们留出较多时间对新的能源现实作出调整。然而能源税的推进步伐也不能太慢，应该不能从负面减少对市场的影响，至少不能减少很多，这是因为人们对能源税提高的预期可以使人们在购买耗能器材时把能效放在首位（税收预期和税收现实对人们的影响几乎一样大）。

那么我们的能源税政策底线是什么？下个 10 年间，我们每年都要把每加仑的汽油税提高 20 美分。10 年过后汽油税将会增加 2 美元，这听起来虽然很高，但是相对其他工业化国家这个数字仍然是低的。汽油税需要全部返还，这样能源税的"污点"才能洗白。当汽油税开始显现效果抑制需求的时候，汽油税前价格就会下降。这时国民就开始从能源税中获益。

在汽油税的基础上，我们还要扩大原油税征收，这将会进一步削减石油进口。我们需要降低各种石化产品的需求，而不只是汽油。因此，我们最终必须要把征税对象扩展到各种石化产品上，这是我们为赢得能源独立而采取的第二套税收战略。

扩大税收征收范围面临着比只征收汽油税更大的风险。对整个石化产业征税将削弱美国相对外国商业对手的竞争力，甚至有可能让更多的美国石化工厂搬到国外。如果这些工厂为了逃避能源税而转移到国外，那么世界石油市场供小于求的局面仍旧不会消失，温室气体排放也不会减少，这样征收能源税的目的就没有达到。这就是经济学家所谓的"渗漏"现象。在这种情况下，能源消费的负面效应只是被转移而并未减少。为了消除这种现象，我们还需要对来自国外的基于石油的化工产品进行征税。

碳 交 易

虽然我们可以针对石油消费或温室气体排放征税，然而我们还有另一个选择。当前，在能源专家之间达成了这样一个广泛共识，即政府可以先设定一个总的碳排放上限，然后允许企业就碳排放权进行交易，这样就能最经济有效地减少温室气体排放从而控制气候变化。

能源税和碳交易其实是一枚硬币的两面。在征收能源税的情况下，我们能够确定具体的征税水平，但是却不能确定它对石油消费或碳排放造成的具体影响。而开展碳交易和征收能源税的情况恰恰相反。我们能够确定石油消费或碳排放的具体数量，但是却不清楚由此造成的一系列价格变化。一些人曾经提议，在开展碳交易的情况下政府可以事先对于它出售给企业的碳排放权进行一个价格担保，而这实际上是为企业逃避碳减排提供了机会。政府对于碳排放权最高价格进行担保在碳交易开始实施阶段很可能是出于政治的需要，然而这样做却会使碳交易和能源税比起来并没有多大不同而只不过是换了个名。

相比征收能源税，开展碳交易的好处在于政策覆盖范围更广泛、市场对其反应的灵活性也更强。如果能把减少碳排放和其他气体排放以及对碳处理工厂的保护都纳入到宏大的碳交易系统中来，我们就可能通过市场的办法找到成本最低的碳减排方案。方案的经济性也会减少围绕碳减排和经济增长关系的争论。开展碳交易还有另一个重要的好处。尽管它也会提高能源价格，然而它的名字却没有税收两字。较好的"形象标签"使政界对它的反对较少。

20 世纪 90 年代期间，开展碳交易被兜售为应对京都议定书和后来的碳排放限制措施的万能办法。尽管如此，实际碳交易体系的构建和交易规则的制定却面临诸多困难。构建碳交易系统需要考虑很多细节，极其复杂，尤其是这种系统面向全球用户时更是这样。

我们在设计可以减缓气候变化的新的经济系统时面临着巨大的挑战。仅凭当前的认知水平，我们很难确定碳排放权、其他气体排放权和造林绿化服务之间的相对交易价格。而且，我们还要花费很大脑力以避免所谓的"搭便车"问题，以免对于那些提前尽了将来应尽义务（例如不破坏雨林）的人也支付报酬。

接下来我们便要确定各方在减排当中的责任问题。对于汽车造成碳排放，责任在于司机、汽车制造商、汽油生产商还是汽车自身？在这个问题上，参议员乔·利伯曼（来自康狄尼格州）、约翰·麦凯恩（来自亚利桑那州）和约翰·华纳（来自弗吉尼亚州）勤勤恳恳地做了大量工作，力图勾勒出解决这些问题的立法草图。最终立法敲定这个问题对于公众来说仍旧具有不确定性，私人利益集团大规模的院外游说又给立法增加了很多变数。

碳交易也很难得到国际社会的认可。设定碳排放上限意味着各国的碳排放都要在历史基础上进一步下降。这会让发展中国家担心，他们和发达国家人均能耗的极大差距会在某个时刻被锁定。而这对于发展中国家来说将是灾难性的，因为它们正处于发展阶段，想要提高国民的生活水准就需要增加能源消耗。与此相似，较贫困国家还会担心，富裕国家将能买断已经减少的碳排放权，这就等于否决了他们的能源使用权。国际气候变化谈判着力强调了发展中国家存在的这些担心。然而只要碳交易仍在国际减排方式上占据主导地位，像印度和中国这样的发展中国家就将不愿加入碳交易减排联盟（即使美国要求设定碳排放上限也没有用）。

另外，我们还须认识到，开展碳交易将会提高能源价格，与传统的征收能源税政策一样也会造成社会负面效应。因此，政府应该对碳排放权进行叫价拍卖，还要把拍卖收入作为社保基金以抵消部分工资所得税扣减。既然碳排放权的买主来自公司和个人，那么收入返还时也应该对个人和公司作出区分。像能源税那样，碳排放权的价格也应该随着时间可以升高，某种程度上还不能对公众造成伤害。政府官员应该让公众明白，能源价格大幅上升不是因为能源公司想要获得更多利润，而是因为能源产生了非常高的环境和国家安全成本。

不幸的是，还有另一种开展碳交易的机制存在。在这种机制下，政府只是确定碳排放的减少目标，然后根据公司的历史排放水平给予公司一定的减排额度。在这种情况下，碳排放权价格的升高现象不可避免，由于巨大的能源需求和缩减的碳排放额度存在不平衡，所以某些公司肯定会获得更多碳交易收入。这时能源公司就会成为新的欧佩克，尽管石油交易量减少，但由于单位价格上升仍能获得更高的利润。虽然关于采取哪种碳交易机制的问题在政界之外几乎从来没有成为争论的话题，然而建立一个公平和长期有效的碳交易机制却是一个重大的核心问题。

我们生活在一个政治世界中，能源公司在华盛顿有很大的影响力。因此，为了实现必要的立法目标，在向限制减排过渡的早期，减少一些公司的碳排放额度可能还是有必要的。当前正在实施的多数气候变化法案开始都是先把碳排放实质性地减少一个数量，然后随着时间的推移再慢慢加大政府拍卖的作用，逐步提高碳排放的成本。当政府获得的碳排放拍卖收入被返还给公众时，政策的经济效果还会得到提高。

找到正确的途径

相对其他手段，开展碳交易在减缓气候变化上有很多优势，附带还能降低我们对中东石油的依赖。埋头研究围绕碳交易的国内立法和国际谈判所遇到的细节性的困难虽然是一个很有价值的工作，但是我们还需要认识到这些工作总体面临的巨大困难，我们还要适时采取措施防止围绕碳交易的努力不能持续。我们仍需要传统的税收政策作支持（加上新式的税收返还措施），以便实现能源独立的目标确保国家和环境安全。

未来几年，我建议同时采取三种措施以应对石油依赖和气候变化。仅仅通过提高汽车和卡车的能源使用效率、增加乙醇燃料使用和征收石油税三种政策的结合实施，我们就可以大幅度减少来自交通工具的石油依赖和碳排放。这里又出现了令人厌恶的词汇"税收"，然而国家领导人对税收的征收返还机制已经有了很好的理解，只要他们在提高国家安全、促进经济增长和改善环境的基础上向公众作出进一步解释，能源税征收相信是可以为公众接受的。征税可以看做"一箭三雕"的政策，有很强的政治吸引力。

碳交易的开展最好在电力行业进行。硫交易已经证明了其成功性，这提高了电力公司对碳交易的总体信心。对于碳交易，参议院有几个立法草案，一个草案是费恩斯坦和卡珀提出的，该草案计划到 2015 年让电力行业的碳排放回归到 2001 年的水平，而且草案已经得到了几大电力公司的同意；另一个覆盖范围更广的碳排放草案则是由利伯曼和华纳提出的，该草案已经成为议员在进行碳交易综合性方案讨论时所关注的焦点。这些草案提到的碳减排数量是根据未来预期的碳排放水平而非 1990 年的水平计算出来的，认识到这点很重要，草案中的碳减排数量并不是我们最终要实现的减排目标。尽管如此，在几年的无所作为后我们最好还要从这样具有实质意义的立法工作开始慢慢实现我们最终的目标，而不只是等待完美方案的出现。

除了碳排放，我们还面临其他气体排放问题。相对于碳排放，这些问题较容易处理，这是因为，在一些情况下排放这种气体的工厂生产的产品还可以被其他一些产品取代或者这些排放的处理成本相对比较便宜。虽然我们将不得不对这些气体排放要进行独立的处理，然而随着时间的推移我们却应该逐步杜绝这种排放，而不是把这些其他的排放权也纳入到排放交易系统中去交易。

无论是征收能源税还是开展碳交易，两种战略都会对公众产生显著的影响。如果我们想要采纳它们，我们的国家领导人就不得不把这些战略向公众作出清晰的解释，还要避免把能源税收入和碳权出售所得用于他们心爱的工程项目。很多经济学家乐意捍卫能源税（或称碳排放税）在解决能源问题中的地位。曾任芝加哥商学院院长、尼克松和福特政府财政部长和里根政府国务卿的乔治·舒尔茨 2007 年在一份报纸独立专栏中写道："从很多角度讲，直接征收碳排放税的政策更加简单，也更可能产生我们想要的结果（和开展碳交易相比）。如果能源税收入能被用来抵免政府对其他某项税收的扣减而使它的影响看起来更中性，那么能源税就将赢得更多的支持。"如果我们要赢得能源独立，我们就不能放弃能源税这个选择。

然而如果我们人人都是爱国者，政府为什么还要拿出经济刺激手段引导我们的行为向正确方向发展呢？

CHAPTER

第十三章

方案六：让节能成为爱国行为

近几十年，我们没有从国家领导人那里听到很多有关节能重要性的讲话，也没有人告诉我们改变已经养成的日常能源使用习惯是一种爱国者应尽的义务。因此，我们已经放弃了为实现更重要的国家目标而宁愿作出个人牺牲的传统美德。

我们理应牢记为赢得二战胜利我们所付出的努力，我们的战士和国民分别在前线和后方作出了巨大的牺牲。这场残酷的战争夺去了 40 多万名战士的生命。虽然民众作出的牺牲相对较小，然而他们也在以他们特有的方式为战争提供了实实在在的支持。战争期间，民众接受了汽油和其他战略物质的配额供给制度。他们在自家的园地里种植水果和蔬菜。妇女则承担了双重任务，既要照顾家庭又要在当地工厂轮流做工。二战结束后，发了战争财的公司高层被拖到国会挨批，当时还未成为总统的哈里·杜鲁门还有其他议员对于这样的公司给予了严厉批评。估计每个美国公民都为二战的胜利作出了贡献。

20 世纪 70 年代，为应对当时的能源危机，美国总统再次提到了二战，并把能源危机提到了战争高度。尤其是卡特曾反复提出，为赢得"能源道义之战"我们需要实施节能行动而作出某些牺牲。尼克松和卡特都曾向公众发出了这样的呼吁，即少开车、降低驾驶速度、调节空调温度、关闭不必要的照明。而且有一段时间公众对此也都作出了积极的响应。福特和卡特甚至还情愿冒着政治风险，接受能源价格的升高以促进能源节约。

里根对于为节能而改变室内温度的做法则表示出不屑，他认为那和我们在冬季忍受寒冷和在夏季经受炎热没什么两样。之后，有关节能和国民为此要作出牺牲之类的内容就迅速从总统讲话中消失了。里根在政治上的高人气和执政期间的低油价水平让他的继任者也是继续闭口不谈节能和国民牺牲。

我于 1993 年加入美国能源部，当时克林顿政府的一位高级官员这样告诉我，虽然一段时间以来美国没有谈到节能问题，然而却一直在追求能效的提高。节能和提高能效虽然相关，然而却是两个不同的概念。通过购买可以减少能源消耗的先进设备，个人和公司可以实现能源使用效率的提升。初始购置设备时，较高的资本投入可以通过以后能源支出的减少逐步收回。那些认为只要提高能效就能解决能源问题的人等于变相承认了这一点，即在设备工具的能源使用效率预期提高的情况下我们也无须担心能源价格会出现上涨。换句话说就是，我们可以创造（提升能效技术）出一条解决能源问题的新道路。

而 20 世纪 90 年代，美国面临的问题就是能源需求的增长超出了能源技术的进步。因此，我们看到美国的石油进口和温室气体排放量出现了急剧上升并一直持续到现在。虽然提高能效有助于能源问题的解决，然而在我们没有把能源的外部成本纳入到能源价格中之前，仅依靠提高能效是不足以让我们赢得能源独立的。

除了提高能效，我们还要节能。节能不仅意味着我们要购买能效更高的工具设备，还要求我们时刻检查自己的行为是否造成了能源浪费，我们可能会开大车、住大房、可能对汽车加速性能要求过高，可能会把室内温度调得过高或过低，也可能在相邻楼层间上下走动时还乘坐电梯，而这些行为都会多消耗能源。如果我们没有让自己那么深地陷入能源依赖的深坑中，仅仅提高能源使用效率可能就足以解决我们的能源问题了。然而面对当前的能源现实，提高能效这个办法显得过于温和了。我们需要节能这个更强有力的措施。

整个20世纪90年代，美国两党政治家都担心呼吁民众节能可能会造成其民意支持率下滑。考虑到当时的低油价和在国内弥漫的能源自满情绪，即使呼吁人们节能也不会得到民众太多的响应。

美国副总统理查德·切尼在2001年的讲话中提到，节能虽然可能是一个私人美德，然而它却不足以上升为国家的能源政策在全国强制实施。切尼的这番表态在当时被广泛解读为对节能想法的嘲弄。然而，毕竟节能这个词在新的千禧年有了一点回归的迹象。随着伊拉克战争的爆发和油价的暴涨，小布什政府使用节能这个词的频度也超出了他的前任政府。然而和克林顿不同，小布什却从来没有承认美国其实应该降低石油消费或温室气体排放。

考虑到能源浪费对于国家安全、经济和地球所造成的严重威胁，现在我们到了重启节能对话的时候了。

重新审视国家利益

让我们审视一下当前美国能源供应所面临的紧迫形势。为了保护我们在中东的石油供应通道，美国士兵远赴波斯湾战斗，并有很多人为此失去了生命。像中国这样的新兴国家也已承认他们的未来成功将和他们获得石油的能力紧密维系在一起。石油进口占据了美国贸易赤字重要的一块，这让那些石油出口国对美国货币和美国经济的影响力进一步增强。飞涨的油价还加剧了通货膨胀，限制了美联储应对经济下滑时的政策选择。化石燃料造成的碳排放正在加速全球气候变暖。对此，我们为什么不能把减少石油过度使用视作一种爱国义务呢？

节能就是一种爱国行为。美国经济繁荣的原因在于它曾一度主导世界石油供应，这也推动了美国的崛起，使它成为世界一极。美国经济的持续活力使我们无论是在实战还是冷战中都赢得了胜利。美国强大的影响力不只是建立在其强大的军事和经济实力基础之上。美国还不断向全球输送一些强大的价值观，例如民主、人权、自由市场、水和大气的清洁。如果我们放弃能源战争，美国在国际社会的影响力就会减少，其领导地位就会削弱。而且，我们还将给子孙后代留下一个比较危险的生活环境。

目前我们所考虑的能源解决方案，从提高汽车能源使用效率到开发利用可替代燃料再到征收能源税都能有效地增进美国国家利益。我们还有其他方式来建设一个更强大的美国，这个方式就是发扬爱国主义精神。

目前，对于个人和企业在能源独立战争中应该承担的角色我还没有做很多说明。在能源问题解决上面，政府必须要率先进行能源立法和能源拨款，之后才能考虑非政府力量的作用。在美国可以听到很多向个人和企业发出的能源自愿者行动呼吁，只可惜这些自愿行动被拿来代替了政府行动。而这已经让我对过于依赖非政府力量解决能源问题产生了戒心。尽管如此，我们仍不能否定那些爱国的美国公民和企业在解决能源问题上所发挥的作用。虽然我们需要联邦政府和州政府的能源立法和能源拨款，然而民间的自愿者行动对于政府行动仍能发挥重要的补充作用。

当个人和公司为了更加有效地使用能源而对日常行为和长期设备投资作出改变时，他们的行动就产生了直接效果。和需要艰难苦战才能通过的联邦能源立法不同，自愿者行动可以产生立竿见影的效果。而且，当公众行为已在向消极方向发展时，好的能源立法就更加难以通过。历史经验告诉我们，当公众和公司已经采取节能行动后，政府才能比较容易通过重大的能源改革法案。赢得能源独立战争不可能只依赖华盛顿的政治代表，也不可能只依靠政府间所签署的协议。

让自然力量回归

一些能源的价格并没有反映出其使用对国家安全和环境所造成的外部成本，而这些能源的使用也造成了富裕社会的民众和自然力量的过度疏远。下面两个例子清楚表明，对于自然力量的运用，在很多方面我们竟然赶不上我们的祖先。

我曾经到访过位于南卡罗来纳州的查尔斯顿，那次行程让我非常期待。然而我兴奋的原因却不只在于当地有美味的母蟹汤，还在于那里有让我称奇的建于18世纪和19世纪的家庭建筑。这些建筑反映出古人对于太阳的位置和风的方向的很好的认识，大自然的力量被巧妙地运用在这些节能建筑中。

位于查尔斯顿的这些早期宏伟建筑几乎都是坐北朝南，还常常带一个门廊。建筑窗户和门廊在冬季最寒冷的时候也可以让阳光斜射进屋里，给人们提供自然温度。而到了夏季这种坐北朝南的建筑却没有想象得那么热。这是因为，夏季太阳的位置比较高，而门廊又起到遮阳作用，这样就最大度地避免了阳光直射和室内温度的增加。这些建筑的西面还设计了门和窗户，以便让西风最大限度地吹进屋中，给处于炎热夏季的人们更多清凉。今天，即使那些节能建筑商在他们的建筑设计中也常常忽视太阳位置和主要风向对于建筑能效的影响。过多的消耗电能要比利用自然的力量容易得多，而这些电能很可能来自煤炭。

除了不能有效利用自然恩赐外，在一个能源价格较低的时代，我们对于空气动力学的关注也较少，很少在减少汽车行驶阻力上投入太多精力。

较好的车体设计能够减少汽车行驶时面临的空气阻力，然而在一个富裕的社会，人们常常容易忽略这点而只是增加燃油支出。虽然很多人购买越野车，实际上并没有越野。由于这种车的底板距离地面较高，所以它在行驶中会遇到较大的空气阻力从而降低能效。越野车的四轮驱动技术虽然很少派上用场，但是却额外降低了越野车的能效。当代建筑设计忽略了阳光因素，移动物体设计忽略了空气阻力因素，这些只会加重现代社会对石油的依赖。

在没有外力作用的条件下，一切物体都具有惯性。对于汽车或卡车来说，加速要比保持速度消耗的能量多。加速越快，消耗的能量就越多。与此类似，改变室内温度则要比保持温度消耗的能量大。我们只要稍微多点适应而少点改变，就能降低我们的能源消耗。然而现阶段能源价格是如此便宜，以至于我们根本就没有想过温度调节器的突然开启和常年保持恒温会造成什么样的不同结果，同时忽视了室外阳光的照射方向。

对自然力量和实际能源价格的更加敏感不仅能让我们接受那些更加节能（还安全）的驾驶习惯，还会鼓励我们适应家庭和办公室的季节性自然温度。我们应该尝试改变。最初的调整适应期过后，我们就不会感到不适了，而且我们这样做就是在为美国能源独立作贡献。

购买爱国汽车

如果你已拥有一辆相当省油的汽车，你就不必再急着去市场上购买当前最省油的汽车了。否则汽车公司还得为你制造一辆车，而这也需要耗能。因此，长期在路上驾驶同一辆车是可以减少石油消费的。然而，当你决定要升级自己的交通座驾时，这肯定会减少社会的能源总需求。

按照美国环保署要求贴在汽车窗户上的那些标签相当程度上说明了汽

车的能效问题。印有较高数字的能效标签反映了汽车在城市和高速公路上行驶时的平均能效水平。即使这些标签上的数字不能经常反映出汽车实际的行驶状况（正变得越来越好），它们也准确地反映了多数机动车的相对能效。如果你选择了一辆贴有高能效标签的汽车，你其实就是在为减少美国石油进口和碳排放作贡献。

购车时你可以放心地少去关注汽车所使用的技术。我们之所以想要购买混合电动汽车或柴油汽车，可能就是因为我们听说这些车比较节能。在多数情况下是这样。然而即使是混合电动车或柴油车都可以在制造商的捣鼓下变成耗油车。因此，不要让汽车技术分散你在节能上的注意力。你要做的是寻找那些贴有高能效标签的汽车。

美国 2007 年能源独立和安全法案的第 105 条规定丰富了汽车标签的内容。规定于 2009 年开始实施，它要求汽车除了根据美国环保署要求张贴能效标签外，还要求张贴二氧化碳和其他气体排放标签，后一种标签的张贴期限可能贯穿汽车的整个使用寿命。既然二氧化碳排放和燃油消耗具有直接相关性，那么再张贴新标签某种程度上就显得多余。然而，多数汽车消费者在实实在在地看到他们驾驶汽车对碳排放的"贡献"时都会感到惊奇。这个新增的环境标签将能为喜欢节能环保的爱国者提供更多的购车信息。

消费者购买能效最高的汽车所面临的主要障碍来自家庭集体出行或运输设备的需要。能效最高的汽车丰田普锐斯虽然配置了 5 个舒服的成人坐椅，然而仍不能满足每个司机的驾车需求。了解消费者真实需要的汽车功能和使用这些功能的频度对于汽车商来说仍旧很重要。如果需要使用大个机动车的机会很少，那么消费者比较明智的做法就是在需要时去租这种车而不是把它买下来。如果我们没有越野需要，也不会遭遇路面结冰的驾车条件，那么我们就无须驾驶那种非常耗油的四轮驱动汽车。

如果你能够先对自己的驾车需求做一个实际评估然后再去寻找可以满足你需求的能效最高的汽车，你将来就会节约能源、帮助美国减少石油进口并减缓全球气候变化。当我们看待街坊邻居的标准不再是谁的私人车道上停放了最大的汽车而变成谁购买了最为节能的汽车时，我们就会明白我们正在取得进步。

你的邻居和你如何驾驶新的小汽车、客货两用车、运动型轿车和卡车也会使节能效果产生很大的差异。当你初次试驾新车时，不要急着测试它能在多长时间把速度从零增加到60英里每小时。那将会浪费掉很多燃油，这就违背了你追求的节能目标。所幸的是，机动车仪表板上安装了新的计量表，可以实时监测汽车每加仑燃油行驶的距离。请不要以那种高耗油的快速加速为乐。如果你是一个审慎的司机，你的汽车的实际节能和减排效果可能比美国环保署规定的还要好。节能驾驶是件趣事，它可以减少我们对石油的依赖，它还是司机节能爱国行动的一部分。

购买爱国房产

选择房子要比买车复杂。我们没有单独的一套标准衡量你的选择能在多大程度上减少能源使用。而且，房子的寿命还要持续很长一段时间。购置新房时我们需要考虑以下六个问题。

第一，要寻找把自然因素纳入建筑设计的房子。你需要检查房子的位置朝向问题。最好的房子应该是太阳在南面时能够最大限度地接受阳光，太阳升起和落下时能够尽量避开阳光。这样将能保证你在冬季接受到最多的自然光而在夏季受到阳光照射的机会又达到最少。从表面来看你选择什么样的房子不会对房地产市场造成什么影响。如果你没有购买这种理想的房子，别人就会购买。然而房地产商却告诉我购房者并不关心房子设计是否考虑了太阳的位置，而这将会减少地产商在建筑中融入自然采光技术的动力。如果有较多的购房者询问自然采光的问题，地产商就会建造更多的节能建筑。

第二，寻找那些达到能源星级评定的新房。美国环保署、美国能源部、州政府能源官员和房地产商已经联合制定了针对建筑绝热保温材料、门窗、加热和制冷系统、节能设备和照明设施的等级评定标准，这些标准都超出了传统的建筑能效标准。预计达到能源星级评定标准的房子将会比传统建筑节能 15%～30%。这是很大一块能源节约。如果你重新装修老房子，请考虑购买达到能源星级评定的节水和节能型家庭电器和设施。

第三，选择连体房屋。当你居住在单间公寓、小区楼房和联排别墅时，房屋暴露于外界环境的部分就减少了。这将会减少房子取暖和制冷系统的工作量。选择连体房屋将会节省很大一部分能源。这是节能的另一种方式。

第四，看房时打听一下新房有没有你使用次数不会太多但仍需要供暖和制冷的空间。这样的空间是能源浪费的一个重要源头。据美国环保署目前的估计，美国家庭的平均住房面积到 2020 年将会从 2006 年的 1776 平方英尺上升到 1941 平方英尺（商业建筑的面积预计增长的速度会更快）。美国建筑面积的持续增加将会抵消由建筑装修配置能效提高（装修配置其他方面的技术进步也会降低能源消费）而带来的能源节约成果。装修配置能效的提高加上适当的建筑面积才会带来最好的节能效果。选择面积适当的房子是节能的另一种办法，这需要建筑商对习惯的建筑模式作出一些改变，然而这并不意味着我们的居住质量一定要下降。在选择新家时，我们的确需要更认真地思考房子的哪些设计是我们想要的而哪些又不是我们想要的。

第五，你选择的新家位置将很大程度上影响到你的驾车距离。选择在离工作地点或公共交通站台近的地方安家可以减少不小的上下班燃油消耗。如果房子靠近餐馆或其他便民服务场所，你的驾车需求又将会进一步减少。一些公司为员工提供了步行上班的机会，这样就免去了驾车去办公室处理日常事务的烦恼。这会带来燃油节约（员工健康也会受益于日常的步行锻炼）。

第六，做使用节能建筑的领头羊，引领尖端节能设施使用风潮。近来，在加州有更多的人已在他们的房顶上安装了光伏太阳能发电装置。虽然光伏发电装置的推广使用具有长期性，但是它却显著降低了电网负荷并有助于实现美国能源独立。未来，人们也需要在车库里为电动汽车安装充电设施。我们现在就要要求新家车库中有这样的充电设施，提前为未来做好准备，做使用节能建筑的弄潮儿。

相对低能效住房，节能住房的价格可能会更高，然而这个差价却可以通过住房长期使用所减少的能源支出来弥补。然而除了经济激励，我们还要为节能者提供额外精神激励。我们要让他们意识到，美国已经陷入了深深的能源陷阱，他们就是拯救美国能源的人选。如果你生活在石油取暖比较普遍的美国东北部，你使用较好的房屋绝热保温材料就是在帮助国家减少石油依赖和温室气体排放。如果你生活在其他地方，你仍旧可以帮助美国减少碳排放，使用直接充电汽车就可以减少燃油碳排放。

企业的可持续发展

在能源界，雷·安德森享有很高的声誉。他是一家美国室内装饰公司的主席，该公司总部位于佐治亚州的亚特兰大市，是一家生产地毯的大型跨国公司。该公司对于石化产品有着极大的需求。然而直到1994年，安德森才主要从联邦、州和地方三级政府通过的法律中看到了公司应该承担的能源和环保责任。

当时，安德森突然领悟到，公司要作出改变以走上可持续发展的道路，而不是一味地消耗和过度索取地球资源。安德森为公司制定的新战略可以概括为以下几点：减少利用、重新利用、回收利用、循环利用、改造利用。这些战略理念意味着公司已把资源利用模式定位在循环利用而非一次利用上。在实际行动中，公司不仅回收了很多使用过的旧地毯，还重新把老旧化工产品加工成了新材料，并把阳光转化成了其他能源。

安德森让公司的化石燃料使用和温室气体排放分别下降了45%和60%，然而产品销量却上升了49%。虽然可持续发展战略美化了公司的资产负债表，然而那却不是公司的初衷。安德森只不过是关注环境并经常思考地球的长远未来罢了，结果反倒增加了公司的利润。他的思想动机超越了简单短浅的经济盈利。虽然安德森还没有获得总统自由勋章，然而他却是美国能源独立战争中的重要斗士。

大型公司业务遍布全球，只有能够超越国界的理念才能吸引它们的注意。因此，他们对于国家目标谈得较少，而对于像可持续发展这样的影响更为广泛的理念则更感兴趣。无论是个人作出的节能爱国行动，还是公司作出的可持续发展承诺，都包含了某些重要的相同理念。从道德哲学脱离出来的传统经济学没有激发起公司必要的创新热情以应对我们面临的长期能源环境挑战。相反，严格恪守企业环境道德而不能交出良好财报的行动却会导致公司的毁灭。雷·安德森向我们展示了这一点，即公司承担社会责任与实现良好盈利不仅不是一对矛盾，反而能够相互促进。

很多公司都正在寻找可以促进国家安全、经济增长和环境改善的发展方案。高速公路上规模庞大的物流卡车就该是这些公司很好的能效改善目标。运输卡车行驶里程的增加成为拉动美国能源消费快速增长的最大因素之一。据美国环保署估计，未来运输卡车的行驶距离将会以每年1.7%的比例递增，到2020年这个距离将会达到3040亿英里。如果公司可以降低在高速公路上行驶的货物运输车辆的燃油消耗，他们就为美国减少石油依赖和保护环境作出了贡献。

2006年，沃尔玛公司启动了一个旨在促进环境可持续发展、降低能源消耗和减少废气排放的大型计划。公司在计划开始后的头几项行动都把目标定在了交通节能上。为此，公司宣布未来10年要使用更多的混合动力卡车以达到物流车队能效翻番的目标。公司还作出预计称，供货方把商品包装材料的体积减少5%就会让公司必要的物流车辆减少5%，这将让公司每年节省160万桶柴油。在沃尔玛的能源计划中，仅运货卡车一项就可以大幅减少美国的能源消费量。这些都是严肃认真的承诺。

除了沃尔玛，其他公司也在采取类似的行动。西夫韦连锁超市也在准备把它1000辆运货卡车换成更清洁的生物柴油混合燃料车，若不更换每辆货车每年的行驶距离预计就会达到11万英里。联邦快递公司也不甘落后，它正和美国环保署合作意欲购买新型的水压混合动车商用卡车。美国环保署预计，在城市行驶时这些高级混合动力卡车的能效将会比只靠柴油驱动的卡车提高60%~70%。

在这些公司改变它们的日常用车背后存在着很多动机。沃尔玛首席行政官李·斯科特曾这样表示："虽然我们把这种改变视作公司应尽的义务和积极向好的努力，然而我们也发现了这个事实：我们这样做的真正原因还是为了生意本身。"减少废气排放可以保护环境并能降低公司运行成本。

像沃尔玛这种公司的自愿行动对全球都会产生影响。因此，这样的行动会影响到全世界的能源使用，尽管各国政府还没有就节能减排一致行动达成共识。

跨国公司的影响力有时会以出乎人们意料的方式出现。美国2007年提高机动车能效标准的提案令人吃惊地赢得了广泛支持，其中的部分原因在于日本汽车制造商尼桑公司的支持，这家公司在阿拉巴马州和田纳西州都有生产工厂。而正是来自这两个州议员的关键投票才保证了颇具争议的能效标准在国会顺利获得通过。最近几年，欧洲和日本的能源政策一直比美国严格，而在这些地区也有大量业务的公司已经渐渐促使美国走上了更严格的能源治理之路。既然美国已经从长期的能源自满中觉醒，那么美国公司也可以对那些在能源领域行动迟缓的国家施加压力。

那些既想要为国家尽责又想要节省能源支出的个人和公司在减少美国石油依赖和温室气体排放上将会发挥举足轻重的作用。虽然他们是解决美国庞大能源问题的重要组成力量，然而他们仍旧不能代替政府强有力的领导。

CHAPTER

第十四章

方案七：放弃一些能源技术冒险

　　我提到的几个能源解决方案都是得到验证的，可以立即实施。相当一段时间之前美国就有了战略石油储备并提高了汽车能效标准方案，在这基础上我又添加了几个方案，只不过是想要进一步减轻美国的能源依赖。我们没有理由不再次使用这些旧方案和实施新方案一道重新赢得美国能源独立。我们在实施像大规模开发生物柴油、征收能源税和实施碳交易这样的方案时会面临很多不确定性，然而考虑到未来能源挑战的严峻性，我们似乎又非常值得冒这样的风险。

　　如果能源依赖只是一个国家（而不是全球）的问题，那么这些方案就足以解决这个问题了。然而现实并非如此，我们还需要实现一些重大能源技术飞跃。虽然高级能源技术的研发激动人心，然而却充满风险。很多新技术在开始非常被人看好，然而最终却不能得到应用，这要么是因为阻碍技术试验成功的障碍始终无法消除，要么是因为技术很难实现商业化。另外，一些人还常会拿这些能源前沿技术的光明前景作借口而不通过可利用手段立即采取行动减少石油依赖和温室气体排放。

　　我们寻找高科技能源解决方案的能力近几十年来受到了美国忽视能源研发的限制。即使在美国驻军波斯湾和每加仑汽油价格达到3美元时，联邦政府的能源研发支出（剔除通货膨胀因素）也要低于阿拉伯石油禁运前的水平。如果仅从钱的角度看，我们就可以得出如下结论，即近几届美国总统和国会都没有给予新能源技术很多关注。更糟的是，政客还常常热衷为那些少得可怜的能源研发支出编制用途规划。一些公司还会打这点能源研发资金的主意，常常游说政府争取把这部分资金用于那些相对不太重要的技术上，这种行径和公司大发二战财一样理应受到谴责。

科学研究常常无法提前预料。有些重要的技术都是在偶然间发现的。还有一些前景光明的技术只是无法进行产业化。即使多数技术研发都没有取得明显的成果，偶然的成功发现也很值得政府在研发上进行大力投资。

在能源独立之路上我们已经落在了别人的后面。借助于政策经验，我提出了向能源独立挺进的一个全盘方案计划。然而除此之外，我们可能还需要有一些直指目标的长期方案。即使这些方案被证明失败，我们也会从方案的完善中获得很多教益。从这个角度来说，我们之前的努力也是比较值得的。我们需要保持在能源研发上的投入，争取有更多的科技突破来改变我们的能源市场。

设定轻重缓急

多年以来，我们在能源研发上的投入很少，而实施的研发项目战略价值又有限。我们知道煤炭可以被转化为液体运输燃料，有时我们还会在这个转化过程的完善上投入很多资金。然而不幸的是，合成燃料的生产会对环境造成很大的负面影响，因此花在合成燃料研发上的钱实际上被浪费了。在第一届总统任期内，小布什又把研发支持对象从其他领域转向了氢燃料。然而我们却似乎没有理由相信未来几十年氢气会在美国得到广泛使用。优先支持其他技术研发才更合理。

在小布什第二届总统任期内，能源部长塞缪尔·博德曼改进了政府的能源研究项目组合，工业界和能源界人士对于研究资金应该投向哪里也达成了更广泛的共识。以下5项能源技术应该优先获得广泛支持。

第一，虽然乙醇替代石油应该成为一个国家最高目标，然而像今天这样从谷物中制取乙醇给我们带来的好处却有限。植物纤维提取乙醇技术会大大扩展我们可以利用的植物种类，还具有很高的战略和环境价值，而这也是我们正在寻找的东西。这种乙醇制取技术现在仍不成熟，意味着我们还有很多技术提升空间。国会已经通过决议严格要求未来美国必须把纤维乙醇纳入其能源体系中。在纤维乙醇技术上我们需要有很大的研发投入才能实现（并有希望超越）既定目标。这些年来美国在乙醇植物原料研究上表现优秀，我们应该能够主导这项技术。

第二，电池技术的提高会给我们带来很多机会，加快向能源独立迈进。对于交通来说，更有效率的电池可以提高混合电动汽车的性能表现，还为我们利用普通电网直接为汽车充电打开大门。电池技术提升有助于消除我们对石油的依赖。电池可以提前储备能量已备随时之需，这有助于我们更好地利用像风能和太阳能这样的分部不集中的非稳态能源。现在人们普遍认为，电池技术持续的进步已使这项技术走向成熟。

第三，努力实现我们减缓全球变暖的远大目标。如果我们可以做到煤炭碳排放的分离、集中和隔离，目标的实现就会容易很多。尽管我们煤炭储量丰富，然而如果缺了碳处理技术，我们将很可能会失去煤炭行业，今天我们已经清楚这一点。虽然从总体上我们已掌握了这种碳处理技术，然而现在仍有很多的问题需要解决，而给我们留下的时间已经不多了。小布什政府2008年撤销了对高级燃煤电厂的支持，导致煤炭碳处理技术发展遭遇重挫。该技术再好，也只有在国家限制碳排放的条件下才能得到利用，否则技术研发就缺乏足够的经济动力。

第四，我们必须找到掩埋核废料的最好方式。麻省理工学院2003年发表了一份有影响力的核能研究报告，在核反应堆用过的核废料处理方式上，报告虽然认为掩埋隔离要比回收好，然而也承认了当前无法找到可以按照要求长期隔离核废料地点的尴尬事实。研究还建议联邦政府要把核废料处理研究集中在深度钻孔技术上，以便把核废料导入更深的地球内部结晶岩石层中。这种技术必须保证核废料和地下水能够做到较好的隔离，还得保证潜在的火山爆发或地震不会对核废料存放位置造成影响。虽然对核废料更深的掩埋也会造成一套属于自身的问题，然而在解决核废料处理这个十分困难的问题上它仍不失为一个好的方案选择。

第五，大力发展光伏电池技术，在缓解能源需求上它可以扮演更重要的角色。太阳能电池价格昂贵，工作时需要占据很大一块场地。然而，在空调负荷较高和有特殊能源需要时它却可以给我们带来能量。这种电池还可以发电，而无需担心线路损耗，而损耗则是大型电力生产传输所存在的典型问题。需要补充说明的是，光伏电池的成本和效率正在稳步提高。2007年11月美国能源部曾宣布，为了推进光伏电池技术的的研发，能源部准备向15所大学和6家公司拨款2100万美元作为它们的研究经费。可惜的是，这种支持力度还不足以使美国再次赢得全世界太阳能技术的领先地位，而美国在20世纪80年代曾是全球太阳能技术老大。

总的来说，优先发展上述技术的重要性已得到很好的认可，这可能会促成美国能源技术的稳步提高。然而我们是否忽略了可以让我们在能源独立之路上取得战略性突破的其他技术？对于重大的能源技术进步，我不敢过多的宣扬。在面对能源市场的现实时它们常会不了了之。而且，它们还会常常转移我们在更现实问题上的注意力，使得我们在短期内不能通过已经掌握的技术解决眼前的现实问题。尽管如此，我还是看到了一种可能改变能源格局的新兴技术正在冉冉升起。现阶段我们还不知道这种技术是否能够在实际中发挥作用，所以我们可能要经历较长一段时间才能看到效果。正因为如此，我把这项技术比喻为足球比赛最后的"冒险一搏"，在别无选择时这种英雄式的救赎尝试还是值得的。

微藻提炼柴油

我们已经知道，柴油发动机可以在很大程度上帮助我们减少石油依赖。和传统的火花塞点火发动机相比，柴油发动机能效更高。这种发动机特别适用于比较重的机动车，有载货需求或长途驾驶需要的司机也适合使用柴油发动机。柴油发动机带来的多数环境污染问题都已获得解决，相对较高的价格也可以通过车主以后节省的燃油支出获得补偿。然而这里仍旧存在一个问题。面对柴油车数量的不断增长，我们如何获得足够的柴油？

当前世界柴油市场供应情况堪忧。炼油商难以生产出足够多的柴油来满足欧洲机动车不断扩大的柴油需求。和汽油相比，柴油价格上涨速度更快，而且新的更好的柴油机动车一开始就以很大数量涌进了美国市场。虽然柴油供需之间的缺口可以通过生物柴油来弥补，然而生物柴油原料的来源却实在有限。

因此，美国下一个重大能源技术可能出现在用藻类生物制取生物柴油上。从现在了解的情况来看，绿藻是最高效的阳光吸收生物，它可以迅速生长被加工成生物柴油。它和海洋中的浮游生物或生长在游泳池里的绿藻类似。如果微藻的生产成本能够控制且数量足够多，它就可以改变全世界的交通能源现状。在这种情况下，我们就可以放心扩大柴油机动车的生产，而无须担心是否有足够的燃油驱动它们。这时机动车的燃油将不再来自动荡不安的波斯湾，也不会加剧全球的温室气体排放。

为何以前我们没有了解到这方面的更多内容？难道是微藻柴油太好以至于我们不敢相信其真？我们对于一些看起来很美的技术过于相信，而某种程度上我已经成为了这些"好技术"真相的揭露者。尽管如此，我还是认为微藻制取柴油技术应该引起政府和私人投资者非常认真的高度关注，而且越快越好。

种植柴油微藻是另一条我们还未尝试的能源道路。然而，这条道路却再次显示出我们现在仍在为 20 世纪 90 年代的能源自满不作为付出沉重代价。在纽特·金里奇领导的国会横扫华盛顿后，始于卡特政府的能源部藻类燃料研发计划也就因为资金问题而终止了。在计划实施的 18 年中，能源部对 3000 多种有机生物进行了实验，最终把可能用于燃料生产的生物选择范围缩小至大约 300 种。（联邦研究终止后，藻类能源计划被移至夏威夷大学作进一步研究。）在位于夏威夷州、加州和新墨西哥州的实验室研究成果基础上，科学家得出结论称，开放的池塘最适宜藻类的大规模长期性生产，而且藻类还能很大程度上吸收地球上的二氧化碳。

政府干涉藻类研究的几年间，支持生物柴油的力量变得更加强大。联邦政府取消藻类研究计划的道理更加让人怀疑。主要由于欧洲汽车制造商的努力，柴油机动车在 21 世纪出现了显著增加。用生物柴油驱动高效柴油发动机的技术前景给美国提供了一套强大的政策组合拳以打破国家不断加深的石油依赖。既然生物柴油和化石柴油混合比较容易，那么我们向更多依赖植物燃料过渡的目标就会实现，而且在这个过程中我们也无须对现存的能源基础设施作出很多改变。

当前的主流能源思维是寻找废油（太少而无法对市场产生重要影响）和像黄豆（成本太高，对自然资源消耗太大）这种农作物的替代品。如果不能超越这种思维，生物柴油的发展潜力就不可能实现。简单的细胞结构使得藻类植物能够在相对较小的空间内充分利用阳光和水快速生长。科研人员在早期研究阶段发现，不同片区的水藻产量差别很大。种植面积一定，从水藻中提取的燃油至少可以达到黄豆的 15 倍。

而且，基于藻类植物制取燃油的技术还会给我们带来一个重要的额外好处，那就是藻类可以吸收二氧化碳。当藻类种植场所和电厂临近时，大量电厂烟气中的二氧化碳就会被微藻吸收，这给我们提供了另外一种有价值的能源清洁方式。由于在这上面的研发投入较低，藻类吸碳的想法更多是流于概念而没有进入现实，然而由麻省理工学院教授艾萨克·贝尔金创办的绿色燃料科技公司却实现了碳吸收和生物柴油生产的协同互进。这个协同性实验项目引入了风险资本，其他类似项目也正在开始启动。

现在藻类植物农场建设的很多其他工作都是由各州主持规划，能源部早期的藻类计划也涉及了这些工作。当前藻类生产倾向于使用生物反应器加快水藻生长，这避免了能源部提出的户外池塘生产微藻所带来的一些问题，然而这也增加了微藻生产的资本投入。藻类生产的资金来源非常分散，既有犹他州的科学技术研究创新推广中心，又有荷兰皇家壳牌石油公司。美国能源部甚至也因此再度燃起了用藻类植物制取生物柴油的兴趣。

很明显，在提高微藻产量的过程中，我们也有了更多机会加深对分子生物学和基因工程学的理解。微藻农场运转过程中的多数主要难题似乎都获得了解决，接下来我们就需要考虑永远都很重要的成本问题了。在低油价时代，基于藻类植物的燃油生产成本可能要高于基于石油的燃料生产成本。然而在一个油价高企和碳减排也要计入成本的时代，很难想象基于藻类植物的生物柴油无法在能源市场获得成功。

一旦微藻制取生物柴油的可行性得到充分验证，这个成功经验就可以复制到其他国家以减轻世界石油市场的压力和减少全球温室气体排放。生产微藻所需的实际条件相当宽松，这对于那些农业用地少于美国的其他国家更有吸引力，而不像基于谷物的乙醇生产需要消耗大量粮食。对于劳动力成本较低和资本有限的国家来说，成本较低的户外池塘微藻养殖方式或许比生物反应堆更符合他们的口味。

正常情况下，我会对那些围绕能源技术的夸张描述持抵制态度，然而我必须要说我赞同犹他州立大学化学教授兰斯·希福特关于微藻制取生物柴油技术的说法。希福特曾表示，微藻制取生物柴油可能是人类在 21 世纪面临的最重要科技挑战。考虑到目前在这上面有限的研究实验投入，我们还必须把这项技术视为"一步险棋"，然而却有很大的成功可能性。

既然如此，那么我们现在为何还没有投入这项技术研发？必要性难道还没有讲清吗？最终，这些重大能源问题的决定权还掌握在政客手中，而这些人则是美国实现能源独立的重要障碍。

第 3 部分

保卫美国的未来

编者按：

　　即使我们找到了很好的能源问题解决方案，如果没有政府的正确领导，我们最终也不可能解决能源问题。由于政策存在时滞效应，政治领导人极有可能选择在政治上最受欢迎而对美国利益却非最佳的能源政策，这就要求我们尽力改变美国的这种政治现状。首先，我们要鼓励更多的年轻人参与到政治中，毕竟他们是美国的未来。其次，我们要把更多的注意力投向国会，毕竟美国能源法案还要经过国会的审议。最后，我们要尽最大努力选举出那些把国家利益放在个人利益得失之上的卓越领导人。只有这样才能确保我们能源政策方向的正确。

CHAPTER

第十五章

我们需要什么样的领导人（和选民）

政治和领导存在矛盾吗？在我研究能源政策历史时，我发现了这样一个事实，即领导人选择的道路常常在政治上很受欢迎，但却是错误的道路。历史内幕告诉我们，领导人明知道他选择的道路最终会伤害国家却仍坚持错误的道路。领导人这样做不会带领我们走向能源独立。

在美国历史中政治高于国家利益的一个经典例子便是，尽管知道政府实施工资和价格管控以及燃油配额供应计划最终会产生事与愿违的结果，可总统尼克松还是坚持那样做。读到当年尼克松屈服于国会压力推出燃油配额制的历史档案时，我不禁全身发冷。

1973 年 9 月 21 日（阿拉伯石油禁运开始几周之前，水门事件集中调查时期）提交白宫的一份关键文件提醒总统，自愿性的石油分配方案虽然未能取得成功，但是强制性的分配方案却会使问题变得更糟。作者在文件中写道："你的多数顾问都担心政府进一步加强石油行业管制和组建另一个重要政府机构会造成不好的结果。"文件作者还补充道:"没有人相信,强制性的政府石油分配计划将有助于石油供应问题的解决。"他们还不忘给总统以下提醒,即征收汽油税、开展节能宣传活动和延期实施清洁空气法案可能会给石油供应紧张一些缓解。

然而,尼克松的两位关键顾问却坚持声称:"政府强制实施石油分配计划不可避免,我们应该劝国会通过这个计划。"虽然总统另一顾问几个月来对于该计划一直持反对态度,然而这时也倒向了支持的一方,他说:"不管对与错,民众都认为政府可以而且应该制定这样的石油分配计划。"

在专家和公众意见之间作出选择常常需要最高长官的决断。然而这样的选择却经常带有一些灰色色彩。尼克松作出的强制实施石油分配计划的决定是没有任何疑问的。他的多数顾问都认为这样的计划会起到相反的作用。几年来尼克松本人也曾多次在私人和公共场合慷慨激昂的谴责过石油强制分配政策。然而像价格管控和石油分配政策却受到了民众和国会的欢迎,因此这些政策被认为具有政治可行性。然而对强制石油分配计划的支持却换来了下一年长长的加油队伍,只有几个美国顶级官员自始至终都在抵制该计划,其中就包括前财政部长乔治·舒尔茨。

乔治·舒尔茨的名字在这本书已经出现了几次。作为一位杰出的理论经济学家和三届政府内阁成员,这位资深的共和党政治家对于政治运作有着极为老道的看法。半个世纪以来,他亲眼见证了阻碍政府在能源和其他国内问题上采取明智行动的因素。他对于政客不愿处理棘手问题原因的解释是我看到的所有解释中最清晰的。

对于政客看待政策的方式如何与经济学家不同,舒尔茨曾经这样写道:"政策制定常常要面临一个政策时滞效应。在政客对一个问题作出正确的分析并为此出台最好的长期解决方案后,问题并不能立即得到缓解。那么在等待政策效果显现的那段时间政客们还会获得什么?答案是民调支持率的下降。

最近几年，我听说美国前副总统沃尔特·蒙代尔也曾发表过类似的看法，只不过表达得更加直白。他回忆说："卡特政府期间，当我们讨论某项政策的短期坏处和长期好处时，我们却总是极力强调政策的短期坏处！"不管这些官员如何陈述，总统政策对社会最大程度产生积极和消极影响的时间却可能是在总统离开白宫办公室之后，这对美国政治系统构成了一个重大的挑战。

政策的时滞效应

长期以来政策时滞问题一直阻碍着我们的能源独立进程。舒尔茨以尼克松实施工资和价格管控为例对该问题做了进一步阐述，他本人反对这种管控，而人们也普遍认为尼克松的价格管控措施是20世纪70年代美国经济政策的最大灾难，并严重阻碍了能源市场的供需平衡。在1971年推出管控政策时，尼克松就明白了以下事实，即价格管控短期很可能会抑制通货膨胀，但长期却会加深美国对外国石油的依赖并给美国经济带来巨大伤害。1979年，为了抑制石油的过度需求，卡特在解除油价管控问题上迈出了重大的一步，当时他的很多顾问曾向他发出了这样的提醒（这些提醒最终被证明是正确的），即解除油价管控虽然会在短期内抬高油价，然而也会降低他的民意支持率。无论是尼克松还是卡特，当他们看到政策长期影响显现时，美国选民对两位总统的功过早已有了一番评价。

提高汽车能效标准是解决能源依赖问题最保险的一个政策，实施该政策无需其他政策配套，然而也就是这项政策却再次清晰地展现了政策的时滞问题。提高汽车能效标准的法案获得通过后，又过了几年的时间，法案中的规定才得以正式实施。接着又用了10多年的时间法案中的能效标准才得以修订提高。美国逐渐增加的机动车销量也延迟了新规定作用的发挥。

从能效标准实施到其积极作用初现通常需要几年的时间，而等到石油消费减少还需要更长的时间。同时，汽车公司还需要进行新的生产投资以便为生产更高能效汽车做准备。在下届大选之前，我们经历的都是政策的短期阵痛，还未尝到任何长期的甜蜜。

气候变化问题的解决尤其突出反映了能源政策创新的时滞效应。造成地球变暖的气体已经在大气中呆了几十年了，然而陆地和海洋特征并未因为大气温度的改变而很快发生改变。我们需要几年时间才能看到汽车能效提高对于石油进口的显著影响。而看到它对全球温度和海平面高度产生积极影响则需要我们等待数十年的时间。政府在攻克能源领域一些棘手问题上所作的努力着实令人赞赏。

我们可能认为历史学家最终会还历史以真实，或者即使来不及这样做，也会对政治家的勇敢行动或放弃给予应有的功过评价。然而实际上，多数历史学家对于像能源这样的复杂问题就都没有进行过深入的调查研究。这就是我们为什么能够以全新视角追寻现代能源政策根源的原因。

卡特总统因为降低美国石油进口而受到称赞，而进口减少的部分原因则在于阿拉斯加石油管道的成功铺设使用。铺设管道的政策提案取得重要进展发生在1973年，当时美国还是尼克松执政，内政部和参议员斯库普·杰克逊为推进政策获得通过做了大量工作。虽然我还常常听说卡特因为汽车能效标准而受到褒扬，然而提高汽车能效法案却是在1975年通过的，当时美国还是福特执政。与此类似，我还常常看到某些人把油价管控被解除和保罗·沃尔克获任美联储主席归功于总统里根，然而卡特在1979年就启动了价格管控解除计划，而同样是这一年沃尔克得到卡特提携。

从里根1981年解除油价管控到2007年12月能源独立和安全法案通过的这段时间，美国没有在促进能源独立的道路上取得任何重大进展。然而美国领导人在这段时间内却能轻易地不为能源发愁，这种情况出现的原因很大程度上在于20世纪70年代美国推出了苛刻的能源政策。这种现象完全是政策时滞效应的反映，它使得领导人缺乏足够的政治动机着手解决棘手问题。既然如此，那么有没有办法克服这种时滞问题？虽然很久我都不敢对这个问题作出正面直接回答，然而我还是要针对这个问题提出我自己的几个建议。

改变美国政治

在存在政策时滞问题的情况下，传统政治思维将无法带领美国真正实现能源独立。所有有助于减少石油依赖和温室气体排放的政策提案最终都必须获得足够的政治支持才有可能在国会获得通过并交由总统签署。如果我们的政治体系鼓励捷径和功利，那么重大的能源立法就不容易实现。为此，我提出三点政治建议。

第一，把注意力更多地投向国会。通常，我们倾向于把国家的希望和梦想寄托在新当选的总统身上。而总统却只能在白宫呆上 4 年或 8 年，这个时间和较大规模的政府计划实施周期相比还不算长，特别是在应对像石油依赖或气候变化这样的问题时这个时间就更显短了。在政策提案或政府预算提交国会审议时，总统又没有投票权。于是总统们常常会把关注焦点集中在外交政策上，而忽视了对国内问题的关注。新闻记者、历史学家和公众虽然把注意力集中在了白宫总统办公室上面，然而这种局外人的远观却常常不能对华盛顿的政治运作达到最佳的理解。

评论家有时把通过法案比喻为制作香肠，如果你没有观察过香肠的制作过程，你就会更多地享受它的美味。与香肠复杂的制作类似，法案只有在通过国会的层层阻挠后才能上升为法律，而外人则几乎无法理解这种苛刻的质问与阻挠。然而正是这些多年呆在华盛顿的国会议员对美国的长期目标实现有着举足轻重的影响，也正是他们决定着法案某些条款到底只是具有象征意义的"花瓶",还是有着实质意义的政策杀伤力。

2007 年美国通过新的更苛刻的汽车能效标准离不开 6 位长期资深议员的领导和支持,他们在 20 世纪 70 年代都直接参与了当时的能源问题大辩论。该标准写入了美国能源独立和安全法案,得到了民主党人即参议院商业委员会主席丹尼尔·井上和少数派议员共和党人泰德·斯蒂芬的支持。井上在 1959 年成为第一位来自夏威州的众议员代表。作为美国第一位日裔众议员,井上曾被众议院发言人萨姆·雷伯恩要求举起右手宣誓就职,然而他却不能那样做,因为井上在二战中失去了右臂。井上还在 1962 年成功当选美国参议员,并在 1968 年和来自阿拉斯加州的参议员斯蒂芬走在了一起。阿拉伯石油禁运开始后,两人站在一起参与了当时的美国能源大辩论。夏威夷应对海平面上升的脆弱能力和阿拉斯加不断融化的冻土使两位参议员对于近期全球变暖给地球带来的威胁特别敏感。

2007 年美国能源法案中的汽车能效条款得到了黛安妮·范斯坦和奥林匹亚·斯诺两位新当选参议员的支持,对于能源问题他们有着长期的浓厚兴趣。民主党人范斯坦在 1978 年 12 月当选为旧金山市长,也就在那时伊朗石油生产大幅下降。几个月后,加州便成为美国第一个遭受大规模汽油短缺和加油排队之苦的州。而共和党人斯诺则在 1978 年走出缅因州成为美国众议员,刚好没有错过华盛顿再度爆发的能源大辩论。和多数议员不同,斯诺对于能源问题一直保持着浓厚的兴趣,甚至在公众不为能源发愁的时候也是这样。范斯坦于 1992 年当选参议员,而斯诺则是 1994 年。为了让国会通过新的汽车能效标准,他们为此奋斗了 6 年。

在众议院 2007 年围绕汽车能效展开的辩论中,来自密歇根州的约翰·丁格尔(美国汽车公司的利益捍卫者)和来自马萨诸塞州的艾德·马克(严格汽车能效标准的支持者)是民主党内的辩论主角。丁格尔 1954 年就成功当选为美国众议员,可以称得上美国 20 世纪 70 年代能源立法最有影响力的人物。马克则于 1976 年进入众议院,刚好赶上了卡特执政期间的美国能源大辩论。曾在两位议员面前作过证的我确信，他们最终将会推动国会通过一个宏大的能源战略，而为此他们已经奋斗了几年。果不其然，他们站在了一起支持美国能源独立和安全法案通过，而大幅提高汽车能效标准的条款也写入了法案。

井上、斯蒂芬、范斯坦、斯诺、丁格尔和马克尽管在很多问题上的看法都不尽相同，然而在2007年12月，他们却站在了一起，他们都是想要实现美国能源独立的爱国者。

几十年来在每个总统大选周期，针对能源独立问题国会都可能会开展几次可以打破原先政治平衡的"辩论比赛"。谁入主白宫都将会对美国产生很重要的影响。然而对于能源政策来说，谁控制国会才是影响它的命运的更关键因素。

美国赢得能源独立的第二个关键是让更多年轻人参与到政治当中。好的能源政策的出台需要领导人避免急功近利思想，还要他们具备看问题的长远眼光。尽管从确保未来经济增长和环境质量的角度考虑，我们还有提高能源价格的必要，然而一些领导人仍常常向民众作出这样的承诺，即他们的燃油支出会降低。

关于今天美国的行动对未来的影响，年轻人有着特殊的看法。今天美国的能源政策选择对于将来是福是祸，他们才是对此体会最久的人。从现在开始算起的几十年内，美国仍然摆脱不了对波斯湾石油的依赖，他们生活的地球气候将会出现快速改变，他们将更加难以实现能源独立。舒尔茨提出的政策时滞问题给美国能源独立带来重大挑战，最关注这种挑战的应该是年轻人。当政策时滞问题出现时，年轻人就可能会在政治上活跃起来。

在美国选举政治中，参与度是随着年龄提高的，这样年轻人的政治影响力就相对较小。选民把政客推到某个位置上，相应的就会适应他的政治立场，政客们清楚这点。接着他们就开始在一些长远问题上忽悠选民。

不参与政治的人会以此为借口，即选举不会改变美国现状，只不过是党派在国会重新划分势力范围。有时确实就是这个情况。然而在每个选举周期参议院总会搞上几个相互批驳的辩论，而辩论双方在能源独立问题上则有着明显不同的立场。辩论的胜方所持的立场常常会影响美国几十年。2008年总统大选期间，几个主要候选人都谈到了美国能源独立问题，然而给出的问题解决方案却不尽相同。那些最容易受到美国能源依赖波斯湾石油和气候变化影响的人需要开赴能源独立辩论战场争取胜利。

除了参与政治活动，年轻人还能作其他事情。最近我和几位家长谈话，发现，通过和孩子谈话，他们在能源和环境问题上的认识正在发生变化。一些有影响力的美国人也在试图通过对话的形式改变人们对能源和环境的认识，我曾在媒体上看到过此类报道。虽然这样的对话形式看起来微不足道，然而我却认为年轻人可以在对话中提出更具前瞻性的观点，而这正是很多人所需要的东西。

我们需要有着别样性格的政治家。选举出不计个人得失的政府官员是我们实现能源独立的关键之一。如果当选官员的唯一目标只是争取再次赢得选举，那么他就不可能超越政策时滞问题。对于官员来说，向公众尽情描绘一幅美好的能源未来蓝图经常要比采取切实行动容易。毕竟说话不需要付出太多成本。而行动则会造成几家欢喜几家愁，还常常会带来短期阵痛。

一些人权法案和1977年签订的巴拿马运河条约之所以能获得国会通过，是因为一些国会议员敢于冒着失去职位的风险也要投下赞成票。在能源依赖和环境变化问题解决上，我们也可能需要有这样的勇气。

我们无法保证政治候选人一旦当选还能够把国家的长期利益放在比保住个人职位更重要的位置。然而我们却必须要记住他们竞选期间在能源独立问题上所做的承诺，我们必须要检验他是否有按承诺行动的勇气。即使行动对社会带来的好处要在下次竞选过了很长一段时间后才显现，我们也要这样做。

实现能源独立的最重要关键还在于选民和政治家的选择。双方都需要为他们的子孙后代着想，怎么最有益怎么办。代际之间的责任问题已不是一个新问题。英国政治家和哲学家埃德蒙·伯克在 18 世纪就曾说过，伟大的事情不可能一代人就能完成。因此，社会不应该仅仅是"活人之间的共同体"，还应该是"活人、死人和即将出生的人之间的共同体"。然而不幸的是，死人和那些还未出生的人没有投票权（至少在多数司法体制下都是这样）。因此，那些具有投票权的人就要关注一下胎儿的政治需求，毕竟他们才是地球的未来主人。

为后代考虑还促成了我们在解决其他重大问题上的进步。1978 年埃以戴维营和平会谈到了最后一天谈判仍未打破僵局，这天总统卡特把几张有他个人签名的纪念照交给了以色列总理梅纳赫姆·贝京，并请求贝京把这些照片转交给他的孙辈。卡特对此回忆说："我们当时有几分钟的谈话，话题则是孙辈和战争，气氛很安静，但我们都动了情。"谈话结束后，贝京在电话中对卡特说，他愿意在导致僵局出现的关键问题上重新开展对话，结果埃以双方迅速达成一致意见。卡特一直相信，正是他和贝京关于孙辈和未来战争的谈话才导致两个长期为敌的国家最终签署了和平协定。

未来我们在应对石油依赖和全球变暖问题时，需要承受一些短期的阵痛，需要顶住来自大型利益集团的压力，需要促成相关国际公约（尽管这种公约不可能让各方都心如所愿）的出台。最终很可能是因为我们对孙辈的关注导致谈判僵局被打破而成功签署公约。

注释及参考文献

Two major sources of information for this book are easily accessible on the Internet. All statements of presidents in offi ce can be found in *Public Papers of the Presidents*, whether in hard copy or online. Specifi c citations beyond dates are no longer necessary, since statements can be easily word searched. Similarly, this book relies heavily on data from the Energy Information Administration, which are easy to fi nd at the agency's web site, www. eia. doe. gov . The availability of historical monthly data online has greatly facilitated the ability of everyone to look more closely at major energy trends

前言　为何能源独立比伊拉克重要

1. Alan Greenspan, *The Age of Turbulence*: *Adventures in a New World* (New York: Penguin, 2007), 463.

2. OPEC oil ministers have asserted (at times to me personally) that the existence of oil stocks indicate that the world market is adequately supplied. However, the OPEC quotas restrict production of the world's lowest-cost reserves and put considerable pressure on high-cost frontier areas to fi ll the gap. The reluctance of OPEC producers to increase output rests less on fears of oversupplying the market than on a desire to keep prices fromfalling.

3. The 9/11 *Commission Report* (New York: W. W. Norton, 2004), 169-72.

4. Thomas L. Friedman, "Who Will Succeed Al Gore?" *New York Times*, October 14, 2007.

第一章 美国陷入对外石油依赖陷阱

1. Those interested in a long analysis of the history of oil should consult Daniel Yergin's *The Prize: The Epic Quest for Oil, Money, and Power* (New York: Simon & Schuster, 1991).

2. Craufurd D. Goodwin, "Truman Administration Policies toward Particular Energy Sources," in *Energy Policy in Perspective: Today's Problems, Yesterday's Solutions*, ed. C. D. Goodwin, (Washington, DC: The Brookings Institution, 1981), 68.

3. Goodwin, "Truman," 147–48.

4. United States Cabinet Task Force on Oil Import Control, *The Oil Import Question: A Report on the Relationship of Oil Imports to the National Security* (Washington, D. C. : Government Printing Offi ce, 1970), 34.

5. Cabinet Task Force, *Oil Imports*, 20–21.

6. Shale oil reserves in America were larger than those for conventional oil, but required crushing the deep sedimentary rock surrounding the oil, intense heat to liquefy it, and massive amounts of water.

7. Bush to Flanagan, November 17, 1969, and Bush to Dent, November 24, 1969, Box 40, RG220, Nixon Materials, National Archives and Records Administration (NARA). 8. H. R. Haldeman, *The Haldeman Diaries: Inside the Nixon White House* (New York: Berkley Books, 1995), 138.

9. Paul Volcker and Toyoo Gyohten, *Changing Fortunes: The World's Money and the Threat to American Leadership* (New York: Times Books, 1992), 101.

10. Nixon Tapes, Conversation No. 794–2, Nixon Materials (see Chap. 1, n. 7).

11. Steve Wakefi eld and Duke Ligon to Chairman of the Oil Policy Commit-
   tee, "Major Oil Import Problems Requiring Immediate Attention," Feb-
   ruary 11, 1973, Box 24, DiBona fi les, Nixon Materials (see Chap. 1,
   n. 7).

12. Data produced by the American Automobile Association taken from its press
   releases, found in the AAA Library, Heathrow, Florida.

13. Transcript by Radio TV Reports, Inc., February 4, 1973.

14. *Oil Daily*, September 13, 1973.

15. Henry Kissinger, *Crisis: The Anatomy of Two Major Foreign Policy Crisis*
   (New York: Simon & Schuster, 2003), 89.

16. FRM SECSTATE TO AMEMBASSY JIDDA, October 12, 1973. State Depart-
   ment cables of this period can be accessed on the web site of the National Ar-
   chives and Records Administration, www. archives. gov .

17. Kissinger, *Crisis*, 239 (see n. 15).

18. FRM AMEMBASSY JIDDA TO SECSTATE, October 17, 1973 (see n. 16).

19. FRM SECSTATE TO USINT CAIRO, November 7, 1973 (see n. 16).

20. Henry Kissinger, *Years of Upheaval* (London: Weidenfeld & Nicolson,
   1982), 658–66.

21. Haig to the President, June 6, 1973, Box 89, PPF, PSF, Nixon Materials
   (see n. 7).

22. Gallup Opinion Index, January, 1974, No. 103, 9.

23. Fiedler to Shultz, December 3, 1973, Simon Papers, Lafayette College Spe-
   cial Collections , 16: 31; Carlson and Colvin to Director, December 14,
   1973, Box 66, CEA Records, Ford Presidential Library.

24. *Time*, November 19, 1973.

25. FRM AMEBASSY JIDDA TO SECSTATE, January 3, 1974 (see n. 16).

26. Richard Nixon, RN: *The Memoirs of Richard Nixon* (New York: Simon & Schuster, 1978), 985

27. Kissinger, *Upheaval*, 947 (see n. 20).

28. Information on Fuel Gauge reports from press releases and supporting materials in the AAA Library, Heathrow, Florida.

29. Lursch to Hill, January 24, 1974, Simon Papers, 17:33 (see n. 23).

30. Gallup Opinion Index, February 1974, No. 104, 2; March 1974, No. 105, 9. In previous polls, respondents could pick two problems, resulting in higher numbers for leading items than the new approach, which allowed for only one.

31. Haig to President, Box 90, PSF; and January 28, 1974 and January 30, 1974, Box 24, Kissinger Telcons, Nixon Materials.

32. Richard B. Mancke, *Squeaking By: U. S. Energy Policy Since the Embargo* (New York: Columbia University Press, 1976), 33–34.

33. One exception is Yanek Mieczkowski's *Gerald Ford and the Challenge of the 1970s* (Lexington: University of Kentucky Press, 2005), which devotes four chapters to energy.

34. Congressional Quarterly, *Congress and the Nation: A Review of Government and Politics in the Postwar Years*, 1973–1976 (Washington, DC: CQ Press, 1977) 233–35; Peter Milius, "Democrats Fault Ford Tax Rebate," *Washington Post*, January 21, 1975.

35. "Abdication by Congress," *New York Times*, June 13, 1975; "The Energy Bill," *Washington Post*, June 23, 1975.

36. "Increase in Taxes Approved by Swiss," *New York Times*, June 9, 1975; J. W. Anderson, "Saving Gasoline, German Style," *Washington Post*, October 7, 1976.

第二章　被遗忘的胜利：美国曾经如何做到石油进口减半

1. Edward J. Mitchell, ed., *Energy: Regional Goals and National Interest* (Washington, D. C. : American Enterprise Institution, 1976), 79.

2. *Congress and the Nation*, 239–40 (see Chap. 1, n. 34).

3. Friedersdorf to the President, November 24, 1975, Box 51, PHF, Ford Library.

4. Zarb to the President, December 16, 1975, Box 12, Schleede Files, Ford Library. 5. "Signing the Oil Bill," 22; Simon, *A Time for Truth* (New York: Reader's DigestPress, 1978), 79–81.

6. Rosalynn Carter, *First Lady from Plains* (New York: Ballantine, 1985), 157.

7. Jimmy Carter, *Keeping Faith: Memoirs of a President* (New York: Bantam, 1982), 96–97.

8. Rickover to the President, April 12, 1977, Box 17; Speech Draft, Box 18, PHF, Carter Presidential Library.

9. Central Intelligence Agency, "The Impending Soviet Oil Crisis," March, 1977, and "The International Energy Situation: Outlook to 1985," April, 1977, Box 19, PHF, Carter Library. The CIA was wrong about the Soviet Union, which never became a net importer of oil, but right about Saudi Arabia, which never came close to reaching the production levels predicted by most analysts at the time.

10. Box 18, PHF, Carter Library.

11. "Results of Harris Poll," April 22, 1977, Box 28, Moore fi les, Carter Library.

12. Reston, "Carter's Best Week," *New York Times*, April 24, 1977.

13. William Stevens, "Auto Makers Generally Endorse Energy Proposals, But G. M. Terms 'Guzzler' Penalty Tax 'Simplistic,'" *New York Times*, April 22, 1977.

14. Robert Hershey, "Oilmen Attack Lack of Incentive in Carter Plan to Increase Output," *New York Times*, April 22, 1977; "What Price Energy?," *Newsweek*, May 2, 1977, 12.

15. Safi re, "On Breaking Promises," *New York Times*, May 2, 1977; Carter Library.

16. Kraft, "An Old Pol with a Touch of Class," *Washington Post*, August 4, 1977; *Time*, August 15, 1977.

17. "On Energy, a Grave Defeat," *Washington Post*, December 15, 1977.

18. "At Last, the Energy Bill," *Washington Post*, October 16, 1978.

19. Schlesinger to the President, January 4, 1979, Box 114, PHF, Carter Library.

20. Vance to Carter, January 26, 1979, Box 39, Plains Subject File, Carter Library; J. P. Smith, "Lower Saudi Exports May Cause World Shortage," *Washington Post*, February 6, 1979.

21. George H. Gallup, *The Gallup Poll: Public Opinion* 1979 (Wilmington, DE.: Scholarly Resources, 1980), 176–77.

22. Larry Kramer, "Administration Attempts to Stem Trucking Strike," *Washington Post*, June 23, 1979; "Guardsmen, Police Protect Trucks Against Strike Violence," *Washington Post*, June 24, 1979; Daniel Horowitz, *Jimmy Carter and the Energy Crisis of the 1970s—A Brief History with Documents* (Boston: Bedford/St. Martin's, 2005), 88.

23. *The Gallup Poll* 1979, 201 (see n. 21).

24. A careful study of the Bonn summit and its impacts can be found in W. Carl Biven, *Jimmy Carter's Economy: Policy in an Age of Limits* (Chapel Hill: University of North Carolina Press, 2002).

25. Blumenthal to Carter, March 16, 1979, Box 123, PHF, Carter Library.

26. Based on Eizenstat's handwritten meeting notes, as quoted in Biven, 172–74 (see n. 24).

27. *Carter's Economy*, Biven, 174 (see n. 24); Eizenstat and Schirmer to the President, March 26,1979, Box 250, Eizenstat fi les, Carter Library.

28. "Briefi ng for Solar Energy Ceremony," June 20, 1979, Box 278, Eizenstat fi les,Carter Library.

29. Yergin , Prize , 706–11 (see Chap. 1, n. 1); Kenneth Pollack, *The Persian Puzzle: The Confl ict Between Iran and America* (New York: Random House, 2004), 182–88; Youssef Ibrahim, "Iran and Iraq Fill the Airwaves With Angry Rhetoric,"*New York Times*, October 7, 1980.

30. Peter Kihss, "Oil Decontrol's Impact Assailed in Jersey, New York, and Connecticut," *New York Times*, January 29, 1981.

31. "Industry Welcomes Decontrol; Small Refi ners, Dealers Worried,"*New York Times*, January 29, 1981.

32. Notes of Michael Duval, August 28, 1974 (emphasis in the original), Box 4, Duval Papers, Ford Library.

33. M. A. Adelman, *The Genie Out of the Bottle: World Oil Since* 1970 (Cambridge, MA: The MIT Press, 1995), 196–97. bnotes. indd 23bnotes. indd 236 5/9/08 10:42:10 AM

第三章　美国能源独立失守:看里根、老布什、克林顿和小布什如何作法?

1. Elizabeth Drew, *Portrait of an Election* (New York: Simon and Schuster, 1981), 114.

2. David A. Stockman, *The Triumph of Politics: Why the Reagan Revolution Failed* (New York: Harper & Row, 1986), 61.

3. "Back into the Energy Bazaar," *Washington Post*, April 8, 1979.

4. National Science Foundation, Division of Science Resource Statistics, *Federal R & D Funding by Budget Function*: *Fiscal Years* 2001 – 03, August, 2002, Table 25.

5. Margot Slade and Wayne Biddle, "Watt Unleashes Oil Explorers, To Some Dismay," *New York Times*, July 7, 1982.

6. Ronald Reagan, *The Reagan Diaries*, ed. Douglas Brinkley (New York: Harper–Collins, 2007).

7. George Shultz, *Turmoil and Triumph*: *My Years as Secretary of State* (New York: Scribners, 1993), 927; Vance and Richardson, "Put the U. N. Into the Persian Gulf," *New York Times*, October 20, 1987.

8. Schultz, *Turmoil*, 929–34.

9. "Weinberger Statement on the U. S. Attack in the Gulf," *New York Times*, October, 20, 1987.

10. Shultz, *Turmoil*, 935–39 (see n. 7); Reagan, *Diaries*, 507 (see n. 6).

11. Bill Clinton, *My Life* (New York: Knopf, 2004), 494.

12. Author's notes from ceremony marking the twenty–fi fth anniversary of the Department of Energy, shown on C–SPAN, October 8, 2002.

13. *Federal R & D Budget Authority*, Table 25. Comparisons across time are possible only through 1997 because of a discontinuity in the data series.

14. The price of oil is measured in many ways. In most cases, I use "refi ner acquisitioncost." OPEC price bands are based on selling price in producing countries, which runssomewhat lower. The most visible price of crude oil is the daily spot price, which is highlyvolatile and can reach higher levels than refi ner acquisition costs. These distinctions rarely affect general conclusions about major energy trends.

第四章 金钱和生命:美国依赖外国石油所付出的沉重代价

1. The only mention of oil, in fact, was a one-sentence warning to Iraqi military and civilian personnel to not destroy the country's oil wells, if they did not want to be prosecuted as war criminals. See Address to the Nation on Iraq, March 17, 2003.

2. Steve Everly, "U. S. Considered Using Radiological Weapons, 1950 CIA Document Shows," *Kansas City Star*, February 19, 2002; Various National Security Council memos, Box 180, PSF, Truman Presidential Library. Contingency planners rejected the use of nuclear materials because they believed the Soviets would negate the strategy by forcing Saudis to work in contaminated areas.

3. Eisenhower to Dillon Anderson, July 30, 1957, and Eisenhower Diary, March 3, 1959, *The Papers of Dwight David Eisenhower*, ed. L. Galambos and D. van Ee at www. eisenhowermemorial. org/presidential – papers/second – term/documents (emphasis in the original).

4. Warren Bass, *Support Any Friend: Kennedy's Middle East and the Making of the U. S. – Israeli Alliance* (New York: Oxford University Press, 2003), 127 –32.

5. William Bundy, *A Tangled Web: The Making of Foreign Policy in the Nixon Presidency* (New York: Hill & Wang, 1998), 133–34; Nixon, *RN*, 133 (see Chap. 1, n. 26); Address to the Bohemian Club, San Francisco, July 29, 1967, from The Nixon Presidential Library, Nixon Papers, Yorba Linda, California.

6. Emile A. Nakhleh, *Arab American Relations in the Persian Gulf* (Washington, D. C.: American Enterprise Institute, 1975), 42–45.

7. Nixon tapes, Conversation 475-23 (see Chap. 1, n. 10)

8. Kissinger, *Upheaval*, 879-80 (see Chap. 1, n. 20); See also *New York Times*, November 23, 1973.

9. The State Department and the National Archives have put the diplomatic cables from this period online, where they are word searchable. See http://aad. archives. gov/aad/ series-description. jsp? s = 4073 & cat = all & bc = sl .

10. The unifi ed command is located at MacDill Air Force Base in Tampa, Florida, due to the inability to fi nd a permanent location in the Gulf region. An excellent account of the development of the new military strategy can be found in William E. Odom, "The Cold War Origins of the U. S. Central Command," *Journal of Cold War Studies Vol. 8, No. 2*, (Spring 2006): 52-82.

11. National Security Directive 54, National Security Archive, George Washington University.

12. The other signers to join the Bush administration were Elliot Abrams, Richard Armitage, Jeffrey Bergner, Paula Dobriansky, Zalmay Khalilzad, Richard Perle, Peter Rodman, William Schneider, Jr. , and Robert Zoellick. Documents cited are available on the web site of the Project for the New American Century. See www. newamericancentury. org .

13. Ron Suskind, *The Price of Loyalty: George W. Bush, the White House, and the Education of Paul O'Neill* (New York: Simon & Schuster, 2004), 129.

14. Rachel Bronson, *Thicker Than Oil: America's Uneasy Partnership with Saudi Arabia* (New York: Oxford University Press, 2006), 194-95.

15. David S. Cloud, "U. S. Needs 'Long-Term' Presence in Iraq, Gates Says," *Washington Post*, September 27, 2007; Margaret Coker, "Navy Patrols Vital to Iraq Oil," *Atlanta Journal-Constitution*, October 22, 2007.

16. Vivienne Walt, "Petro Showdown: Iraq's Ethnic Groups Don't Agree on

Much," *Time*, September 17, 2007.

17. Congressional Budget Offi ce, "Estimated Costs of U. S. Operations in Iraq and Afghanistan and of Other Activities Related to the War on Terrorism," October 24, 2007.

第五章　化石燃料和全球变暖：人类的危险实验

1. Council on Environmental Quality, *Global Energy Futures and the Carbon Dioxide Problem* (Washington, DC: Government Printing Offi ce, 1981), iii–iv, found in Box 34, Domestic Policy Staff Energy and Natural Resources fi les, Carter Library.

2. *Global Energy Futures*, 28.

3. Though the IPCC began publishing its Fourth Assessment reports in hard copy late in 2007, they are most quickly and easily accessible at its web site, www. ipcc. ch . 4. BBC News report, September 18, 2007.

5. My list includes what might be feasible in the coming decades. In addition, some have recently suggested the possibility of the human creation of a cooling layer in the atmosphere – a substantial challenge to human engineering.

6. *Congress and the Nation*: 1997–2001 (Washington, DC: Congressional Quarterly Press, 2002), 354.

7. Al Gore, *Earth in the Balance: Economy and the Human Spirit* (New York: Houghton Miffl in, 1992); Christine Todd Whitman, *It's My Party Too: The Battle for the Heart of the GOP and the Future of America* (New York: Penguin, 2005), 170–78.

8. Thomas Fuller and Graham Bowley, "At Bali Conference, Signs of Compromise," *New York Times*, December 15, 2007.

9. "Kyoto by Degrees," *Wall Street Journal*, June 21, 2005.

10. Nicholas Stern, *The Economics of Climate Change: The Stern Review* (New York: Cambridge University Press, 2007), ii.

11. Kenneth J. Arrow, "Global Climate Change: A Challenge to Policy, *Economists' Voice* (June, 2007): 5 (see www. bepress. com. ev .); William Nordhaus, "A Review of the Stern Review on the Economics of Climate Change," *Journal of Economic Literature*, Vol. 45 (September 2007): 687–88.

12. Greenspan, *Turbulence*, 456 (see Intro. , n. 1).

13. Bjorn Lomborg, "Chill Out – Stop Fighting Over Global Warming – Here's a Smart Way to Attack It," *Washington Post*, October 7, 2007.

14. This articulation was suggested by Harvard business professor Richard Vietor during discussions at a November 2007 energy conference at the University of Houston.

第六章 基于市场的能源解决方案的魔力和局限性

1. Duval to Jones, March 28, 1975, Box 4, Duval Papers, Ford Library.

第七章 摘掉左右两派的能源意识眼罩

1. Republican Edward Derwinski, quoted in Jack Germond, *Fat Man in a Middle Seat: Forty Years of Covering Politics* (New York: Random House, 1999), 114.

2. For relative impacts, see *IPCC, Fourth Assessment Report, Climate Change 2007: The Physical Science Basis*, 32, 96.

第八章　方案一:进行大规模战略石油储备

1. Considerable information on the Strategic Petroleum Reserve can be found at its web site, http://www. fossil. energy. gov/programs/reserves/.

2. Details on the proposal can be found in James C. Burrows and Thomas A. Domencich , *An Analysis of the United States Oil Import Quota* (Lexington, MA: Heath Lexington Books, 1970), 177-79.

3. Douglas Bohi and Milton Russell, Limiting Oil Imports: An Economic History and Analysis (Baltimore: The Johns Hopkins University Press, 1978), 197-98; Henry Kissinger, *Upheaval*, 855-56 (see Chap. 1, n. 20).

4. http://www. fossil. energy. gov/programs/reserves/spr/spr-drawdown. html .

5. The Federal Reserve System, *Purposes and Functions* (Washington, DC: Board of Governors of the Federal Reserve System, 2005), 18.

第九章　方案二:让未来汽车更节能

1. Through rulemaking, the standards were reduced to 26 mpg for 1986. They again reached 27.5 in 1990, where they have remained ever since

2. David L. Greene, "Fuel Economy Rebound Effect for U. S. Household Vehicles," *The Energy Journal* (July 1, 1999): 1-2.

3. National Research Council, *Automobile Fuel Economy: How Far Should We Go?* (Washington, DC: National Academy Press, 1992), 57; National Research Council, *Effectiveness and Impact of Corporate Average Fuel Economy* (*CAFE*) *Standards*, (Washington, DC: National Academy Press, 2002), 24-29. Also see Robert B. Noland, " Motor Vehicle Fuel Effi ciency and Traffi c

Fatalities," *The Energy Journal* (October 1, 2004) and National Highway Safety Administration, *Traffic Safety Facts* 2004, 15.

4. *Effectiveness and Impact*, 22 (see n. 3).

5. China was also, of course, trying to protect a domestic industry.

6. Cheryl Jensen, "Mileage Ratings Are Still Estimates, Though Closer to Reality," *New York Times*, September 16, 2007.

7. *Effectiveness and Impact*, 17–18 (see n. 3).

8. Michele Maynard, "At Chrysler, Home Depot Still Lingers," *New York Times*, October 30, 2007.

第十章　方案三:积极发展可替代能源

1. www. fossil. energy. doe/aboutus/history/syntheticfuels_history. html ; Goodwin, "Truman," 152; 428 (see Chap. 1, n. 2).

第十一章　方案四:大力发展电动汽车

1. Michael Kintner–Meyer, Kevin Schneider, and Robert Pratt, "Impacts Assessment of Plug–In Hybrid Vehicles on Electric Utilities and Regional U. S. Power Grids, Part 1: Technical Analysis," *Journal of EUEC* (Vol. 1, 2007), available at http://www. euec. com/ journal/documents/pdf/Paper_4. pdf ; Electric Power Research Institute and National Resources Defense Council, *Environmental Assessment of Plug–In Hybrid Electric Vehicles* (Electric Power Research Institute, July 2007), available on institute web site, www. epri. com .

2. Kintner–Meyer, "Impacts," 1 (see n. 1).

3. Because of exemptions in coverage and various methods of compliance, the re-

quirement in practice would likely require that no more than 10 percent of electricity be generated from renewables.

第十二章　方案五:征收能源税

1. John S. Duffi eld, *Over a Barrel: The Costs of U. S. Foreign Oil Dependence*, (Stanford, CA: Stanford University Press, 2007), 65.

2. David Sandalow, *Freedom from Oil: How the Next American President Can End the United States'Oil Addiction* (New York: McGraw Hill, 2007), 212.

3. George P. Shultz, "How to Gain a Climate Consensus," *Washington Post*, September 5, 2007.

第十三章　方案六:让节能成为爱国行为

1. Kai Ryssdal, "Can Wal-Mart Save the World?" *Marketplace*, National Public Radio, November 16, 2007; Mindy Fetterman, "Wal-Mart Grows 'Green' Strategies," *USA Today*, September 25, 2006.

第十四章　方案七:放弃一些能源技术冒险

1. John Deutch and Ernest Moniz, *The Future of Nuclear Power: An Interdisciplinary MIT Study* (2003), at http://web. mit. edu/nuclearpower/ .

2. John Sheehan et al. , *A Look Back at the U. S. Department of Energy's Aquatic Species Program: Biodiesel from Algae* (Golden, CO: National Renewable Energy Laboratory, 1998).

3. "Using Pond Scum to Fuel Our Future," Energy Daily , February 5, 2007.

For additional information, see Michael Briggs, "Widespread Biodiesel Production from Algae," University of New Hampshire Physics Department, 2004; Mark Clayton, "Algae-Like aBreath Mint for Smokestacks," *Christian Science Monitor*, January 11, 2006.

第十五章 我们需要什么样的领导人(和选民)

1. Love and Ash to the President, September, 21, 1973, and Clarke to Kehrli, September 27, 1973, *Simon Papers*, 15:28.

2. George P. Shultz and Kenneth W. Dam, *Economic Policy Beyond the Headlines* (Stanford, CA: Stanford Alumni Association, 1977), 194.

3. Senators Trent Lott (R-MS), Tom Carper (D-DE), and Bryon Dorgan (D-ND) also helped shepherd the mileage effi ciency bill through the Senate. Leadership on the broader energy bill came from Speaker Nancy Pelosi (D-CA) in the House and Energy Committee Chair Jeff Bingaman (D-NM) in the Senate.

4. *Keeping Faith*, 399-401 (see Chap. 2, n. 7).

致谢

Thanks

　　首先我要感谢能源情报局的所有能源专家。作为同事，他们教会了我有关能源的很多东西，训练了我的数据统计处理能力。能源情报局频繁地提醒人们它不是一个政策建议机构，而我却严重背离了情报局的职能，在这本书中提出了很多能源政策建议。

　　掌管能源政策历史档案的那些专业人士使我的政策探索既富有成果又充满乐趣。尼克松档案馆、福特总统图书馆和卡特总统图书馆的工作人员都给我提供了很大帮助。虽然我没有访问艾森豪威尔总统图书馆和杜鲁门总统图书馆，然而我却利用了那里的资料。黛安娜·温德姆·肖让我很好地看到了威廉·西蒙在拉斐特学院的论文，杰夫·森德斯特伦还使我看到了美国汽车协会以前没有引起人们注意的档案。

　　我要感谢我的很多朋友、亲戚和同事，由于太多，在此我不能一一列举他们的名字，他们给了我很多鼓励、建议和信息反馈。所有上述人都不必非得同意我得出的能源结论。

　　我的代理海伦·里斯在使这本书最终得以出版上发挥了关键作用。威利出版社的高级编辑理查德·纳拉莫尔还贴出布告向读者就如何以创新方式表达新观点征求意见。从开始到书最终付印成型，蒂弗尼·格罗格利和德博拉·欣德勒都付出了大量心血。

　　最后我还要特别感谢我的妻子安妮塔，整个出版过程的每个阶段她都给我提供了很多帮助。

我们真诚回报

　　亲爱的读者朋友，首先感谢您阅读我社图书，请您在阅读完本书后填写以下信息。我社将长期开展"读石油版本，获亲情馈赠"活动，凡是关注我社图书并认真填写读者信息反馈卡的朋友都有机会获得亲情馈赠，我们将定期从信息反馈卡中评选出有价值的意见和建议，并为填写这些信息的读者朋友免费赠送一本好书。

您的资料

您的姓名：＿＿＿＿＿＿　性别：＿＿＿＿＿＿　出生年月：＿＿＿＿＿＿　电话：＿＿＿＿＿＿

文化程度：＿＿＿＿＿＿＿　单位名称：＿＿＿＿＿＿＿＿＿＿＿＿＿＿＿＿＿＿＿

通讯地址：＿＿＿＿＿＿＿＿＿＿＿＿＿＿＿＿＿＿＿＿＿　邮编：＿＿＿＿＿＿＿

E-mail：＿＿＿＿＿　特别提示新老读者：您的资料是我们与您取得联系、反馈信息最重要的途径、请务必填写工整。如果您的联络方式发生了变化，请再次填写此卡并及时邮寄或传真到我社。

《拯救石油：一场本不该打的石油战争》

您填写本卡的时间是：　　年　　月　　日

是什么促使您决定购买本书的？如果是报纸或杂志的书评，请写明具体报刊名称：

○封面 ○书名 ○内容 ○版式 ○亲朋好友推荐 ○索引及目录

○书评：＿＿＿＿＿＿（报刊名）

您在何处购买到本书（请写明具体书店的名称）：

○新华书店＿＿＿＿　○民营书店＿＿＿＿　○大型书城＿＿＿＿　○其他＿＿＿＿＿＿＿＿

您希望通过什么渠道获得我社新书的消息：

○信函 ○传真 ○书店 ○网络 ○其他＿＿＿＿＿＿＿＿＿＿＿＿＿＿＿＿＿＿

您有兴趣成为我们的会员吗？○愿意 ○不愿意

您会推荐本书给您的亲朋好友吗？＿＿＿＿＿＿＿＿＿＿＿＿＿＿＿＿＿＿＿＿＿

您对本书的综合评价和建议：＿＿＿＿＿＿＿＿＿＿＿＿＿＿＿＿＿＿＿＿＿

＿＿＿＿＿＿＿＿＿＿＿＿＿＿＿＿＿＿＿＿＿＿＿＿＿＿＿＿＿＿＿＿＿＿＿＿

您最喜欢的一本书是什么？＿＿＿＿＿＿＿＿＿＿＿＿＿＿＿＿＿＿＿＿＿＿＿

您最喜欢的作者是谁？＿＿＿＿＿＿＿＿＿＿＿＿＿＿＿＿＿＿＿＿＿＿＿＿＿

别忘了保持联系

联系地址：北京安定门外安华里二区一号楼　石油工业出版社　社会图书中心　刘文国

邮编：100011　　　网址：www. petropub. com. cm